基于大数据的教学创新

来自南通一中的实践探索

江苏省南通第一中学省前瞻性项目组　著

电子工业出版社·

Publishing House of Electronics Industry

北京·BEIJING

内 容 简 介

本书是江苏省南通第一中学承担的江苏省基础教育前瞻性教学改革实验项目的研究成果，聚焦大数据支持下的教学创新实践。

本书介绍了大数据时代背景及学校发展的现实挑战，系统梳理了国内外基于大数据的教学研究与实践进展，提出了基于大数据的教学实践模型，并对学校近年来围绕基于大数据的教学创新实践开展所需要的技术支撑环境、学校管理制度、各学科创新实践案例等进行了客观且翔实的介绍，还采用多种研究方法对基于大数据的教学创新实践效果进行了评估，并对未来的研究与实践进行了展望。

本书读者对象包括中小学校管理者与教师、教育技术研究者，以及企业中从事教学大数据产品研发、运营与管理的相关人员。

图书在版编目（CIP）数据

基于大数据的教学创新：来自南通一中的实践探索 / 江苏省南通第一中学省前瞻性项目组著. —北京：电子工业出版社，2022.8

ISBN 978-7-121-43922-3

Ⅰ．①基…　Ⅱ．①江…　Ⅲ．①中学教育－教学研究－南通　Ⅳ．①G632.0

中国版本图书馆 CIP 数据核字（2022）第 117525 号

责任编辑：米俊萍
印　　刷：北京盛通印刷股份有限公司
装　　订：北京盛通印刷股份有限公司
出版发行：电子工业出版社
　　　　　北京市海淀区万寿路 173 信箱　　邮编：100036
开　　本：787×1 092　1/16　印张：16.5　字数：317 千字
版　　次：2022 年 8 月第 1 版
印　　次：2024 年 6 月第 3 次印刷
定　　价：99.00 元

凡所购买电子工业出版社图书有缺损问题，请向购买书店调换。若书店售缺，请与本社发行部联系，联系及邮购电话：（010）88254888，88258888。

质量投诉请发邮件至 zlts@phei.com.cn，盗版侵权举报请发邮件至 dbqq@phei.com.cn。

本书咨询联系方式：mijp@phei.com.cn。

撰 写 组

江苏省南通第一中学省前瞻性项目组成员

张晓冰　徐　宾　刘建国　罗　飞　汤小兵

范永梅　薛海兵　吴志山　马天明　田雪林

周　烨　钱　勇　邱晓强

序 言

中共中央、国务院印发的《中国教育现代化 2035》与国务院印发的《促进大数据发展行动纲要》等文件,都明确提出要建设教育大数据,发挥数据力量驱动教育现代化事业发展。如何将大数据技术与教育教学深度融合,促进教育教学模式创新与变革,是当前基础教育步入高质量发展阶段的内在需求和时代命题。

江苏省南通第一中学(以下简称"南通一中")作为国家级示范性普通高中、江苏省四星级高中,是国内较早启动基于大数据的教学创新改革与智慧校园建设的普通优质高中。经过近五年的探索与实践,南通一中逐渐形成了独具特色的数据驱动精准教学模式,产出了一批有代表性的教学课例和改革配套的制度文件,在全国起到了很好的示范引领作用。

本书是对南通一中开展基于大数据的教学创新实践探索经验的系统梳理,理论价值与实践价值突出。理论价值主要体现在,立足教育步入大数据的新时代背景,在跟踪国内外基于大数据的教学创新研究与实践进展的基础上,构建了数据驱动教学创新的理论框架;实践价值主要体现在,从支撑环境、管理制度、实践案例、成效评估四个方面详细介绍了学校在开展基于大数据的教学创新方面的重要举措和经验,实操性、示范性强。本书内容翔实、逻辑框架清晰合理、案例丰富实用,不仅能为普通高中学校的大数据教学实践与智慧校园建设提供有益借鉴和指导,而且能为区域教育主管部门开展智能时代的教育教学改革提供决策依据。期望更多的中小学校可以在南通一中实践经验的基础上,构建适合校情的数据驱动的新型教学模式,形成区校一体、协同推进信息化教育教学改革的良好局面,助力学生德智体美劳全面发展。

杨现民

江苏师范大学

2021 年 11 月

前 言

《基于大数据的教学创新——来自南通一中的实践探索》一书，是江苏省南通第一中学主持的江苏省基础教育前瞻性教学改革实验项目"基于大数据的教学管理策略研究"（以下简称"项目"）的研究成果，旨在将学校近年来在大数据技术与教学实践深度融合方面的经验进行凝练和分享，以期为国内同行开展相关研究、推进相关实践提供借鉴和指导，共同探索技术助力基础教育高质量发展的新路径与新方法。

本书共 8 章。第 1 章从大数据时代背景与学校在此背景下的机遇与挑战出发，介绍了开展项目的背景。第 2 章综述了国内外基于大数据的教学研究与实践的最新进展。第 3 章构建了数据驱动教学创新的理论框架，提出了基于大数据的教学实践模型。第 4 章介绍了江苏省南通第一中学智慧校园建设概况及开展大数据驱动教学创新所需的技术支撑环境、软硬件与技术人员配置。第 5 章围绕基于大数据的教学创新的校本管理制度，重点从学校组织架构、教学层面的改革与组织办法、学生平板电脑的使用管理等方面进行了经验介绍。第 6 章围绕大数据技术与学科教学的融合案例，详细介绍了学校在语文、数学、英语、物理、生物、化学、地理等学科开展基于大数据的教学创新实践的典型案例。第 7 章通过综合采用观察法、现场调研法、访谈法与横断研究设计问卷法等质性与量化研究方法，客观评估了学校开展基于大数据的教学创新实践的实际效果。第 8 章对项目研究成果进行了总结，并对后续项目的深入发展进行了展望。

本书在编写过程中得到了江苏师范大学杨现民教授团队的宝贵指导。本书同样是学校全体教职工长期合作研究与实践的成果，感谢每位为了学校发展与学生成长而努力付出的老师。本书得以出版，同样得益于电子工业出版社米俊萍编辑的支持，在此深表感谢！

　　囿于作者水平有限，本书在内容上难免存在不足之处，敬请各位专家与同行批评指正！

张晓冰

江苏省南通第一中学

2021 年 11 月

目 录

第 1 章

——CHAPTER1——

教育进入大数据时代

从科学研究到医疗保险，从银行业到互联网，各个领域的数据量都呈爆发式增长[1]。相比传统的局部数据和片面数据，大规模数据的出现，使人类开始有机会和条件获取、运用全面数据与完整数据来变革众多领域，如公共卫生、商业服务等。维克托教授指出，大数据的真实价值好比海面上漂浮的冰山，其绝大部分都隐藏在海面之下。通过数据挖掘，可以发现大数据的潜在价值，有利于解决我国现代化进程中出现的一些问题，如基于大数据驱动教育创新发展，助力实现教学精准化、辅导个性化、学习自主化等。

1.1　大数据时代及其内涵

1.1.1　大数据时代

"庞大、万能和完美无缺是数字的力量所在，它是人类生活的开始和主宰者，是一切事物的参与者。没有数字，一切都是混乱和黑暗的。"[2]这是古希腊思想家菲洛劳斯对于数字的解读。而数据，则是数字世界的主要组成部分。

如今，我们生活在数据无处不在的数字时代，每时每刻都有大量的数据通过不同的渠道，如微信聊天、网上购物、地铁安检、进出校园刷卡等产生和流动。正如全球知名咨询公司麦肯锡所称："数据已经渗透到当今每个行业和业务职能领域，

---

[1] [英]维克托·迈尔-舍恩伯格，肯尼思·库克耶. 大数据时代: 生活、工作与思维的大变革[M]. 盛杨燕，周涛，译. 杭州：浙江人民出版社, 2013.

[2] 彭树人. 普及数据知识　提高技术素养[J]. 中国统计, 2006(5): 47.

成为重要的生产因素。"[1]

2008 年 9 月，*Nature* 杂志推出 *Big Data* 专刊，"大数据"一词开始广泛传播。2011 年 5 月，麦肯锡全球研究所在报告《大数据：下一个创新、竞争和生产率的前沿》中最早提出"大数据"时代到来，"大数据"一词也成为热门词汇。2012 年 5 月，联合国发布的政务白皮书《大数据促发展：挑战与机遇》指出，"大数据时代已经到来，大数据的出现将会对社会各个领域产生深刻影响。"[2]《大数据时代：生活、工作与思维的大变革》一书则真正把大数据推向了公众视野。维克托教授指出，大数据时代的来临使人类第一次有机会和条件在多个领域得以深度获得、使用数据，并深入探索世界规律，从而能够以更有效率的方式改变我们的生活[3]。可以说，大数据开启了一次重大的时代转型，全世界正在经历一场数据革命。

信息化发展如此迅猛，大数据已经成为我国重要的基础性战略资源，也是具有国家战略意义的新兴产业。自 2012 年以来，我国中央与地方政府相继出台了一系列大数据相关政策推进大数据快速发展。总的来看，这些政策主要涉及以下五个方面：一是制定大数据相关行动计划与行动纲要；二是制定大数据发展规划；三是制定促进大数据发展的相关指导意见；四是出台大数据相关法律法规；五是成立大数据专业研究机构和社会组织[4]。可见发展大数据已成为我国国家发展的重要需求。2015 年 8 月，国务院发布了《促进大数据发展行动纲要》，这是我国促进大数据发展的第一份权威性、系统性文件，从国家大数据发展战略全局的高度，提出了我国大数据发展的顶层设计[5]，启动了十大大数据工程，以加快建设数据强国[6]。此外，

[1] MANYIKA J, CHUI M, BROWN B,et al. Big Data: The next frontier for innovation, competition, and productivity[EB/OL].(2011-05-01)[2021-11-10].https://www.mckinsey.com/~/media/mckinsey/business%20functions/mckinsey%20digital/our%20insights/big%20data%20the%20next%20frontier%20for%20innovation/mgi_big_data_exec_summary.pdf.

[2] UN Global Pulse. Big Data for Development: Challenges and Opportunities[EB/OL]. (2012-05)[2021-11-10].https://www.unglobalpulse.org/document/big-data-for-development-opportunities-and-challenges-white-paper/.

[3] [英]维克托·迈尔-舍恩伯格，肯尼斯·库克耶. 大数据时代：生活、工作与思维的大变革[M]. 盛杨燕，周涛，译. 杭州：浙江人民出版社，2013.

[4] 杨现民，田雪松. 互联网+教育：中国基础教育大数据[M]. 北京：电子工业出版社，2016: 13-14.

[5] 国家信息中心.《促进大数据发展行动纲要》解读[EB/OL]. (2018-05-04)[2021-11-10]. http://www.sic. gov.cn/News/609/9713.htm.

[6] 国务院. 国务院关于印发促进大数据发展行动纲要的通知[EB/OL]. (2015-09-05)[2021-11-10]. http://www. gov.cn/zhengce/content/2015-09/05/content_10137.htm.

2020 年，大数据产业生态联盟调研发现，近五年高校新增数量最多的专业是数据科学与大数据技术[1]。可见，社会对大数据人才的需求随着数字时代的发展愈发突出，同时也对大数据人才提出了更高的要求，如需要掌握数据分析、算法设计等技能。

  大数据的出现与发展改变了人们的思维方式，让人们从因果关系的串联思维变成了相关关系的并联思维；改变了人们的生产方式，信息产品的加工正在成为主要的生产活动；改变了人们的生活方式，人们的精神世界和物质世界都将构建在大数据之上。更重要的是，大数据的"威力"正强烈冲击整个教育系统，已经成为推动教育系统创新与变革的颠覆性力量[2]。

1.1.2　大数据的概念

  大数据本身是一个比较抽象的、相对的概念，目前学界对此尚无统一的界定。不同群体站在不同的视角，对大数据有不同的理解与诠释。例如，IT 界普遍认为，大数据是指体量在 TB 级别以上，或者条目在百万级别以上的数据；美国咨询公司麦肯锡认为，大数据指的是大小超出常规数据库工具获取、存储、管理和分析能力的数据集，并强调，并不是只有超过特定 TB 级的数据集才算大数据[3]；《大数据时代：生活、工作与思维的大变革》的作者指出，大数据是指不用随机分析法，而是采用所有数据进行分析的方法[4]；我国国务院的文件指出，大数据是以容量大、类型多、存取速度快、应用价值高为主要特征的数据集合[5]。总的来说，对大数据的不同定义多是依据大数据的特征提出的。

[1] 大数据产业生态联盟&赛迪顾问股份有限公司. 赛迪白皮书: 2020 中国大数据产业发展白皮书[EB/OL]. (2020-08-26)[2021-11-10]. http://www.doc88.com/p-89229017836779.html.

[2] [英]维克托·迈尔-舍恩伯格, 肯尼斯·库克耶. 大数据时代: 生活、工作与思维的大变革[M]. 盛杨燕, 周涛, 译. 杭州: 浙江人民出版社, 2013.

[3] MANYIKA J, CHUI M, BROWN B,et al. Big Data: The next frontier for innovation, competition,and productivity[EB/OL].(2011-05-01)[2021-11-10]. https://www.mckinsey.com/business-functions/mckinsey-digital/ our-insights/big-data-the-next-frontier-for-innovation.

[4] [英]维克托·迈尔-舍恩伯格, 肯尼斯·库克耶. 大数据时代: 生活、工作与思维的大变革[M]. 盛杨燕, 周涛, 译. 杭州: 浙江人民出版社, 2013.

[5] 国务院. 国务院关于印发促进大数据发展行动纲要的通知[EB/OL]. (2019-09-05)[2021-11-10]. http://www.gov.cn /zhengce/content/2015-09/05/content_10137.htm.

大数据的特征最初被美国 Gartner 咨询公司概括为"3V"，即 Volume、Velocity 和 Variety；后来，国际数据公司（IDC）在已有关于大数据"3V"特征的基础上，增加了第 4 个 V，即 Value；2014 年，IBM 公司又归纳了大数据的又一特征，即 Veracity[1]。

1. 规模性

规模性（Volume）主要是指大数据的数据量大，人们可以很直观地感受到这一特征。国际数据公司预测，2025 年全球数据总量会达到 175ZB[2]（注：ZB 是一个计算机的存储单位，表示数据的大小。bit、B、KB、MB、GB、TB、PB、EB、ZB、YB 等都是计算机的存储单位。其中，1MB=1024KB；1GB=1024MB；1TB=1024GB；1PB=1024TB；1EB=1024PB；1ZB=1024EB……）。

2. 高速性

高速性（Velocity）主要是指大数据的输入和处理速度快。大数据的产生非常迅速，且主要通过互联网进行传输。在数据持续、高速产生的数据时代，前几秒产生的数据，现在可能已经失去了时效性，数据中蕴藏的价值势必会受到影响。而大数据技术有别于传统数据技术的一点是，它对数据的分析是实时的，而不是延迟性的，一般会在秒级时间范围内给出分析结果。

3. 多样性

多样性（Variety）也是大数据的一个重要特征，指其数据类型、数据来源丰富。相比传统 IT 时期的结构化数据，现在的大数据中还充满了半结构化数据和非结构化数据。常规的结构化数据依旧重要，但非结构化数据越来越占主导地位[3]。日常生活中常见的非结构化数据包括声音、图片、视频等。以教育大数据为例，数据的来源包括教学活动过程、教育管理过程、科学研究活动过程和校园生活过程。

[1] 王鑫. 基于教育大数据的教学改革研究[J]. 教育理论与实践, 2019, 39(25): 54-58.

[2] NETWORKWORLD.IDC: Expect 175 zettabytes of data worldwide by 2025[EB/OL]. (2018-12-03)[2021-11-10].https://www.networkworld.com/article/3325397/idc-expect-175-zettabytes-of-data-worldwide-by-2025.html.

[3] 杨现民, 王榴卉, 唐斯斯. 教育大数据的应用模式与政策建议[J]. 电化教育研究, 2015, 36(9): 54-61, 69.

4. 价值性

价值性（Value）主要是指大数据的价值密度相对较低。大数据中包含大量不相关的信息，即数据量在增长时，隐藏在数据中的有用信息并没有呈现同比例的增长。只有合理运用大数据技术对数据进行挖掘和分析，才能以较低的成本创造相对较高的价值。

5. 精确性

精确性（Veracity）表现为数据的准确性和可信度，即数据的质量。只有真实且准确的数据才能让数据真正有价值。随着数据集规模的增加，数据分析的准确性与可预测性得到提高。

1.1.3 教育大数据的概念

随着大数据的迅猛发展，《促进大数据发展行动纲要》指出要"探索发挥大数据对变革教育方式、促进教育公平、提升教育质量的支撑作用"[1]。将大数据应用于教育领域，有助于解决教育教学中的诸多问题。大数据对教育的影响主要表现为：改善教育决策，如使教育资源公平分配；变革教育模式，如进行专题教学；丰富评估体系，如使教育管理更加精细化[2]。

云计算、物联网等信息技术的快速发展，为教育数据的涌现提供了源源不断的动力。教学管理系统的应用及在线学习系统的激增为教育数据的爆发式增长助力[3]。大数据时代的到来，促使教育大数据的战略地位逐渐被认可和重视。

教育大数据来源于各种教育实践活动，包括教学活动过程、教育管理过程、科学研究活动过程和校园生活过程。其中，教学活动过程产生的数据是教学评价的基础，包括过程性数据和结果性数据。过程性数据即在教学活动过程中采集到的、难

---

[1] 国务院. 国务院关于印发促进大数据发展行动纲要的通知[EB/OL]. (2015-09-05)[2021-11-10]. http://www.gov.cn/zhengce/content/2015-09/05/content_10137.htm.

[2] 上海市社会科学界联合会. 上海市社会科学界学术年会高端论坛"大数据与教育研究"会议综述[EB/OL]. (2015-10-23)[2021-11-10]. http://www.sssa.org.cn/sksd/677579.htm.

[3] 杨现民, 王榴卉, 唐斯斯. 教育大数据的应用模式与政策建议[J]. 电化教育研究, 2015, 36(9): 54-61, 69.

以直接量化的数据（如线上讨论、学习浏览记录等）；而结果性数据则表现为某种可量化的结果（如考试成绩、成绩等级等）。通过采集、存储、管理和分析教育大数据，教师可以更好地发现学生在学习过程中现存的问题，有针对性地优化学生的学习进程，从而提高学生的学习质量，并对学生未来的学习趋势进行科学预测。

然而，对于教育大数据（big data in education）的定义，要达成共识很难，目前还没有形成明确的概念界定。下面列举一些研究者提出的教育大数据的定义，如表 1-1 所示。

表 1-1　教育大数据的定义

定　义	研 究 者
教育领域的大数据有广义和狭义之分：广义的教育大数据泛指所有来源于日常教育活动的人类行为数据，它具有层级性、时序性和情境性的特征；而狭义的教育大数据指学习者的行为数据，它主要来源于学生管理系统、在线学习平台和课程管理平台等[1]	徐鹏等
教育大数据特指教育领域的大数据，是大数据的一个子集，是指整个教育活动过程中所产生的，以及根据教育需要采集到的一切用于教育发展并可创造巨大潜在价值的数据集合[2]	杨现民等
从数据和技术两个层面将教育大数据定义为：服务于教育主体与过程，具有强周期性和高教育价值的复杂性数据集合[3]	孙洪涛等
教育大数据指教育领域所生成的数据量庞大、数据类型众多，从而无法使用常规软件工具进行有效管理和处理的数据集合[4]	裴莹

相比传统的教育数据，教育大数据具有明显的可区分特征。不同的研究者对其特征有不同的见解和阐述。例如，美国教育部发布的报告《通过教育数据挖掘和学习分析促进教与学》提出，教育大数据具有层级性、时序性和情境性的特征[5]；杨

[1] 徐鹏, 王以宁, 刘艳华, 等. 大数据视角分析学习变革——美国《通过教育数据挖掘和学习分析促进教与学》报告解读及启示[J]. 远程教育杂志, 2013, 31(6): 11-17.

[2] 杨现民, 王榴卉, 唐斯斯. 教育大数据的应用模式与政策建议[J]. 电化教育研究, 2015, 36(9): 54-61, 69.

[3] 孙洪涛, 郑勤华. 教育大数据的核心技术、应用现状与发展趋势[J]. 远程教育杂志, 2016, 34(5): 41-49.

[4] 裴莹. 我国教育大数据研究面临的问题与挑战[J]. 现代商贸工业, 2018, 39(18): 58-59.

[5] Bienkowski M , Feng M , Means B. Enhancing teaching and learning through educational data mining and learning analytics: an issue brief[R]. U.S. Department of Education. Office of Educational Technology, 2012.

现民等指出，教育大数据具有更强的实时性、连贯性、全面性和自然性特征[1]；陈德鑫等指出，教育大数据具有数据量大、类型多、连续性强、价值密度低等特点[2]；郑娅峰等在总结前人研究的基础上，指出教育大数据除了具有大数据典型的 4V 特征（规模性、价值性、高速性及多样性），还具有多维性、时序性、异构性三种显著特征[3]。综合上述定义，本书作者认为，教育大数据不仅指数据"大"（海量数据）、"多"（包括结构化数据、半结构化数据及非结构化数据），还指数据采集更自然、连贯和全面，以及数据处理更实时。

1.2 教育大数据技术概述

教育大数据蕴藏巨大的教育潜力，借助教育大数据技术对教育大数据进行采集、分析、管理和应用，使得教育领域能够更好地理解并高效地解决复杂的教育规律问题。本节将主要从教育大数据的技术框架和教育大数据处理涉及的关键技术两方面对教育大数据技术进行解析。

■ 1.2.1 教育大数据的技术框架

杨现民等结合大数据处理的一般流程和教育本身的业务特点，构建了教育大数据技术体系框架[4]，如图 1-1 所示。

---

[1] 杨现民, 王榴卉, 唐斯斯. 教育大数据的应用模式与政策建议[J]. 电化教育研究, 2015, 36(9): 54-61, 69.

[2] 陈德鑫, 占袁圆, 杨兵. 深度学习技术在教育大数据挖掘领域的应用分析[J]. 电化教育研究, 2019, 40(2): 68-76.

[3] 郑娅峰, 赵亚宁, 白雪, 等. 教育大数据可视化研究综述[J]. 计算机科学与探索, 2021, 15(3): 403-422.

[4] 唐斯斯, 杨现民, 单志广, 等. 智慧教育与大数据[M]. 北京：科学出版社, 2015.

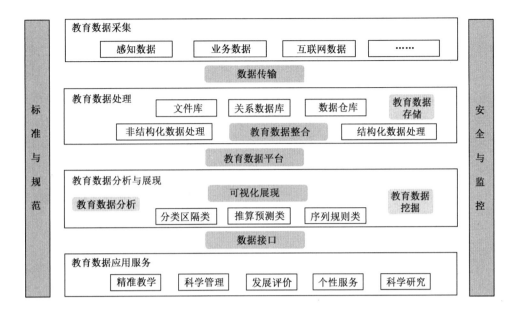

图 1-1 教育大数据技术体系框架

环节一：教育数据采集

在教育数据采集层，采集到的各种教育数据，如感知数据、业务数据、互联网数据等，经由数据传输接口到达教育数据处理层。

大数据的来源是多元的，相应地，数据采集也很复杂。为了保证大数据的可用性，必须在数据源头上把好质量关，即要对原始数据进行预处理。另外，数据来源多样、数量庞大，因此教育数据的采集应基于数据的应用目的。此外，教育数据的采集需要规范格式，遵循特定的技术标准和规范。一般情况下，教育数据的采集不会只使用一种技术，而会综合运用多种技术。教育数据采集技术共包括四大类：物联感知技术、平台采集技术、视频录制技术及图像识别技术[1]。每种技术的侧重点、采集范围都不同。

环节二：教育数据处理

教育数据处理层整合、存储教育数据，形成教育数据平台。采集到的教育数据是杂乱无章的、不一致的，需要对数据进行一定的处理，即对数据进行存储和整合。教育数据整合的目的是保证数据的一致性、完整性和相关性。借助教育数据整合技术，数据的利用程度得以提高，数据的价值得以更大限度地发挥。教育数据存储是指集中存放各种结构化、半结构化和非结构化的数据，以提高数据的可用性。教育

---

[1] 杨现民, 田雪松. 互联网+教育: 中国基础教育大数据[M]. 北京：电子工业出版社, 2016.

大数据的存储系统不仅要能以极低的成本存储海量数据，还要具备数据格式上的可扩展性，以适应多样化的非结构化数据管理需求。

环节三：教育数据分析与展现

教育数据分析与展现层通过教育数据平台，实现教育数据的分析、挖掘及可视化展现。传统的数据分析是静态的，而教育大数据涉及的数据内容、类型及来源多样化，且具有实时性，因此大数据技术下的教育数据分析是一种动态的分析。借助数据挖掘技术，可从繁杂、海量的数据中捕获教育问题、发现教育规律并提取新的知识。以直观的方式将分析结果呈现给用户，即对数据进行可视化展现，可为教育教学及管理提供科学决策支撑。

环节四：教育数据应用服务

教育数据分析与展现层得到的结果通过数据接口传递给教育数据应用服务层。教育数据应用服务的最终目的是改善教育现状、推动教育的改革和发展。教育数据应用服务目前主要服务于教师、学生、家长、教育管理者和社会公众。例如，辅助教师调整和改进教学策略；向学生推荐个性化的学习资源；帮助家长更加全面、真实地认识孩子；帮助教育管理者进行科学决策；帮助社会公众把握教育的发展现状。

为了确保教育数据各环节的安全性和可控性，安全与监控贯穿整个大数据的处理流程；标准与规范则是整个框架的基础，保障各环节之间及整个系统的教育数据的融通与共享。

1.2.2 教育大数据处理涉及的关键技术

原始的教育数据是教育大数据的基础，只有对采集的各种数据进行技术处理，才能使数据发挥价值，为教育教学决策提供有效支撑。教育大数据处理涉及一系列关键技术，下面重点介绍其中三项关键技术：教育数据挖掘技术、学习分析技术和数据可视化技术。

1. 教育数据挖掘技术

教育数据挖掘（educational data mining）是一个新兴的研究领域，综合应用多个学科的理论和技术来解决教育教学中出现的问题，主要通过采集和分析教育数据，为教育领域的利益相关者提供建议或对策。例如，帮助学生认识自身的优势和劣势，使其在个性化资源的推荐下不断改善学习方式并提高学习效率。

　　下面主要介绍教育数据挖掘常用的聚类分析技术、分类技术、离群点检测技术和关联规则挖掘技术。

　　1）聚类分析技术

　　聚类（clustering）分析技术作为一种数据挖掘手段，能够在没有数据标签的情况下对数据归属进行划分，所以广泛应用于机器学习、模式识别、数理统计、目标检测等诸多领域[1]。研究聚类问题及其算法已经成为一件极具现实意义的事情。解决聚类问题主要考虑两个方面的内容：①距离度量，即使用距离公式对数据进行距离计算，距离的大小反映数据样本之间的相似度，数据样本之间的距离越小，数据越相似；②聚类分析方法，即采用合理有效的算法将距离相近的数据划分到相同的聚类簇中，而将距离较远的数据划分到不同的聚类簇中。

　　聚类分析方法选取的好坏，很大程度上会影响聚类的效果。目前主流的聚类分析方法有划分方法、层次方法、基于密度的方法、基于网格的方法、基于概率模型的聚类、聚类高维数据、聚类图和网络数据、具有约束的聚类[2]。

　　聚类分析技术在教育教学中的应用随教育大数据的研究发展越来越丰富。聚类分析技术在教育教学中的应用一般需要经过五个流程：①确定聚类的对象，聚类的对象取决于研究者的需求；②建立对象特征数据表，即描述聚类的对象；③选择聚类分析方法，研究者往往根据数据的类型、数量及变量类型选择最合适的聚类分析方法；④聚类（分组），即利用已有的数据对对象进行聚类分析；⑤结果应用，指对聚类分析的结果进行解释并加以应用[3]。

　　2）分类技术

　　分类技术是数据挖掘应用中最常用的一种方法，主要目的是判别目标对象属于哪个预先定义好的类别。例如，电子商务公司通过各类网购平台的用户历史浏览记录、购买记录构建分类模型，判断用户是否对某类商品有需求或感兴趣，并进行个性化推荐。显而易见，分类技术已经在潜移默化地影响着人们的日常生活。

---

[1] Marin M, Moonen L, Deursen A. An Integrated Crosscutting Concern Migration Strategy and its Application to JHOTDRAW[C]. Seventh IEEE International Working Conference on Source Code Analysis and Manipulation,2007:101-110.

[2] Han J, Kamber M, Pei J. 数据挖掘概念与技术（原书第 3 版）[M]. 范明, 孟小峰, 译. 北京: 机械工业出版社, 2012.

[3] 杨现民, 田雪松. 中国基础教育大数据 2016—2017：走向数据驱动的精准教学[M]. 北京: 科学出版社, 2018: 183-184.

数据分类一般分两步：首先，确定分类规则，也称为学习或训练过程，即先将训练样本数据集作为输入，依据数据集特征为每个类别建立分类规则或描述；其次，通过更多测试数据集测试这些分类规则，以生成更恰当的分类规则并依据最终的分类规则形成数据分类[1]。目前主流的分类技术有很多，如半监督分类算法、主动学习算法、迁移学习算法、基于规则的分类算法、多类分类算法、模糊集算法、决策树分类算法等。

分类技术作为数据挖掘中最重要的技术之一，在教育教学中的应用主要包括五个阶段：①确定分析对象，主要指学生、教师和科研人员等；②数据采集，要根据分析对象和数据类型选择合适的采集工具；③选择分类方法，即根据研究目的和数据的类型、结构、数量进行选择；④分类分析，即采用合适的算法分析数据；⑤结果应用，指对分类分析的结果进行解释并应用[2]。

3）离群点检测技术

在数据挖掘中，会出现一些不同于其他数据分布的异常数据，这些异常的数据对象被称为离群点。离群点检测（outlier detection）就是找出大规模数据中的异常点或偏离点，以发掘其背后的异常信息及潜在知识。例如，对气候进行检测时，出现异常气候就预示着可能会发生自然灾害。

离群点检测技术可以大致分为五类：基于分布的、基于深度的、基于聚类的、基于距离的和基于密度的[3]。其中，基于深度的离群点检测技术是当前运用最广泛的技术。当前离群点研究主要以距离或密度来计算离群度，研究重点是高维大数据、空间数据、时序数据和实际应用[4]。

在教育教学中应用离群点检测技术，一般需要经过七个步骤：①确定分析对象，这取决于研究的需求；②明确分析目的，这与研究者的关注点相关；③数据采集，即采集与分析对象相关的各种数据；④数据预处理，主要是对数据进行数据清理、数据集成和数据变换等；⑤选择离群算法，应根据分析对象选择合适的离群算

[1] 孙力, 程玉霞. 大数据时代网络教育学习成绩预测的研究与实现——以本科公共课程统考英语为例[J]. 开放教育研究, 2015, 21(3): 74-80.

[2] 杨现民, 田雪松. 中国基础教育大数据 2016—2017: 走向数据驱动的精准教学[M]. 北京: 科学出版社, 2018: 190.

[3] 薛安荣, 鞠时光, 何伟华, 等. 局部离群点挖掘算法研究[J]. 计算机学报, 2007(8): 1455-1463.

[4] 薛安荣, 姚林, 鞠时光, 等. 离群点挖掘方法综述[J]. 计算机科学, 2008(11): 13-18, 27.

法；⑥离群状态分析，即将观察到的数据状态与正常的数据状态进行比较、分析；⑦离群结果分析，即分析离群的原因以采取有针对性的措施[1]。

4）关联规则挖掘技术

关联规则挖掘技术是数据挖掘领域的重要研究方向，用于挖掘数据间隐含的规则和联系。一般来说，关联规则挖掘是指从一个大型的数据集（dataset）中发现有趣的关联或相关关系，即从数据集中识别频繁出现的属性值集，发现数据间隐藏的关联模式，帮助决策者利用这些规则或联系做出正确、合理的决策[2]。

关联规则挖掘算法是关联规则挖掘研究的主要内容，目前，国内外已经提出了大量高效率、低消耗的关联规则挖掘算法。其中，最显著的关联规则挖掘算法是R.Agrawal 提出的 Apriori 算法[3]。Apriori 算法主要包含两个步骤：首先找出事务数据库中所有大于等于用户指定的最小支持度的数据项集；其次利用频繁项集生成所需要的关联规则，根据用户设定的最小置信度进行取舍，得到强关联规则。总的来说，关联规则挖掘算法的核心是识别或发现所有频繁项集，得到数据集后才能进行进一步操作。

关联规则挖掘技术在教育教学中的应用过程主要包括五个阶段：①确定关联主题，主要依据教育教学的实际需求；②收集教育教学领域数据，以此作为原始数据；③建立模型，根据数据特点选择合适的关联规则方法（包括布尔型、数值型、单层次、多层次、单维及多维），建立相应模型；④运用算法挖掘，即运用关联规则挖掘算法挖掘教育数据中的频繁项集；⑤教育应用，主要是指对教育决策或管理提供指导性建议[4]。

2. 学习分析技术

在在线学习、云计算、大数据等出现之前，人们已经开始对教育数据进行收集、处理与应用。大数据时代需要新的方法和工具处理大规模的学习数据，学习分析应

---

[1] 杨现民, 田雪松. 中国基础教育大数据 2016—2017: 走向数据驱动的精准教学[M]. 北京: 科学出版社, 2018: 197-199.

[2] Agrawal R, Swami A.Mining Association Rules between Sets of Items in Large Databases[J]. ACM SIGMOD International Conference on Management of Data, 1993(8): 207-216.

[3] Agrawal R, Srikant R. Fast algorithms for mining association rules［C］/ /Proc. of International Conference on Very Large Databases, 1994: 487-499.

[4] 杨现民, 田雪松. 中国基础教育大数据 2016—2017: 走向数据驱动的精准教学[M]. 北京: 科学出版社, 2018: 205-206.

运而生。学习分析（learning analytics）是围绕与学习者学习信息相关的数据，运用不同的分析方法和数据模型来解释这些数据，根据解释的结果探究学习者的学习过程与情境，发现学习规律，或者根据数据阐述学习者的学习表现，为其提供相应的反馈，从而促进有效学习的技术[1]。教育领域的学习分析技术主要关注学习者、学习过程、学习内容、学生学习生命周期和学习组织行为学等[2]。

下面重点介绍四种前沿的学习分析技术，即学习行为模式分析、学习预警分析、多模态学习分析、嵌入式和提取式分析。

1）学习行为模式分析

学习行为模式分析是学习分析的重要组成部分。学习行为模式分析主要通过有目的地分析学习过程中记录的相关行为数据，有效、客观地监测学习者的学习过程，以挖掘数据背后的隐藏价值。

滞后序列分析（lag sequential analysis，LSA）法是学习行为模式分析的方法之一，主要用于检验人们在一种行为发生之后出现另一种行为的概率，以及其是否存在统计意义上的显著性[3]。滞后序列分析法可以帮助人们挖掘隐藏在复杂的交互行为序列中的交叉依赖关系，并将行为序列中重复发生的行为整理成一条关系链[4]；有助于教学者更好地把握学习者可能的学习行为，从而有效指导后续教学活动的设计与开展。

2）学习预警分析

学习预警（early-warning for learning）分析指按照一定的标准对学习者的学习背景、学习行为及测验成绩等相关数据进行分析，根据分析结果向教育者及学习者发出警示信号，并对有困难的学习者提供有针对性的干预建议[5]。通过了解学习者

---

[1] 顾小清, 张进良, 蔡慧英. 学习分析: 正在浮现中的数据技术[J]. 远程教育杂志, 2012, 30(1): 18-25.

[2] 郑隆威, 冯园园, 顾小清. 学习分析: 连接数字化学习经历与教育评价——访国际学习分析研究专家戴维·吉布森教授[J]. 开放教育研究, 2016, 22(4): 4-10.

[3] Bakeman R, Gottman J M. Observing interaction: An introduction to sequential analysis[M]. Cambridge: Cambridge University Press, 1997.

[4] 胡丹妮, 章梦瑶, 郑勤华. 基于滞后序列分析法的在线学习者活动路径可视化分析[J]. 电化教育研究, 2019, 40(5): 55-63.

[5] 肖巍, 倪传斌, 李锐. 国外基于数据挖掘的学习预警研究: 回顾与展望[J]. 中国远程教育, 2018(2): 70-78.

的学习过程，分析、处理学习者的数据，提前发现学习风险并进行预警，可以为学习者提供合理的建议。

确定有效的预警指标是学习预警分析最核心、最基础的一步，可以通过一系列的预警指标判断、预测学生成绩或学生是否及格/留级。有效的预警指标包括三类：第一类是人口统计学信息，如性别、专业、家庭经济状况、父母文化程度；第二类是过去的学习成绩，如入学成绩、绩点等；第三类是当前课程的学习过程，如教材学习情况、练习完成情况、网络课堂登录次数、发帖数、回帖数等[1]。其中，前两种指标是静态的，不是直接从学习过程中测量得到的，只能通过一系列中间变量间接预测成绩；而学习过程则为动态指标，通过评估学习过程中的实时动态数据对学习结果进行预警。只有动态检测、评估学习过程，才能更好地进行学习预警。

此外，分类和聚类是学习预警分析中最典型的技术，贝叶斯定理、决策树、隐马尔可夫模型及 Instance-Based Learning 是学习预警分析最常用的方法[2]。

3）多模态学习分析

多模态学习分析（multimodal learning analytics，MLA）是学习分析在当前技术环境下的新发展，其采用的数据形式来源于物理空间和数字空间，使用不同的分析方法来处理动态产生的多模态数据，并利用学习情境中的行为、情感、认知等相关理论来实现学习分析的目标与价值[3]。多模态整合分析可以使实验结果更加客观和全面，能够更深入地揭示学习者的信息感知和认知加工规律[4]。

每种知觉来源或媒介形式都可以称为一种模态[5]。多模态数据可以简单理解为采用多种方式采集同一现象、过程或环境中的相关数据。可穿戴设备、眼动仪、录像设备等让教育大数据的收集和处理成为可能，多模态数据集就是由学习者身体活动、生理反应等数据记录组成的，如学习者的表情、心率、当时的天气情况等。

---

[1] 肖巍, 倪传斌, 李锐. 国外基于数据挖掘的学习预警研究：回顾与展望[J]. 中国远程教育, 2018(2): 70-78.

[2] Saa A A, Al-Emran M, Shaalan K. Factors affecting students' performance in higher education: a systematic review of predictive data mining techniques[J]. Technology,Knowledge and Learning,2019.

[3] 吴永和, 郭胜男, 朱丽娟, 等. 多模态学习融合分析（MLFA）研究：学理阐述、模型样态与应用路径[J]. 远程教育杂志, 2021, 39(3): 32-41.

[4] Merceron A, Blikstein P, Siemens G. Learning Analytics: From Big Data to Meaningful Data[J]. Journal of Learning Analytics, 2016, 2(3): 4-8.

[5] 汪维富, 毛美娟. 多模态学习分析：理解与评价真实学习的新路向[J]. 电化教育研究, 2021, 42(2): 25-32.

通过融合多模态数据，可以更加精准、全面、真实地解析学习过程，为学习者在物理空间或数字空间提供持续性的学习支持[1]。

4）嵌入式和提取式分析

嵌入式和提取式分析（embedded and extracted analytics）是分析在线讨论数据的两种不同的方法[2]。嵌入式分析是指通过融入学习环境，分析学习者的在线活动数据，让教师能够实时地、更好地指导学习者学习。相反，提取式分析则将学习者和学习活动从学习环境中抽离出来，教师通过分析学习者存在什么问题、哪些地方薄弱来对学习者进行个性化指导。

相比提取式分析，无缝监控学习者的学习活动是嵌入式分析的最大优点。此外，嵌入式分析注重分析学习者、学习环境等相互作用的整体，而提取式分析着重分析整体中的某个元素，如学习者、学习活动等。

3. 数据可视化技术

简单来说，可视化是指将抽象的事物形象化。数据可视化（data visualization）就是将大数据处理结果以图表、报表和模型等形式呈现，帮助人们理解数据，如常用的公交或地铁线路图。数据可视化技术是运用计算机图形学和图像处理技术，将数据转换为图形或图像，在屏幕上显示出来，并进行交互处理的理论、方法和技术[3]，涉及的主要领域除了计算机图形学和图像处理，还包括计算机视觉、计算机辅助设计等[4]。借助数据可视化技术，能够发现大型异构和动态数据集中的规律、趋势和联系，让分析者更容易理解各类数据，使得每个人参与数据分析、理解复杂关系的可能性增大。

数据可视化的实现方式主要有以下两种。第一种是通过传统的 Web 技术+前端技术来实现。它的优点是定制能力强，能自定义任意形式来展示数据；缺点是其可定制性需要通过开发代码实现，且开发周期较长、开发难度较大。第二种则是通

---

[1] 钟薇, 李若晨, 马晓玲, 等. 学习分析技术发展趋向——多模态数据环境下的研究与探索[J]. 中国远程教育, 2018(11): 41-49, 79-80.

[2] Wise A F, Zhao Y, Hausknecht S N. Learning analytics for online discussions: Embedded and extracted approaches[J]. Journal of Learning Analytics, 2014, 1(2): 48-71.

[3] Jänicke H, WieBel A, Scheuermann G, et al. Multifield Visualization Using Local Statistical Complexity[J]. IEEE Transactions on Visualization & Computer Graphics, 2007, 13(6): 1384-1391.

[4] 沈恩亚. 大数据可视化技术及应用[J]. 科技导报, 2020, 38(3): 68-83.

过市面上的可视化工具来展示数据。常用的技术主要有 Tableau、DataV 等。这种方式的优点是开发简单便捷，基本不会涉及代码开发，且使用专业化的可视化工具展示的效果通常比较美观；缺点是可视化工具是固定的，定制能力比较差，如果工具本身没有提供相应的组件，基本无法扩展，而且可视化工具基本都会收费、通常要依赖厂商提供的平台，故本地化部署比较难。

多样化的数据可视化技术和工具不断涌现，促使教育数据挖掘、学习分析的结果可以更加直观地呈现，如采用散点图、热度图、评估模型等。可以说，数据可视化技术将在推动教育大数据落地应用方面发挥重要作用。

1.3　教育大数据驱动教育创新发展

教育大数据具有规模巨大、形式多样、产生迅速和价值丰富等特性，在学生学习生活、教师教学活动、教学投资、软硬件建设、学校常规管理与学校发展决策等方面具有广泛的应用前景[1]。随着教育界对大数据思考与探索的不断深入，具有教育特色的大数据应用理论、模式与方法也在逐步形成。当前，我国基础教育大数据正处于起步探索期，有了基本的发展方向，出现了部分应用探索案例。进一步归纳发现，基础教育大数据驱动教育创新发展主要表现在四个方面，分别是优化问题解决、重构评价体系、提升教学质量及促进因材施教。

1.3.1　优化问题解决，驱动教学决策科学化

教学决策是教师日常教学活动中的普遍行为。谢弗尔森（R.J.Shavelson）指出，教师在课堂中平均每两分钟就做出一次交互性决策，教学决策是教师的基本教学技巧[2]。教师作为课堂教学的组织者和发起者，对整个教学决策过程的统筹安排起

---

[1] 徐蕾，聂峰英. 教育大数据在教育管理应用中的研究现状与技术路径[J]. 江苏高教，2020(12): 69-73.

[2] Shavelson R J. What Is The Basic Teaching Skill?[J] Journal of Teacher Education, 1973, 24(2): 144-151.

着主导作用。教学决策直接影响课堂教学质量。因此，保证教学决策的针对性和科学性是有效教学的应然之举[1]，也是教学成功的关键[2]。决策可以由三种方式分别或混合驱动：直觉、经验和逻辑，通过逻辑方式做出的决策通常被认为具有高确信的特点，而数据是填充逻辑过程的基石[3]。《有效教学决策》一书中提出，有效教学基本等同于合理的教学决策，评测数据、学习行为数据、学习情感数据、学生生理数据等能为教学决策提供参考[4]。在计算机和网络进入教育应用后，通过信息化技术分析数据以驱动决策的尝试就已经开始。教师要理解并运用大数据驱动自身的教学，为教学目标的达成提供支撑。数据介入教学决策必然会从逻辑上增强教学决策的有效性，数据将有效驱动教学决策的科学化，引发教学设计阶段、教学互动阶段、教学评价阶段的决策改进。

1. 科学设计与精准化预测

西方国家有句谚语："教学的本质，不是把篮子装满，而是把灯点亮。"教什么、怎么教一直是教育教学领域至关重要的课题。在传统教育时代，教师往往凭借知识与技能经验开展教学，难以及时、准确、全面、客观地了解学习者。当今时代是一个被技术改变的时代，教学当然也包含在其中，教师的经验需要更新、重构。教学设计与准备是课堂教学的首要阶段，是教师系统地对教学目标、教学内容、学习资源及学习者进行分析和描述，以确定教学方案并不断对其进行修正的过程[5]。

在过去传统的教学活动中，教师即使想要进行基于数据的精准化预测也难以收集到足够的数据，但随着大数据技术和信息化教学平台的发展，教师能够依托平台设计教学活动，学生在平台上完成学习任务，留下详细的学习轨迹数据。教师能够通过数据分析明确学生在学习哪些知识点时是比较困难的，以及学生对哪些知识点的了解比较深刻，不需要再进行重复学习。先进的技术分析，不但可以帮助教

[1] 钟婉娟, 侯浩翔. 教育大数据支持的教师教学决策改进与实现路径[J]. 湖南师范大学教育科学学报, 2017, 16(5): 69-74.

[2] 冯仰存. 数据驱动的教师教学决策研究综述[J]. 中国远程教育, 2020, 41(4): 65-75.

[3] 王萍, 傅泽禄. 数据驱动决策系统: 大数据时代美国学校改进的有力工具[J]. 中国电化教育, 2014(7): 105-112.

[4] 管珏琪, 孙一冰, 祝智庭. 智慧教室环境下数据启发的教学决策研究[J]. 中国电化教育, 2019(2): 22-28, 42.

[5] 钟婉娟, 侯浩翔. 教育大数据支持的教师教学决策改进与实现路径[J]. 湖南师范大学教育科学学报, 2017, 16(5): 69-74.

师更精细地了解学情，还有利于教师明晰教学目标，进一步优化教学设计。无论我们是否愿意接受，信息技术已经与各行各业深度融合，教育行业也不例外。未来，技术手段可能无法取代教师，但不能合理利用信息技术的教师一定会被善于利用信息技术辅助自身教学的教师所取代。数据能够促进教学设计的最优化与教学预测的精准化，其科学程度是单纯的经验所不能及的。

2. 即时决策与个性化指导

教学过程包含着对教学目标的落实，而教学干预则是教学过程中重要的生成性环节。教师的"教"对学生的"学"产生影响的过程，被称为教学论角度下的"教学干预"[1]。长期以来，教学干预是一种预先设计好的静态过程，而非实时生成、灵活变化的动态过程。在学习资源大量开发、能够便捷获取的当下，越来越多简单的知识传授性工作会被人工智能和学生的自主学习所取代。时代发展不再需要流水线上简单重复的工人，而需要个性化的个体、真正能够进行创新创造的个体。同时，学生已经能够通过越来越多的学习资源获取知识，他们对于教师的期待会有所不同，不再希望教师仅仅是知识的传授者，更希望教师能够成为自己心灵的营养师，能够给予自己更多、更深层次的引导。而能够充分利用在学生学习过程中收集的过程性数据，辅助自己确认教学重难点，调整教学策略的教师，将是真正有智慧的教师。一个国际知名的利用大数据诊断学生、提供教育决策的典型案例是美国普渡大学的"课程信号灯"（Course Signals）项目。"课程信号灯"系统借助算法，通过采集和计算学生的课程表现、课程努力程度、前期学业历史、学习者特征等数据并进行分析，实现对课程的实时预测。该项目通过红、黄、绿三种颜色的信号灯展示预测结果，预测结果会展示给学生与教师双方，红色信号灯表示极有可能失败，黄色信号灯表示可能有一些问题，绿色信号灯表示极有可能成功。教师在了解学情后，能够通过电子邮件、短信或是面谈等方法实现及时干预。同时，"课程信号灯"系统还有推荐学习导师与学习资源模块，能够及时为学生提供适合他们的学习帮助，为他们的成功保驾护航[2]。

3. 多元评估与可视化分析

学习空间是开展学习活动的基础环境，也是教育数据产生、应用与迭代流转的重要场所。由于信息技术的介入，学习空间从传统单一的教室实体学习空间向物理

---

[1] 姬晓灿, 成积春, 张雨强. 技术时代精准教学探究[J]. 电化教育研究, 2020,41(9): 102-107.

[2] 李葆萍, 周颖. 基于大数据的教学评价研究[J]. 现代教育技术, 2016, 26(6): 5-12.

空间和网络空间高度融合的学习空间变迁。学习者无论在何种学习空间开展学习活动，都会产生大量的教学场景数据。传统的教学场景数字化与智能化水平相对落后，教学场景中的数据采集也往往不够全面。过去的学生评估主要是针对学生的学业水平测试，评价主体主要是学校相关部门和教师，整个评价体系呈现封闭性的特征。在大数据时代，随着可穿戴技术、物联网与人工智能技术的兴起，可以利用信息技术手段记录下教与学过程中的多元行为数据，更加精细地刻画和分析教师与学生的实时状态。

在评价中，对已获取的数据还需要依据评价目标的不同，构建相应的指标体系，然后对评价指标体系中的评价维度进行数据化表征，最后基于机器学习、深度学习、自然语言处理、数据挖掘等技术对所获取的规范化数据进行建模，最终获得分析结果。然而，计算机构建的分析模型往往较为抽象，不易理解。同时，教师在教育教学中的地位是无法取代的。在当前大数据环境下，信息可视化分析技术可以通过可视化图形呈现数据中隐含的信息和规律，建立起符合人类认知规律的心理映像，成为教师分析教学情况的强有力工具。

1.3.2 重构评价体系，驱动教育评价系统化

教育评价是我国深化教育体制改革，推进教育现代化的关键环节[1]。教育评价是在系统、科学、全面地收集、整理、处理和分析教育信息的基础上，对教育价值做出判断的过程。从微观层面看，教育评价的目的在于指导学生的发展方向，对学生进行客观的总结，对教师的教学质量进行评估；从宏观层面看，教育评价的目的在于促进教育改革，提高整个国家的教育质量[2]。当前，教育信息化持续推进，使大数据正在介入教育的方方面面，其作为"数据、技术、思维三足鼎立的产物"，能为教育评价带来海量时间尺度密集、空间尺度多样、价值尺度多元的教育大数据[3]。为此，国务院在《促进大数据发展行动纲要》中专门提及教育文化大数据工程，要

---

[1] 中华人民共和国教育部. 中共中央　国务院印发《深化新时代教育评价改革总体方案》[EB/OL]. (2020-10-13)[2021-11-10]. http://www.gov.cn/zhengce/2020/10/13/content_5551032.htm.

[2] 金娣, 王刚. 教育测量与评价[M]. 北京：教育科学出版社, 2002.

[3] 王战军, 乔伟峰, 李江波. 数据密集型评估: 高等教育监测评估的内涵、方法与展望[J]. 教育研究, 2015, 36(6): 29-37.

求推动教育基础数据的伴随式收集和全国互通共享；《国家教育事业发展"十三五"规划》也明确提出，"鼓励学校利用大数据技术开展对教育教学活动和学生行为数据的收集、分析和反馈，为推动个性化学习和针对性教学提供支持。"诚然，大数据的价值日趋凸显，已成为教育评价变革与创新的重要驱动力量[1]。

相比传统的教育评价，大数据的发展使教育评价走向了客观性评价、伴随性评价、综合性评价和智能化评价，为学生的自我发展、教师的教学反思、学校的质量提升等多方面提供了基于数据分析的实证支持。大数据支持下的教育评价一方面能够减轻相关人员的工作负担；另一方面采用统一标准进行评价，能在一定程度上提升评价的准确性。

1. 大数据驱动教育评价主体由单一化走向多元化

教育评价作为一项具有极强复杂性和丰富性的实践活动，需要多元主体共同参与和协商。追溯教育评价发展史，"多元主体参与"最早由美国教育评价学专家派特（M.Q. Patton）于 1978 年在《使用定向评价》一书中提出，其主张只有将需要使用评价信息的各方人士邀请到教育评价中，并让其基于各自立场对教育评价提出要求和建议，才能使教育评价结果更好地满足不同使用者的需求[2]。在传统的教育环境下，教师对学生的评价，相当一部分来自学生的考试成绩，以及教师个人的主观印象，学校、学生、家长和社会等教育利益相关者则处于边缘被动地位，评价过程缺乏对不同利益主体内在发展价值诉求的协调，评价标准过于统一和刚性，忽略了不同主体间的差异性，严重制约了教育评价结果的客观性和有效性，导致评价不够全面、客观、理性。教育大数据的出现，使得学生有机会记录、展示各方面的情况，并让学生对自己、教师对学生的了解更全面、客观，从而强化了教育评价的诊断、引导、调整的功能，为学生的全面发展、终身成长提供了更为科学的评价指针和引导方向。

2. 大数据驱动教育评价方式由总结性走向伴随式

教育评价在发展过程中，评价方式日趋丰富，评价维度日趋多样，从结果导向的总结性评价，发展到过程导向的形成性评价，再进化到质量导向的伴随式评价。伴随式评价是一种追踪连续学习过程，并对其进行"全程动态"评价的方法。它主

---

[1] 朱德全，吴虑. 大数据时代教育评价专业化何以可能：第四范式视角[J]. 现代远程教育研究, 2019, 31(6): 14-21.

[2] 蔡敏. 论教育评价的主体多元化[J]. 教育研究与实验, 2003(1): 21-25.

张及时采集、分析学习过程数据，关注数据对教学过程的指导、反馈作用[1]。现如今，在大数据与学习分析的应用热潮下，有学者指出，基于实时数据监控和反馈的评价表现出"伴随生活全领域、伴随学习全过程、伴随个体自适应"三大特征。随后，李锋等人将"伴随学习全过程"这一特征引入在线学习评价中，主张伴随式评价应该是伴随学习过程发生、融合在学习全过程中的，是一种及时判断学生的学习状态和效果、给予有针对性反馈和干预的评价方式，并分别针对知识掌握、问题解决、态度发展设计了评价内容[2]，丰富了伴随式评价的内涵。伴随式评价把总结性评价与过程性评价相结合，重在积累教学过程中学生智能发展的生成性成果，不给学生划分等级，不去单纯比较学生成绩的高低，而是通过及时记录学生的学习状态、学业表现、学习阶段性反馈等多种来源数据对学习情况和水平做出判断[3]，采取目标与过程并重的学习质量发展型评价观[4]。

因此，从课堂教学视角，可以将伴随式评价理解为：面向课堂教学全过程采集数据并加以评价，评价结果又及时反馈并作用于教学过程，评价反馈与教学"伴随"发生的一种综合性评价方式。其核心是借助支持工具，对教学全过程的学习数据进行分析，从而有针对性、及时地给予反馈与干预，以实现对学生发展的动态追踪。在大数据时代，综合应用多种数字化设备，可以收集学生在学习平台、学习终端上的学习痕迹、学习表现、学习习惯等数据，并且用数据可视化的分析技术加以呈现，使教师可以在不增加技术使用难度的前提下，了解学生在整个学习过程中的表现，用基于大数据的伴随式评价引导学生终身学习。

3. 大数据驱动教育评价内容由片面化走向综合性

如果说伴随式评价是对评价方式的改变，使得评价从重视结果转为重视过程，最后实现重视质量，那么综合性评价就是对评价内容的改变，不仅要评成绩，还要全面考核学生在德育、智育、体育、美育、劳动教育诸方面的发展状况。

教育的对象是学生，学生的综合素质发展直接反映了教育质量情况。《深化新

[1] 王小根，单必英. 基于动态学习数据流的"伴随式评价"框架设计[J]. 电化教育研究，2020，41(2): 60-67.

[2] 李锋，王吉庆. 旨在促进学习者发展的在线评价：伴随式的视角[J]. 中国电化教育，2018(5): 74-79.

[3] 高凌飚，钟媚. 过程性评价：概念、范围与实施[J]. 上海教育科研，2006(9): 12-14.

[4] 高凌飚. 关于"过程性评价"的思考[J]. 课程·教材·教法，2006(10): 15-19.

时代教育评价改革总体方案》提出要"改革学生评价，促进德智体美劳全面发展"[1]，构建以发展素质教育为导向的科学评价体系，强化过程性和发展性评价，从而促进学生全面发展、健康成长。《教育部关于加强和改进普通高中学生综合素质评价的意见》中将高中生的综合素质评价分为 5 个方面，分别是思想品德、学业水平、身心健康、艺术素养、社会实践。主要评价内容："思想品德，主要考察学生在爱党爱国、理想信念、诚实守信、仁爱友善、责任义务、遵纪守法等方面的表现；学业水平，主要考察学生各门课程基础知识、基本技能掌握情况及运用知识解决问题的能力等；身心健康，主要考察学生的健康生活方式、体育锻炼习惯、身体技能、运动技能和心理素质等；艺术素养，主要考察学生对艺术的审美感受、理解、鉴赏和表现能力；社会实践，主要考察学生在社会生活中的动手操作、体验、经历等。"[2]通过对这五大方面的指标细化，形成高中生的综合素质评价指标体系，促进学生逐步形成正确的世界观、人生观、价值观，促进学生打好终身学习和发展的基础，促进学生形成健康的体魄和良好的心理适应能力，促进学生个性发展和可持续发展，促进学生理论与实践相结合的能力，从而培养德智体美劳全面发展的新时代人才。在此基础上，可按照小学、初中教育的不同性质和特点，调整评价指标，进而形成一套完整的学生综合素质评价指标体系。

高中学校应充分利用综合素质评价档案袋，结合学校测试等方式全面考核学生在思想品德、学业水平、身心健康、艺术素养、社会实践等诸多方面的发展状况，对学生的思想品质、价值倾向、志向胸襟、责任担当、综合能力、专业兴趣、个性特长、科研潜质、思维品质、情绪意志、身体素质、审美能力、劳动观念等各方面进行综合评价，不仅要关注知识、能力等传统的智育标准，还要关注家国情怀、专业兴趣、责任担当、意志品质等更加全面的时代标准，从而有力地推动综合评价从理念转化为机制，使立德树人通过综合性评价更加有效地统领教育实践。

4. 大数据驱动教育评价手段由传统式走向智能化

传统以纸笔测试为主的教育评价，侧重于学生对某个知识点的记忆或对某类问题的解决能力，再加上一定程度的分析与应用，但对学生综合素质的评价往往无

---

[1] 新华网. 中共中央　国务院印发《深化新时代教育评价改革总体方案》[EB/OL]. (2020-10-13) [2021-11-10]. http://www.xinhuanet.com/politics/zywj/2020-10/13/c_1126601551.htm.

[2] 中华人民共和国教育部. 教育部关于加强和改进普通高中学生综合素质评价的意见 [EB/OL]. (2014-12-16)[2021-11-10]. http://www.moe.gov.cn/srcsite/A06/s3732/201808/t20180807_344612. html.

能为力。大数据的一个明显特点就是数据来源多样，广泛的数据来源决定了大数据形式的多样性与数据量的大规模。大量的数据迫切需要用更加智能化的手段进行采集、分析、预测与实时处理。

因此，教育评价手段必须在数据采集、数据处理、数据分析等方面进行变革，促进对合作能力、沟通能力、信息素养、情绪调节等非认知能力的评价。只有真正建立多元化、全过程、全要素的智能化评价体系[1]，才能进行更加系统化、全面性的信息收集，以及更加智能化、即时性的信息反馈，从而推动教育从"少数人的个性化"到"多数人的标准化"再到"多数人的个性化"的历史性跨越[2]。

1.3.3 提升教学质量，驱动教学过程精准化

当今时代，"课程内容不断扩充，授课学时不断缩减"的矛盾越来越突出，利用信息化手段提高教学效率是当前推动教育教学改革、提高教学质量的"重要抓手"。然而，一线教学中存在学生知识能力水平不一、学习效率参差不齐等问题。因此，及时获取学生的反馈数据，调整教学环节设计，实施精准教学至关重要。精准教学能够在精准记录学生学习全过程的基础上，通过对数据进行分析，明确学生的学习风格与学习状态，根据学生的学习情况，生成个性化的学习目标；根据学习需求，提供适当的学习资源，设置适宜的学习活动；根据学习的过程性数据，获取精准反馈，进行精准干预与优化。数据驱动教学流程精准化主要表现在目标精准、问题精准、干预精准三方面[3]。

1. 驱动教学目标个性化

目标精准是精准教学的基石，旨在精准判断符合学习者个性化特征的目标。在进行教学资源选择、教学活动实施、教学程序设计与开展教学测评的过程中，教学目标都是需要牢牢把握的准则[4]。精准教学的发展离不开以测辅学，在移动终端普

---

[1] 黄涛, 赵媛, 耿晶, 等. 数据驱动的精准化学习评价机制与方法[J]. 现代远程教育研究, 2021, 33(1): 3-12.

[2] 田爱丽. 综合素质评价：智能化时代学习评价的变革与实施[J]. 中国电化教育, 2020(1): 109-113.

[3] 彭红超, 祝智庭. 面向智慧学习的精准教学活动生成性设计[J]. 电化教育研究, 2016, 37(8): 53-62.

[4] 姬晓灿, 成积春, 张雨强. 技术时代精准教学探究[J]. 电化教育研究, 2020, 41(9): 102-107.

遍存在的当今时代,教师可设置课前探究和自主学习内容,学生在线完成作业的同时会产生大量的数据,教师便可凭借这些数据明晰学情:哪些内容较简单,课上重复讲授等于无效劳动;哪些内容较难,学生集中在这些知识点遇到了难关;哪些内容具有吸引力,学生在此停留了较长的时间,并做了标注笔记;哪些内容较枯燥,学生在此放弃了学习……这些数据及先进的技术分析,不但可以帮助教师更精细地了解学情,还有利于教师明晰教学目标,进一步优化教学策略。利用信息技术赋能整个教学过程,在记录分析这些数据的基础上,教师可以全面了解、掌握学生的知识基础和个人特质,进而调整既定的教学目标,生成更具指向性的个性化教学目标。

2. 驱动问题设置科学化

问题精准作为精准教学的核心,旨在精准判定学习者在当前学习中存在的问题及潜在问题。在教学过程中,基于学生的认知层次和心理特点在适当的时机提出适当的问题能有效促进课堂教学重难点的落实与学生思维的培养。这就需要教师根据教学目标及教学活动设计的需要,围绕教学目标有组织、有层次地进行精准提问。与单纯进行知识技能教学、追求任务完成与结果达成的传统教学不同,精准教学遵循"以测辅教"与"以测辅学"原则,以根据数据分析的个性化反馈作为开展精准提问的重要依据。真正的精准教学,应当尊重学习的本质与规律,正视教学过程中情感、交流、顿悟、创造等不确定性要素,走向"动态化"教学。精准问题既可以作为学生掌握知识的桥梁,又可以促成学生将信息转化为专业知识和成果,满足课堂中不同层次群体的多样化学习需求,鼓励其形成个性化的创新思维和批判性思维。

3. 驱动干预过程适恰化

干预精准是精准教学的灵魂,旨在精准提供个性化措施。在传统教育时代,教师往往凭借知识经验与技能经验开展教学,难以及时、准确、全面、客观地了解学习者。但是当前,教育已经与技术和各种智能平台产生了深度融合,产生了新的教育秩序和教育生态。教育已经进入大数据时代,数据能够促进教育决策的最优化和教育干预的精细化,其科学精准程度是单纯的经验所不能及的。在设定精准的教学目标并设计出精准的教学问题后,真正有智慧的教师,能够捕捉恰当的时机、采取恰当的手段进行干预。在精准教学的情境下,教师角色需要重塑,教师技能需要重新定义。教师不再是单一的知识"搬运工",而应是学生思维的启迪者与心智成长的守护者。在传统教学中,教师讲授、学生静听的模式之所以长期存在,是因为师生之间存在明显的知识落差。随着信息技术的不断发展,我们已经迎来一个知识爆炸的时代，现阶段教与学的本质正在悄然改变，其不仅包括知识的传递，还应包括技能与情感、态度、价值观的培育。如果忽视对学生心态的认知，没有精准的引导与干预，所谓的知识就会像无生命的货物一样，从书本到黑板，再从黑板到笔记本机械地传递，其中的生机和灵性绕开了师生的思考，学习最终将成为毫无意义的"走马观花"。

1.3.4 促进因材施教，驱动师生成长个性化

因材施教是教育界一直以来的理想追求。但是，由于每个学习者的先验知识不同，即使学习相同的内容，不同学习者达到相同掌握程度需要的时间也不同，学习过程中遇到的困难点也不一样。在师生比比较低的现状下，传统教学很难做到教学因人而异，而信息技术特别是人工智能技术的发展，让教育界对于"智能时代的大规模个性化教育"充满期待。教育信息化带领学校教育从大众化走向个性化，大数据时代的开启，增加了教师和学生个性化成长的可能。教学不能无视学生已有的经验，如果没有真实的学情资料作基础，课堂的教学就无法真正实施；教师也不能忽视自己当前的专业水准，如果不了解自己教学的优势与劣势所在，不积极学习，就无法跟上时代的步伐。

基于大数据的支持，能够建立教育教学数据资源库。收集包括学生背景信息、活动体征、学习行为等学生数据，以及教学设计、课堂教学、班级管理等数据，能为教师的精准教学提供支持。数据采集系统的建立能够补足教学在德育、体育、美育和劳动教育评价等方面的短板，有助于为学生发展制订个性化的成长方案。同时，学生也可以通过数据库信息及时了解自己的优势与不足，认识自我，发展自我，规划自我和构建自我。

1. 辅助教师开展因材施教

随着大数据技术与传统教学融合的加深，学校教育中的海量数据被广泛收集与整理，数据开始贯穿于教学的各环节，其有效性赋予了教师"显微镜"式的观察能力、"望远镜"式的规划能力及"导航仪"式的指导能力[1]。教师在进行教学设计时首先应该依托大数据及云计算对学生的学习现状进行深度调研，确定课堂教

---

[1] 杨现民. 大数据提升教师教学决策力[J]. 中小学数字化教学, 2018(5): 1.

学的依据，进而进行学情分析；其次应该根据学生的学习要求、学情特点、教学内容的需要选择合适的教学资源，将优质的资源更好地应用到课堂教学中，以求帮助学生实现个性化发展。另外，借助大数据技术进行学生成绩的统计与分析，可以大大减少教师的重复工作量，提高教师的工作效率，促进教师教学水平的提高。

2. 助力学生找到适合的成才之路

在新课程改革的推动下，社会各界越发关注学生的综合素质与个性化发展，数据技术能够通过记录学生的成长过程来收集信息，并通过海量数据的归纳、分析、整理帮助学生更加全面地认识自我，从而使其找到最适合自己的个性化成长之路。

1.4　南通一中发展概况及其面临的挑战

1.4.1　南通一中发展概况

江苏省南通第一中学（以下简称"南通一中"）创建于 1919 年，1980 年被确立为江苏省重点中学，1997 年被评为国家级示范性普通高中，2004 年获评江苏省四星级高中。在一百多年的历史中，南通一中在"敬、诚、勤、朴"校训的指引下，形成了积淀深厚的校园文化传统，以"严谨扎实"的教风和"好学善思"的学风及稳定优异的教育教学质量称誉社会。

南通一中占地近 5 万平方米，建筑面积达 4 万余平方米，环境优美典雅，绿化面积达 50% 以上，被评为"江苏省花园式学校"。校园外部环境呈现"庄重典雅的近代第一城风格"，彰显出以中西合璧和古今融通为主要特征的、具有南通一中特色的文化内涵，如图 1-2 和图 1-3 所示。

南通一中现有专任教师 196 名，其中包括 106 名高级教师、1 名江苏省劳动模范、2 名人民教育家培养对象、7 名教授级高级教师、5 名特级教师、5 名江苏省"333 高层次人才培养工程"培养对象、6 名南通市"226 高层次人才培养工程"培养对象、40 多名骨干和学科带头人；近年来，省级以上教学比武一等奖获得者达30 余人。

图 1-2　南通一中至善楼实景

图 1-3　南通一中校园俯瞰实景

南通一中立足学生终身发展，全面推进学生素养工程。"学生发展指导中心"设施完备先进，设有专业心理辅导教师，指导学生生涯规划，关注学生身心发展。南通一中设立"一中电视台"等三十多个学生社团组织，以活动提升学生能力，获得多项省级以上大奖。《中华传统文化涵育高中生仁爱品格的实践工程》入选江苏省中小学生品格提升工程项目。学校德育品牌"仁爱教育"，体系化常规化开展情系高原、爱心接力等十大系列活动，在被中央电视台报道后引起较大反响，被评为江苏省第八届精神文明建设新人新事，获得中央文明办的高度肯定。

南通一中全面推进智慧校园建设，实现大数据背景下的精准教学。南通一中利用大数据、云计算、移动互联网等新一代信息技术打造课堂，智能、高效地实现课前、课中、课后全过程现代技术应用。目前，南通一中已实现校园无线网络全覆盖，建有智慧教学平台、智慧管理平台、智慧班牌、移动办公平台、大数据中心，拥有微格教学中心、数字化显微镜室、物理创新实验中心、史地专用教室、电子阅览室、语文必读书目专题阅览室及学生发展指导中心等先进馆室。南通一中的智慧校园建设和基于大数据的教学实践已初见成效：2017 年，"基于大数据的教学实践"课题入选江苏省基础教育前瞻性教学改革实验项目；2018 年，在江苏省教育信息化工作会议暨智慧校园建设推进上，南通一中作为南通代表做专题发言；《实施智慧教育，培养创新人才》案例作为江苏省唯一的中学案例入选 2017—2018 年度全国基础教育信息化应用典型案例。南通一中的智慧教学活动吸引了各级领导及包括上海、浙江、海南等在内的省内外十几个教育代表团、近千人次来调研、交流。

南通一中倾力铸就"仁爱教育与智慧教育比翼齐飞"的学校文化，确立"培养具备健全人格、卓越智慧、精神高贵的现代中国人"的育人目标。学校注重大数据与学科教学的融合，取得了辉煌成绩。南通一中 2012 年被确定为江苏省首批数字化学习试点学校，2014 年被评为"南通市数字化校园"，2017 年被确定为江苏省STEM 教育项目试点学校。2017 年，南通一中还被评为"江苏省普通高中课程基地示范学校""江苏省书香校园示范点""江苏省教育科研先进集体"。2020 年，南通一中被评为"全国中小学人工智能教育实验校""江苏省智慧校园示范校"。2017—2020 年，南通一中连续四年被评为"南通市优秀教科研单位"。

南通一中学子高考成绩稳步攀升，2017 年重返全市前十名方阵，各类竞赛捷报频传，近年来在科技竞赛和五大奥赛上有 9 人获国家一等奖，100 多人次获省级一等奖。在"2017 中国服务机器人大赛"中，南通一中代表队在比赛中力挫群雄，夺得龙争虎斗项目冠军和季军，并在两个参赛项目中获得 4 个一等奖、3 个二等奖。南通一中国际教育名校录取成绩显著，已毕业的四届 PGA 国际课程班和三届A-LEVEL 国际课程班的学生全部被世界百强大学录取，其中 80% 的学生被世界 50强大学录取。

1.4.2　南通一中面临的挑战

2021 年全国教育工作会议强调："十四五"时期，我国教育进入高质量发展阶段。学校教育改革发展的外部环境和宏观政策环境已发生深刻变化，高中育人方式也需要随之改变。南通一中作为江苏省内一流高中，面临着新形势、新阶段、新理念、新格局、新目标下育人方式改革的严峻挑战。在大数据时代，南通一中的发展面临以下三大挑战。

挑战一：信息化教育教学模式有待完善

在教育信息化 2.0 时代，互联网、人工智能等新技术实现了对传统教育教学环境的重构，将教师从传统的教育教学模式中解放出来，智慧教学环境让教与学变得简单、高效、智能。如何完善、改革信息化教育教学模式，提高教育教学效率是南通一中面临的重要教育课题：首先是，面对不同的学生如何科学高效地明确学生的发展特点与发展水平；其次是，面对不同的学生，如何高效率、高精度地开展教学，适应学生的个性化教育需求，真正实现"因材施教"；最后是，在教学过程中如何捕捉适合的时机、利用适当的场域、采取适恰的手段干预教学，同时如何提升学生的综合素养，为我国培养能够迎接未来社会挑战的人才。基于大数据的教育教学能在因材施教、教育评价、在线教育过程监控、区域教育治理等方面发挥重大作用，能够提升教育教学的准确性与针对性。那么，如何深度融合教育信息化，完善教育教学模式，提升学生的核心素养，促进学生全面且个性化地发展，是南通一中目前面临的一大挑战。

挑战二：现代化教育治理模式亟待发展

江苏省教育信息化工程研究中心对东部、中部、西部的中小学进行抽样调查后发现，我国中小学的治理现代化发展水平总体上不高，普遍存在学校治理对外部监督重视不足、学校数据治理意识较为薄弱、多元主体协同参与治理的信息化渠道有限等问题[1]。然而，学校教育治理模式的发展对教学质量的提高具有重要作用。理念是行动的先导，先进的现代化教育治理理念能够为教育治理模式开拓新的思路与方法。因此，随着国家教育治理模式现代化的不断推进，南通一中首先需要在现代化教育治理理念不断融入教育发展的过程中，通过总结经验、开阔视野、转变观念等一系列过程提升自身教育治理理念的科学性、先进性、思想性与时代性[2]。教育治理体系和治理能力的现代化是现代化教育治理模式的重要保障，教育治理体系的现代化就是要不断完善教育体制机制和制度规范，以完整科学的制度安排和运行协调的组织体系，推动现代化教育治理模式的高质量发展和高品质提升；教育治理能力的提升则为教育治理体系更好地发挥作用奠定了基础。二者的良性互动与共同作用，推动教育持续健康发展，最终实现教育治理模式现代化。在大数据时代，如何使大数据与教育治理模式有机结合，促进教育治理模式现代化，

---

[1] 顾佳妮, 杨现民, 郑旭东, 等. 数据驱动学校治理现代化的逻辑框架与实践探索[J]. 现代远程教育研究, 2020, 32(5): 25-34.

[2] 何水, 高向波. 教育治理能力现代化: 关键要素与推进路径[J]. 现代教育管理, 2021(4): 16-22.

是当前南通一中面临的又一大挑战。

挑战三：师生信息素养尚需提高

当前，面对日益网络化与数字化的社会，师生教与学的方式和思维方式发生了显著变化，信息素养被视为支撑与促进个体自主发展的关键能力。《教育信息化 2.0 行动计划》制定了师生信息素养提升行动计划，强调学校应该提升师生的信息化应用水平与师生信息素养。然而，目前广大学校即使配备了信息化教育教学设备，也依旧基本停留在"计算机辅助教学阶段"，并未发挥信息化工具在大数据时代应有的价值，也就难以促进学生信息素养的提升。

信息化是一个放大镜，师生需要更高的信息素养以进行有效的信息获取与交流、规范的信息传播与较高的信息道德约束。而教师是教学活动的主导者、学生信息素养提升的重要辅助者，如何提升教师的信息素养，让教师能够有效利用信息时代下日益丰富的教学环境处理日益复杂的教学问题，开展有效的活动，真正将教育信息化与教育教学深度融合，也是当前南通一中面临的挑战之一。

第 2 章

——CHAPTER2——

基于大数据的教学研究与实践进展

随着大数据技术的发展与应用，数据驱动的教学已成为必然的发展趋势。国内外基于大数据的教学研究与实践已取得一定的进展，将大数据应用于教育教学可以提升教学质量，创新教学模式，优化教学策略及改进教学评价。未来，教育大数据的建设与应用发展，将走向多维度、多模态的数据采集，将走向精准化与智能化的数据分析，将走向资产化与多元化的数据治理，也将更加注重普适化的数据素养。

2.1　基于大数据的教学研究综述

数据在教育领域已经引起了广泛的重视。通过数据为教学赋能增效正在教育教学中引发一场静悄悄的"革命"，基于大数据的教学逐渐成为教育教学中的重要方式。近年来，研究者、研发者及实践者都开始关注数据驱动的教学，并进行理论与实践方面的先行探索。本章对数据驱动教学的国内外研究进行了分析，以使读者了解国内外研究进展，为本书后续介绍的实践探索提供理论依据。

2.1.1　国外相关研究

2001 年，美国《不让一个孩子掉队》法案的颁布是对学校问责的开始，开始注重数据在教育教学中的重要性，催生了数据驱动教学的兴起。在《不让一个孩子掉队》法案颁布之后，美国学区、学校越来越重视在教学中使用数据开展教学评估，因此，数据驱动运动和《不让一个孩子掉队》法案之间的"联姻"引发了诸多积极的行动，尤其体现在学业表现不佳的学生群体中。通过文献分析可以发现，国外数据驱动教学的应用已经较为成熟，相关研究也证实了其对学生学业表现的有效作用。下面将从数据驱动教学的要素、模型及应用领域三方面进行论述。

1. 数据驱动教学的要素

数据驱动教学是指教师为确保每个学生的学习需求都能够得到满足，而利用学生的各种评估结果数据指导教学的过程，主要由评估、分析、行动及文化四要素组成[1]。

1）评估

评估是数据驱动教学的首要要素，其目的是收集数据，并为后续数据驱动教学的开展提供数据。评估的过程是透明的，并且需要与开展教学的顺序一致。

2）分析

分析是数据驱动教学的第二大要素，是评估在教学中的延续，主要包括对收集的数据进行分析、检查评估的结果以明确学生的优劣势，以及对原因进行分析等。

3）行动

行动是教师依据分析结果做出的教学或实践行为，以教授学生最需要的知识和技能。

4）文化

文化是构成数据驱动教学的形而上的要素，是在评估、分析及行动的基础上形成的一种数据驱动教学文化。数据驱动教学文化包括高度活跃的领导团队、具体的实践日程、借鉴成功的经验（通过参考成功的数据驱动学校建立相应的数据驱动教学文化）、引导专业发展及维持专业发展五方面的内容。

综上所述，评估、分析、行动及文化这四个要素是层层递进的关系，它们既是数据驱动教学的重要组成部分，也是可直接实践的操作流程，可以比较明确地指导教学。

2. 数据驱动教学的模型

随着国外数据驱动教学的成熟，逐渐形成了一定的模型以指导教师的教学实

---

[1] BAMBRICK-SANTOYO P. Driven by data: A practical guide to improve instruction[M]. New Jersey: John Wiley & Sons, 2010.

践。下面将对数据驱动教学的两大重要模型，即干预-反应模型[1]和计划-做-检查-行动模型[2]加以论述。

1）干预-反应模型

干预-反应模型是数据驱动教学应用于实践的一个非常重要的模型，通过干预与反应的联动确实能够提升学生的学业成就[3]。干预-反应模型在多层级的干预系统中整合了学生评估和教学干预，以最大化提升学生的学业成就和减少行为问题，它由筛选、过程监控、多级别干预系统及基于数据的决策四部分组成（见图 2-1）。

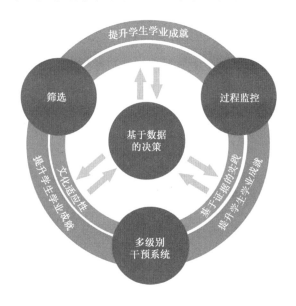

图 2-1　干预-反应模型构成要素

从构成要素可知，基于数据的决策是干预-反应模型实践的精髓。通过筛选→过程监控→多级别干预系统的操作步骤，形成干预-反应模型的一个闭环，数据分析与决策贯穿在每个实施阶段及干预的各层级中。筛选是为了识别有风险的学生；

[1] NATIONAL CENTER ON RESPONSE TO INTERVENTION. 4 Essential Components of a Response to Intervention (RTI) Framework[EB/OL].(2017-03-21)[2021-11-10].https://www.waterford.org/education/4-essential-components-response-intervention-rti-framework/.

[2] DAVENPORT P. Closing the achievement gap: No excuses[M]. Glamorgan: Accent Press Ltd., 2002.

[3] BIANCO S D. Improving Student Outcomes: Data-Driven Instruction and Fidelity of Implementation in a Response to Intervention (RTI) Model[J].Teaching Exceptional Children Plus, 2010, 6(5):1-13.

过程监控是对学生的学习进行持续性的过程监督，用数据量化学生进步的速度；多级别干预系统是干预-反应模型实施中的重点，分为三级干预：一级干预以高质量的核心教学指导满足多数学生的需求，二级干预以适当强度的循证干预指导一级干预之后仍处在风险中的学生（形式为教师主导的小组教学），三级干预是对二级干预反应不佳的学生进行增加强度的个性化干预（形式为一对一辅导），通过层层递进的步骤，帮助处在风险中的学生提升学业成就。通过论述可知，基于数据进行循证干预是干预-反应模型实践的核心理念。

2）计划-做-检查-行动模型

计划-做-检查-行动模型是从学校层面提出的一个数据驱动教学模型，帮助学校用数据改进教学，提高学校的教育教学质量（见图 2-2）。

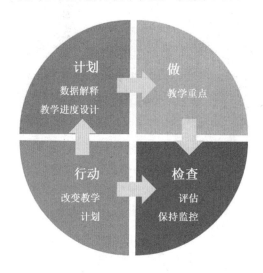

图 2-2 计划-做-检查-行动模型

可以看出，计划→做→检查→行动→计划在数据驱动教学的实践中形成了一个闭环：以数据为起点，对收集的数据进行解读，设计教学进度，列出教学重点，并对学生的学习过程保持持续性的评估与监控，发现存在的问题，然后及时改变教学计划，满足不同学生的学习需求，促进学业成就最大化。可以看出，该模型在实践中以数据驱动为关键点，促使教学的各项行动计划有序进行。基于这个模型，有学者提出了数据驱动教学的七个具体步骤：数据解读、教学进度安排、把握教学重点、评估、辅导、拓展、保持监控[1]。

---

[1] WILLIAMS D T. Closing the achievement gap: Rural schools[J].CSR connection, 2003:3-13.

通过对数据驱动教学的两大重要模型进行分析可以发现，尽管不同的模型有不同的实施步骤或组成部分，但数据是其起点与核心，并且数据分析与决策贯穿于每个实施阶段，数据驱动教学的实施可以概括为收集数据、分析数据、评估监测及行动干预四步。

3. 数据驱动教学的应用领域

数据驱动教学自问世以来，就一直深耕课堂教学，成为诸多教师及学校领导者改进教学、提高教学质量的重要手段。通过文献调研得知，数据驱动教学的课堂教学应用重点集中于语言学习、阅读教学及数学教学方面。

在语言学习方面，研究者将数据驱动教学应用于工程专业英语的学习中，结果显示：学生对基于语料库的数据驱动教学的态度积极。同时，数据驱动教学减轻了工程专业学生学习专业英语的压力，使得学生对工程专业有了新的认识[1]。不仅如此，数据驱动教学在提高有听力障碍学生的口语与技能水平方面也显现出一定的成效：Douglas 将 11 对植入人工耳蜗的儿童分为两组，实验组采用数据驱动教学对儿童的口语进行评估，而对照组不采用数据驱动教学，两年后发现，实验组儿童的口语整体水平普遍高于对照组，并且实验组儿童的口语技能在各个方面提升都比较快[2]。

在阅读教学方面，从早期幼儿识字到缓解阅读障碍，数据驱动教学都体现了其有效性。Tyler 通过引入阅读教练，使用形成性评价和总结性评价相结合的数据驱动教学对早期幼儿识字进行训练，结果显示，数据驱动教学下的幼儿能比同龄人识得更多文字，进步更为显著[3]；Bianco 通过学生干预跟踪表、阅读教练及教师制作视频片段三种实施策略来提升数据驱动教学实施的真实性，大多数学生在识字阅读

[1] MUDRAYA O V. Need for data-driven instruction of engineering English[J].IEEE Transactions on Professional Communication, 2004, 47(1): 65-70.

[2] DOUGLAS M. Improving spoken language outcomes for children with hearing loss: Data-driven Instruction[J]. Otology & Neurotology, 2016, 37(2): 13-19.

[3] TYLER K K. The effects of data-driven instruction and literacy coaching on kindergartners' literacy development[D]. Pennsylvania: Indiana University of Pennsylvania, 2009.

领域成绩有所提高[1]；加利福尼亚州 KIPP·科米恩扎社区预备（KIPP Comienza Community Preparatory）学校的校长通过引入数据驱动教学，让81%的学生的阅读水平超过了 SBAC（smarter balanced assessment consortium）的标准，远远高出这些学生刚进校门时的水平[2]。

除此之外，在数学教学方面也能看到数据驱动教学的身影，并且应用效果惊人。同样是加利福尼亚州的 KIPP·科米恩扎社区预备学校，凭借校长非凡的领导力，其将数据驱动教学引入教学之后，82%的学生的数学水平达到了 SBAC 的标准[3]；2009—2010 年，得克萨斯州所有的中小学都采用干预-反应模型进行课堂教学，通过收集学生的学习数据、对所采集的数据加以分析，并采用多级别干预系统进行针对性干预，得克萨斯州所有高中由连续两年未达到 AYP（adequate yearly progress）的数学要求转变为一年间就可达到[4]，这充分证实了数据驱动教学的有效性。

2.1.2 国内相关研究

国内研究并没有明确阐述数据驱动教学这一概念，但从已有研究中可以发现两个与之相关联的概念，即数据驱动决策和循证教学或基于证据的教学。下面将其都划分到数据驱动教学这一概念属性集中，并对其相关研究分别进行探析。

1. 数据驱动决策

通过借鉴国外的经验及获得的启示，国内研究者对数据驱动决策的研究集中体现在两个方面：一是教育决策；二是教学决策。

---

［1］BIANCO S D. Improving Student Outcomes: Data-Driven Instruction and Fidelity of Implementation in a Response to Intervention (RTI) Model[J].Teaching Exceptional Children Plus, 2010, 6(5): 1-13.

［2］GROSSMAN J, CAWN B. Ambitious Leadership: A Case Study of Data-Driven Instruction at KIPP Comienza[J].New Leaders, 2016: 1-9.

［3］GROSSMAN J, CAWN B. Ambitious Leadership: A Case Study of Data-Driven Instruction at KIPP Comienza[J].New Leaders, 2016: 1-9.

［4］LEWIS D,MADISON-HARRIS R,MUONEKE A,et al. Using data to guide instruction and improve student learning[J]. SEDL Letter, 2010, 22(2): 10-12.

1）教育决策方面

20 世纪 90 年代，数据驱动决策在我国受到重视，但很少应用于教育领域。自 20 世纪 90 年代末开始，数据驱动决策在教育领域出现了应用的迹象。顾小清等梳理了教育数据从计算机管理教学、绩效支持系统到数据驱动决策的 30 年的发展历程，分析得出了教育数据在不同阶段都被用作改进教学的依据的结论，指出了数据驱动决策作为教育技术的研究课题之一，在技术上日渐成熟，能够辅助教育决策，并且日益成为一种必需[1]，可以说这引起了人们对国内教育领域数据驱动决策的研究。在高等教育决策方面，常桐善论述了通过院校研究与数据驱动决策模式"高端联姻"来提高大学决策绩效的新途径，指出了大学必须从决策理念、院校研究及智能体系的建设等方面做出努力[2]。

当数据驱动决策在教育决策研究方面陷入瓶颈时，有研究者试图通过对国外数据驱动决策的研究获得启发，以使后续在这一领域的研究能够持续进行。柳叶青对国外教育领域数据驱动决策的研究进行了梳理，总结出国外数据驱动决策以问责与改进为目的，实施自上而下和自下而上的数据层级管理方式，使用以数据分析为导向和以决策目标为导向的策略；同时总结出提升数据驱动决策能力要从提倡基于数据的专业研讨、培育合作的数据驱动决策文化氛围及建立学校层面的数据研究中心三方面入手[3]。而后，王萍等[4]、王宝义[5]分别对美国数据驱动决策系统进行了深入探讨，指出该系统是美国学校改进的有力工具，认为多样化的数据来源，数据提取、转换和加载工具，数据仓库，数据分析工具，决策支持工具及咨询支持服务是该系统的基本要素，并对该系统的实施步骤，即数据收集与审核、数据标准化管理、数据分析、持续改进及交流结果进行了说明，这为国内其他研究者进一步研究数据驱动决策提供了有力的支撑。

随着大数据技术的发展，顾小清等再一次重申了教育领域数据的力量，指出基

---

[1] 顾小清, 林仕丽, 袁海军. 教育数据 30 年: 从 CMI 到数据驱动教学[J]. 电化教育研究, 2010(9): 55-63.

[2] 常桐善. 如何提高大学决策绩效——院校研究与"数据驱动决策"模式的视角[J]. 复旦教育论坛, 2013, 11(2): 54-60.

[3] 柳叶青. 国外教育领域数据驱动决策研究述评[J]. 上海教育科研, 2013(9): 14-18.

[4] 王萍, 傅泽禄. 数据驱动决策系统: 大数据时代美国学校改进的有力工具[J]. 中国电化教育, 2014(7): 105-112.

[5] 王宝义. 大数据时代美国数据驱动决策系统教育的应用与启示[J]. 黑龙江高教研究, 2019(4): 70-72.

于数据的计算机模拟是教育在宏观层面不可或缺的一部分，详细阐述了计算机模拟支持决策技术的原理、特点、理论框架及实施步骤（确定需要决策的问题、系统分析研究对象、建构系统模型、设计和开发计算机模拟系统、运行计算机模拟系统、检验计算机模拟系统、分析模拟系统结果及决策方案），并通过"是否延长义务教育年限及如何延长"这一实例验证了基于数据的计算机模拟的优势是，能够辅助上海市教育管理部门进行宏观教育决策，合理推断上海市教育经费支持义务教育年限延长决策的可能性[1]。

2）教学决策方面

数据价值的日益呈现与深度嵌入教学，使得教师教学决策正从"基于经验"转向"数据驱动"。数据支持的教学决策一开始源于计算机科学视角的探讨，包括教学决策支持系统中数据仓库的设计与实现[2]及数据预处理方法的设计[3]。数据作为改进教学的工具变得越来越重要，教师利用数据进行教学行动改进的能力逐渐成为教师"数据智慧"的内涵，最终有利于教师改进教学[4]，做出基于数据的教学决策。

当传统教学决策遇上数据驱动的教学决策，一种天然的矛盾感立刻显现出来。基于数据的教学决策的样态已经发生了转向，主要体现在决策思维方式（从为什么到是什么）、决策关注点（从群体到个体）及决策支持主体（从个人到集体）三个方面[5]。针对传统教学决策面临的瓶颈问题（依赖主观经验、缺乏权变决策应对、缺乏评估反馈活动），教育大数据支持下的教学决策流程（数据的科学引导与预测阶段、即时决策与个性化指导阶段、系统评估与有效反馈阶段）成了改进教师教学决策的办法[6]，进而提高了课堂教学质量。

[1] 顾小清, 薛耀锋, 孙妍妍. 大数据时代的教育决策研究: 数据的力量与模拟的优势[J]. 中国电化教育, 2016(1): 56-62.

[2] 于宁, 王行言, 罗念龙. 高校教学决策支持系统数据仓库的研究与实现[J]. 计算机工程与设计, 2006(20): 3853-3857.

[3] 游欣, 罗念龙, 王映雪. 教学决策支持系统中数据预处理的方法研究[J]. 计算机工程与设计, 2007(16): 3985-3988, 3993.

[4] 许芳杰. 数据智慧: 大数据时代教师专业发展新路向[J]. 中国电化教育, 2016(10): 18-23.

[5] 邹逸, 殷玉新. 从"基于经验"到"数据驱动": 大数据时代教师教学决策的新样态[J]. 教育理论与实践, 2018, 38(13): 52-56.

[6] 钟婉娟, 侯浩翔. 教育大数据支持的教师教学决策改进与实现路径[J]. 湖南师范大学教育科学学报, 2017, 16(5): 69-74.

为进一步探究大数据在教学决策中的应用，张务农从教学认识论的视角深刻辨析了大数据应用于教学决策的可能（决策主体的优化及教师劳动的解放、教学决策依据更丰富、教学决策过程更合理、教学决策结果更实用）与限度（教学现象的可数与不可数问题、决策指向的预测性与不可预测性问题、决策性质的精确性与模糊性问题、决策规范的价值性与有用性之间的矛盾）[1]，这为辨证看待数据驱动的教学决策提供了一种新的思路。此外，管珏琪等[2]还从实证的角度对智慧教室环境下数据启发的教学决策进行了比较深入的研究，阐明了基于数据的教学决策在决策理念、决策主体及决策过程方面发生的变化，从证据设计、证据形成及基于证据的决策三个阶段设计了智慧教室环境下数据启发的教学决策过程，并通过初中数学"三角形的内角和"一课进行了实践，较好地将预学习分析与教学设计进行了连接，为当下智慧教室环境下数据驱动的教学决策提供了较好的实践点。

2. 循证教学或基于证据的教学

国内关于循证教学或基于证据的教学的研究比较少，而且是近几年才出现的，多数集中于教学决策方面的理论研究。循证教学或基于证据的教学是教学决策在循证教学文化中的新发展。随着互联网+教育的持续推进，循证教学或基于证据的教学逐渐显现其优势，其将数据作为一种"证据"以指导教学、辅助决策。

杨甲睿等对美国证据型教学决策的兴起路径进行了梳理（教学决策证据化、证据开发课堂化、课堂决策技术化及决策过程一体化），提出提升学习效果、协作决策及行动研究构成了证据型教学的基本内涵，并从学校和课堂两个层面分析了证据型教学的应用策略，指出学校重在通过聚焦能力建设、选定核心问题、挖掘优势数据、设计有效干预为提升学生学业成就创造条件；课堂重在通过确定系列化行为目标、反馈直观化学习数据、设计效率化教学干预为提升学生学习效果创造条件[3]，该研究为后续证据型教学的研究提供了一份较为完善的研究资料。郑红苹等在深入分析循证教学的意蕴的基础上，认为"互联网+教育"背景下循证教学的理念体现为个性化和差异化的教学旨趣、以学习者为中心的教学主体观、基于证据的教学

---

[1] 张务农. 大数据应用于教学决策的可能与限度——基于教学认识论的视角[J]. 中国教育学刊, 2017(10): 64-69.

[2] 管珏琪, 孙一冰, 祝智庭. 智慧教室环境下数据启发的教学决策研究[J]. 中国电化教育, 2019(2): 22-28, 42.

[3] 杨甲睿, 黄甫全. 证据型教学决策在美国: 兴起、内涵、策略及其启示[J]. 电化教育研究, 2013, 34(4): 107-113.

过程、兼重结构与过程的发展性评价，提出推进循证教学实践需要形成对循证教学的合理认识，提升教师循证教学素养，构建循证教学证据库，营造循证教学文化场[1]。曹志峰从教育教学改革视角分析了基于证据的实践影响人们对教育教学改革本质的认识，认为基于证据的实践是教育教学改革的现实依据及基于证据的实践有利于解决教育研究与教育教学改革的冲突，前瞻性地提出了三大基于证据的实践引领下的教育教学改革趋势，即有力促进教育教学治理现代化、积极推动教育教学决策科学化和彰显大数据对教育教学改革的价值，提倡应重视大数据在我国教育教学改革中的证据价值[2]，充分认可了数据作为一种"证据"在教学实践中的巨大潜能——有益于辅助学校做出重大的教育教学决策与制订科学的教育改革方案。

2.2　基于大数据的教学实践动态

目前，我国许多区域和学校都进行了将大数据应用于教学的实践探索，促进了教学的发展。《促进大数据发展行动纲要》中指出"探索发挥大数据对变革教育方式、促进教育公平、提升教育质量的支撑作用"，可见大数据对促进教育发展的重要性及大数据与教育融合的必要性。总的来说，我国基于大数据的教学实践可以概括为大数据助力教学质量提升、大数据驱动教学模式创新、大数据助力教学策略优化和大数据助力教学评价改进四个方面，以下将进行详细说明。

2.2.1　大数据助力教学质量提升

将大数据应用于教学，促进教学质量的提升，是基于大数据教学的一个重要目标。基于此，许多学校和地区进行了积极探索，建成了各具特色的大数据助力教学质量提升的项目。区域行政部门可以利用教育数据来勾勒预期教育特征，通过数据挖掘来分析区域教育问题，预测区域教育发展趋势，从而采取有针对性的应对策略，提高区域教育质量，促进区域教育均衡发展。

---

[1] 郑红苹, 崔友兴. "互联网+教育"下循证教学的理念与路径[J]. 教育研究, 2018, 39(8): 101-107.

[2] 曹志峰. 基于证据的实践:教育教学改革的依据与范式[J]. 当代教育科学, 2018(12): 30-34.

从 2015 年年底开始，上海市普陀区现代教育技术中心就构思能覆盖全区域、全学段的教育质量监控平台。在其在甘泉外国语中学的实践中，学校全体教师深度学习使用平台各项功能，收集学生的各项数据并分析，已形成一套完整的数据流程，学校从各年级组到学生个人层面进行深入细致的数据分析，反馈学科教学质量、班级教学质量、试卷难度分析等，监控教学质量的变化，进而调整教研组、年级组的教学监管[1]。

长春财经学院进行了大数据背景下好课维度创新与教学质量监测机制建设的研究，该校制定的"课堂教学质量评价表"分别从教书育人、教学内容、教学方法、教学过程和教学效果五方面对教师课堂授课效果进行评价。从 2019—2020 年的统计数据来看，评价结果为优秀的教师在教学态度的把握、教学内容的准确、教学方法的掌握、教学过程的执行、教学效果的体现等方面都是优秀的，其课堂教学态度认真、责任心强，教学设计体现"以学生为中心"的教学理念，并且突出课程思政，注重教学创新，教学手段多样化，善于引导、启发学生的思维，课堂气氛活跃，这也正是质量革命对课程建设的要求，体现了课程建设的高阶性和创新性[2]。

2.2.2　大数据驱动教学模式创新

教学模式是指具有独特风格的教学样式，是就教学过程的结构、阶段、程序而言的，长期且多样化的教学实践形成了相对稳定的、具有特色的教学模式。作为结构框架，教学模式要从宏观上把握教学活动整体及各要素之间内部的关系和功能；作为活动程序，教学模式则要突出有序性和可操作性。将大数据技术应用于教学，可以通过采集、处理、分析教学过程中的数据，帮助教师发现教学中的问题，创新教学模式。

2017 年 10 月，《丽水市教育局关于推进课堂精准教学的实施意见》出台，标志着精准教学改革在浙江省丽水市全面铺开，目的是促进城乡一体化均衡发展，缩

---

[1] 杨建华, 郭凌, 戴蓓蓓, 等. 大数据背景下教育质量监控平台应用的区域探索[J]. 教育传播与技术, 2020(6): 11-14.

[2] 孙慧. 大数据背景下好课维度创新与教学质量监测机制建设研究[J]. 无线互联科技, 2021, 18(7): 127-129.

小教育水平差距，提高教学效率，提升教育教学质量。丽水市教育系统施行行政、教研、教育技术部门的市县两级上下联动机制，教研部门与高等院校、教育技术部门之间左右协同，区域、学校和个人前后跟进、辐射引领，大面积推进大数据精准教学改革，保证了大数据精准教学改革的顺利实施，精准教学成效显著[1]。

"数据"让课堂教学高效且互动，大数据技术支撑的课堂教学支持师生全向互动，致力于减轻学生负担并提升学习效果，真正让学生实现"低耗高质、轻负高效"的学习。例如，北京市第一中学教师在《荷塘月色》的教学设计中，运用电子白板、点阵笔技术、互动课堂系统将班级分成 6 组，以小组协作的方式，引导学生感受荷塘月色的意境美，品味文章的语言美和结构美，利用大数据等技术进行课堂教学实践，促进课堂教学的互动交流[2]。

2.2.3　大数据助力教学策略优化

大数据技术在课堂教学中的应用使学生学习全过程的数据获取变得容易，系统对数据进行处理分析，学生获得个性化学习数据，教师根据这些数据分析结果进行个性化差异教学，使得理想化的"因材施教"有了实现的可能。

上海市普陀区实施的信息化平台建设和课题研究项目在晋元高级中学附属学校的实践中，将研究重点放在有效教学改进上，通过平台积累学生的考试数据，然后对试卷中的知识点进行归集，并分析各班数据差异，找出每个学生潜在的学习困难，进行有针对性的施策，最后总结出可以有效突破学生学习难点的教学方法。采集的多样化教学过程数据通过分析处理，帮助教师和管理者全面了解学生和实施科学决策，实现数据驱动的教学决策已经成为现实[3]。

四川省绵阳市绵阳外国语学校依托科大讯飞公司的畅言智慧课堂，进行数据驱动教学的实践，利用作业平台发布作业，并实现选择题自动批改、非选择题学生拍照上传教师即可批改、课堂中对知识即时测验，教师可以即时获得反馈并及时做

[1] 戴一仁. 用行动回答"乔布斯之问"——区域推进大数据精准教学的丽水经验[J]. 中小学数字化教学, 2019(11): 80-83.

[2] 杨现民, 田雪松. 中国基础教育大数据 2016—2017: 走向数据驱动的精准教学[M]. 北京: 科学出版社, 2017: 42-43.

[3] 杨建华, 郭凌, 戴蓓蓓, 等. 大数据背景下教育质量监控平台应用的区域探索[J]. 教育传播与技术, 2020(6): 11-14.

出教学决策。对于学生的学情记录是一个动态化的过程，教师可以查看学生的学情变化，然后根据反馈针对学生的情况推送作业，满足学生个性化的需求。教师再也不用花时间统计错题题目和错题人数，直接依靠平台即可获得数据。对学生的学习过程数据进行动态化分析，可为教师呈现班级学生学习情况，有利于教师掌握学情和调整教学，依靠数据分析进行教学决策，实现真正的精准教学[1]。

2.2.4　大数据助力教学评价改进

大数据应用于教学，使得教师不仅可以依靠自身的感知和经验评价学生，还可以依靠以数据分析为中心的数据化认知来实现大数据支持的过程性评价，从而使教师对学生的评价更加全面精准，学生也可以进行精准的自我评价。同时，教师还可以有针对性地对学生的知识薄弱点进行辅导，帮助学生实现学业提升。基于大数据的评价方式更加多元化，评价内容从单纯对知识掌握状况的评价，转向对知识、能力和素养并重的综合性评价，评价方式从传统的一次性的总结性评价，转向过程性的伴随式评价[2]。

江苏省江阴市开发了教育绿色综合评价系统来对教育教学大数据进行评价，该系统的主要内容包括构建大型监测数据分析平台和形式多样的数据展示平台、自动生成每个学生的能力分析报告、构建整体性教学质量比较分析报告及学习质量与环境的相关分析系统，系统会根据学校发展水平、教师发展水平、学生综合水平、内部满意度评价、外部满意度评价等评价模型的各指标项得分及问卷得分，自动生成学校层面的绿色评价报告，实现数据的动态采集和智能诊断[3]。

上海市普陀区采用了教育质量监控平台，旨在逐步落实教育质量多元评价的工作。其在真如文英中心小学的实践着重于课堂分析，基于学校前期已有的丰富资源库，立足于通过大数据针对教师课堂的课中分析，从教师的教和学生的学两个

[1] 邓鑫. 初中生物学智慧课堂教学实践与效果研究[D]. 重庆：西南大学, 2020.

[2] 左国杰, 李亚凌, 刘红芳, 等. 结合大数据应用的课堂教学改革实验研究[C]// "十三五"规划科研管理办公室. "十三五"规划科研成果汇编（第五卷）. 北京："十三五"规划科研管理办公室, 2018: 4.

[3] 曹徐丰. 区域教育质量监测评价信息化平台建设思考与实践——以江阴教育绿色综合评价系统开发为例[J]. 中国信息技术教育, 2020(22): 87-88.

维度进行教学评价与分析，实时反映教师教学目标的完成度和学生对知识点的掌握程度，取得了良好的效果[1]。

2.3 教育大数据建设与应用的重要走向

当下，大数据正逐渐深入教育教学的各方面，各地教育大数据的建设与应用发展趋势迅猛，驱动教育教学方式的转型升级，整体呈现以下四种重要走向。

2.3.1 走向多维度、多模态数据采集

教育大数据产生于各种教学实践活动，所以教育大数据的来源和类型是多样的。Schneider 等人将学习领域的数据分为活动数据、情境数据、环境数据、身体生理数据四种[2]；牟智佳将学习数据源分为人机交互、学习资源、学习情境与学习体征四种类型[3]，不同类型的教育大数据的采集方式是不同的。但是，随着物联网感知技术、可穿戴技术、情感识别技术等教育大数据采集技术的快速发展，多模态数据的连续抓取与多维度数据的全面收集成为可能。我们可以利用物联网感知技术采集学生的身体状态等基本数据，利用智能录播系统实时采集智慧课堂教学数据，利用在线学习平台采集学生在线学习及课程管理数据，利用图像识别技术和阅卷系统采集学生作业信息与考试成绩……未来，将有越来越多的教育大数据产品集成多模态数据采集技术，走向多维度、多模态数据采集，从而提供更加全面、客观、精准的教育大数据。

---

[1] 杨建华, 郭凌, 戴蓓蓓, 等. 大数据背景下教育质量监控平台应用的区域探索[J]. 教育传播与技术, 2020(6): 11-14.

[2] SCHNEIDER J,BÖRNER D, VAN ROSMALEN P, et al. Augmenting the Senses: A Review on Sensor-Based Learning Support[J]. Sensors, 2015, 15(2): 4097-4133.

[3] 牟智佳. 多模态学习分析: 学习分析研究新生长点[J]. 电化教育研究, 2020, 41(5): 27-32, 51.

2.3.2 走向精准化、智能化数据分析

大数据的兴起与盛行将数据的应用价值推向全新的高度，数据逐渐成为驱动社会创新发展、综合竞争的重要指标，也逐渐成为教育领域综合改革的科学力量。多场景数据采集为学习分析提供数据来源，多空间数据融合为学习分析提供数据标准，多技术数据处理为学习分析提供数据驱动的精准化、智能化数据分析，可视化的数据分析结果为数据驱动的精准教学提供应用基础和反馈服务。教育大数据贯穿课前、课中与课后，根据精准化、智能化数据分析，教师可以在课前对学生学情进行精准化教学诊断，在课中实施精细化教学，在课后进行精准化教学评价和精益化教学辅导，从而使教学走向数据驱动的精准化教学和个性化学习。

2.3.3 走向资产化、多元化数据治理

大数据所释放的技术红利已延伸至教育治理领域，成为教育大数据建设与应用的一大重要走向，为实现新时代更高水平的教育治理带来可能，使其走向资产化、多元化的数据治理。在新一代信息技术引入教育领域之后，通过智能化、多样化的数据采集技术，能够持续采集越来越多、越来越细的教与学数据，逐渐形成体量丰富、价值巨大的教育大数据资产。随着数据的不断生成与累积，大数据时代的教育教学治理正由"单一化"向"多元化"跨越，由"经验化"向"数据化"跨越，由"粗放化"向"精准化"跨越，数据驱动的资产化、多元化的教育大数据治理正踏步而来。

2.3.4 走向普适化数据素养教育

大数据正快速渗透各行各业，广大民众对大数据的认知度逐步提升，整个社会的数据文化快速形成和扩散，呈现普适化的数据素养教育发展趋势。在政府部门、新闻媒体、信息化企业及广大学校的共同努力下，各级教育管理者与教师的数据意识逐步增强，数据素养教育日益受到重视。2019 年，教育部发布的《教育部教师

工作司 2019 年工作要点》更是指出要"举办全国教师大数据高级研修班"[1]，旨在培养广大教师的数据素养，促进数据驱动教学的发展。因此，数据素养有望成为教师职业能力的核心要素。当前，江苏师范大学在中国大学 MOOC 开展的《中小学教师数据素养》课程是国内首门面向师范生和中小学教师数据素养教育的在线课程，旨在提升师范生和中小学教师的数据意识、数据知识、数据技能及数据思维，以促进数据驱动的精准教学改革与适应数据智能时代的新型教师队伍建设。

---

[1] 中华人民共和国教育部教师工作司. 关于印发《教育部教师工作司 2019 年工作要点》的通知[EB/OL]. (2019-02-25)[2021-11-10]. http://www.moe.gov.cn/s78/A10/tongzhi/201902/t20190228_371706.html.

第 3 章

——CHAPTER3——

数据驱动教学创新的理论框架

理论是精准教学的"魂"，没有理论基础的精准教学不可能在实践中得到推广和应用。行为主义理论是早期精准教学的源理论。随着实践应用的推进，早期的精准教学逐渐吸收了最近发展区理论、掌握学习理论及学习层次结构理论。在大数据发展背景下，精准教学的内涵不断丰富，精准教学的教学环境变得复杂，其理论也有了新的发展，形成了以活动理论、情境学习理论及人本主义理论为核心的理论基础，并同时继承、融合了早期精准教学理论的优势。基于此，本章首先分别探讨活动理论、情境学习理论及人本主义理论在数据驱动的精准教学情境脉络下的映射，认为活动理论主要维持精准教学活动系统的平衡与发展，情境学习理论主要指导情境创设，实现知识（或技能）学习的熟能生巧，人本主义理论关注学生本身，强调个性发展，并以此作为框架构建的理论基础；然后对逆向教学设计理论、因材施教理论进行简要介绍；最后通过借鉴活动理论、情境学习理论及人本主义理论的核心观点，将教师的"精准教"（促进教师专业成长）与学生的"个性学"（实现学生个性发展）作为数据驱动的精准教学的核心，以数据驱动、技术支持、机制保障及文化引领为关键要素，构建数据驱动的精准教学理论框架。

3.1 数据驱动教学创新的理论基础

3.1.1 活动理论

活动理论是指以"活动"为逻辑起点和中心范畴来研究及解释人的心理发生发展问题的心理学理论[1]。活动理论不关注知识的状态，而关注活动主体参与活动及

---

[1] 杨莉娟. 活动理论与建构主义学习观[J]. 教育科学研究, 2000(4): 59-65.

其在活动中使用工具的本质、共同体的社会关系和情境化关系、活动的目的、客体或结果[1]。

在活动理论传到欧洲后，芬兰学者恩格斯托姆基于生物进化论的视角对其进行了阐释，并在原有理论基础上加入了共同体、规则、分工三要素。至此，活动理论由三个核心要素（主体、客体、工具）和三个次要素（规则、共同体、分工）组成，各要素又组成了生产子系统、分配子系统、交换子系统及消耗子系统四个子系统，这就是目前人们最熟悉、应用最广泛的活动理论三角模型（见图 3-1）。

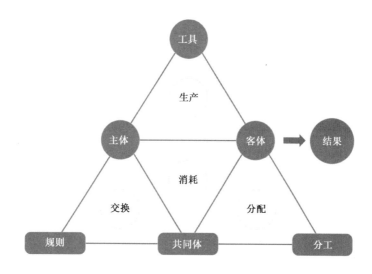

图 3-1　活动理论三角模型

主体是活动中的个体或群体；客体是主体作用的对象，既可以是物质客体，又可以是精神客体，并且能被主体转化为结果；工具包含主体作用于客体并将其转化为结果的所有工具，既可以是物质工具，又可以是心理工具；规则是一些约束活动的明确规定、惯例、规范等；共同体是由具有共同学习目标的个体或群体组成的；分工指共同体内合作成员横向的任务分配和纵向的权力与地位分配。在四大子系统中，最重要的是生产子系统，通过其来实现整个活动系统的目标，而其他子系统是为生产子系统服务的，是支持生产子系统实现活动目标的重要组成部分[2]。

[1] 卢强, 郑立坤. "教学系统设计"课程教学改革——活动理论的视角[J]. 电化教育研究, 2010(11): 82-86.

[2] 王良辉, 徐晓丹. 活动理论与虚拟学习社区建设[J]. 现代远距离教育, 2006(2): 15-17.

活动理论经过发展，逐渐形成了如下的主要观点。

（1）意识和活动的统一。活动理论认为，人的意识和活动是共存的，这是活动理论最根本的假设之一。活动是人类与客观世界的互动，是蕴藏在互动中的有意识活动。

（2）工具的中介作用。活动理论认为，人类活动的性质或许会被工具中介所改变。在活动中，主体必定会通过工具作用于客体，实现整个活动目标。同时，所使用的工具能够在活动中被创造与转换，与主体相互作用，既影响主体的外部行为，又影响主体的智力操作。

（3）活动的内化与外化。活动理论认为，活动分为内在活动和外在活动，并且两种活动在一定条件之下可以相互转化。

（4）矛盾思想。矛盾是活动系统不断变化发展的基础。活动理论认为，活动系统中存在诸多矛盾。当外部因素侵入活动系统内部时，活动系统能够自适应外部因素，并能将其转化为活动系统的内部因素，促进活动系统不断发展。

在大数据环境下，精准教学逐渐演绎为一种以"个性化和数据驱动"为核心的精准教学活动，并在活动理论的指导下有序开展教学（见图3-2）。主体、客体、工具、共同体、规则和分工这六大要素相互联系、相互作用，使得整个精准教学活动的生态系统平衡发展。在数据驱动的精准教学活动系统中，主体是教师和学生，教师主要负责活动任务的设计，而学生则实践教师设计的活动任务；精准教学目标、

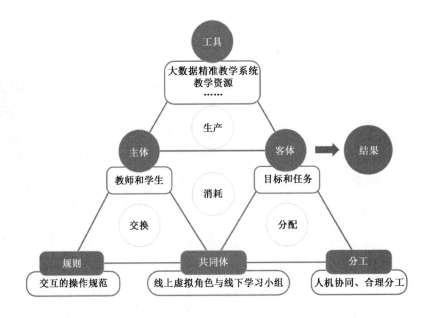

图 3-2　活动理论在精准教学中的映射

个性化学习任务是客体，强调关注人本与个性；各类大数据精准教学系统、各种教学资源等是工具，是支撑主体作用于客体的媒介，最终实现因材施教；线上的虚拟角色（专家系统、智能导师等）和线下的学习小组构成了共同体，为教师的"精准化教"和学生的"个性化学"提供帮助；规则是指在精准教学的活动系统中，教师与学生、学生与学生、教师与活动、学生与活动、教师与环境、学生与环境等交互的一种操作规范，这种规范保证了精准教学活动系统的良好、健康、有序运行；分工在精准教学的情境脉络中表现为人机协同、合理分工，它是数据驱动的精准教学的特色所在，机器自动采集、智能分析数据，减轻教师负担，让教师有更多精力负责创意性、创造性等方面的工作，提升教学活力。

3.1.2　情境学习理论

情境学习理论是继"刺激-反应"学习理论、认知学习理论、建构主义学习理论、人本主义学习理论之后的一个重要研究取向[1]，研究中最具代表性的是认知心理学和人类学领域的专家。布朗、柯林斯与杜吉德（Brown, Collins & Duguid）作为认知心理学领域的代表，在《情境认知与学习文化》一文中对情境认知与学习理论进行了较为系统的阐述，提出了情境学习模型，认为知识是具有情境性的[2]；莱夫、温格（Lave & Wenger）作为人类学领域的代表，在《情境学习：合法的边缘性参与》一书中系统论述了人类学视野中的情境学习，通过研究裁缝、航海家等从业者的学习方式——认知学徒制，提出了学习是合法的边缘性参与这一著名论断[3]。一言以蔽之，情境学习理论的核心观点主要为：知识具有情境性，学习是合法的边缘性参与[4]。

（1）知识具有情境性。情境学习理论认为，知识是个人与社会或物理环境之间联系的属性及互动的产物。这一核心观点的内涵特征表现为知识的建构性、社会性、情境性、复杂性及默会性。知识的建构性主要是指个人通过与人或学习环境的

[1] 崔允漷, 王中男. 学习如何发生：情境学习理论的诠释[J]. 教育科学研究, 2012(7): 28-32.

[2] Brown J S, Collins A, Duguid P. Situated cognition and the culture of learning[J].Educational Researcher, 1989, 18(1): 32-42.

[3] [美]莱夫, 温格. 情境学习：合法的边缘性参与[M]. 王文静, 译. 上海：华东师范大学出版社, 2004: 1-11.

[4] 贾义敏, 詹春青. 情境学习：一种新的学习范式[J]. 开放教育研究, 2011, 17(5): 29-39.

互动去建构属于个人意义的知识；知识的社会性表明学习是知识的社会协商，知识存在于个体与社会的交互之中；知识的情境性表明知识产生于真实的情境；知识的复杂性来源于个体认知建构的独特性、学习环境的多变性及社会的复杂性与普遍联系，致使复杂知识具有建构性、协商性、情境性，以及知识结构具有开放性与不良性等主要特征；关于知识的默会性，知识分为明确知识和默会知识，知识潜藏在人的行为模式或处理事件的情感之中，个体在与情境交互的过程中可能会"偷窃"他们所需要的知识，使得知识在实践中不断丰富和发展。

（2）学习是合法的边缘性参与。情境学习的过程被莱夫、温格称为"合法的边缘性参与"（legitimate peripheral participation），并认为"合法的边缘性参与"并非一种教育形式、教育策略、教学技术，而是一种分析学习的观点、理解学习的方式，是洞察人如何学习的新视角[1]。"合法的边缘性参与"揭示了学习者从新手逐渐变成专家的过程。学习者通过与同伴、专家等的互动交流逐渐掌握领域知识的要点与核心，并在实践中不断运用，被允许做重要、有价值的工作，最终进入该领域圈子的核心，成为知识渊博的专家。与此同时，实践共同体（同伴、专家等）通过学习者身份的转变进行自我生产，持续输入新鲜的血液，不断创生知识，使得共同体能够持续运转下去。基于这种身份的转变与知识的传承，学习者个体与实践共同体之间实现了一种文化的适应、传承与创新。

数据驱动的精准教学的数据应用节点体现在精准把握学情、精准制定课堂教学目标、精准设计教学活动、精准评估学生的学习结果及精准运用学生的评估结果等方面。其中，精准设计教学活动实则是一种开放性的社会网络交互活动，重点关注学习过程和学习结果，让学生在这个社会化、网络化的活动情境中同实践共同体一起学习知识、生成知识甚至创造知识；在该活动情境中，个体与情境的交互全部被大数据精准教学系统记录，以此精准分析学生行为产生的原因、内在认知特点，使评估变得精准、科学。精准运用学生的评估结果是学习矫正或强化的体现，是学生与实践共同体进行交互进而转变身份、进入领域核心的实践。在数据驱动的精准教学的视域下，通过推送自适应的学习资源供学生学习是评估结果运用的主要途径之一。在这个过程中，学生作为一个新手起初一直从事边缘性的学习，系统和教师（这里系统和教师是实践共同体）不断记录其学情数据、了解其学情，并且持续推送符合其认知、层级水平的学习资源供其强化训练，并进行精心讲解。随着时间

---

[1] [美]莱夫, 温格. 情境学习: 合法的边缘性参与[M]. 王文静, 译. 上海: 华东师范大学出版社, 2004: 3.

的推移及强化训练次数的增加，学生逐渐领会学习内容的要点与核心，逐渐熟能生巧，逐渐向培优方向发展，最终进入该学习领域的核心地带，成为一个小专家。

3.1.3 人本主义理论

20 世纪 50 年代至 60 年代，人本主义理论开始在美国盛行，它是在人本主义心理学的直接影响和作用下形成[1]，后来拓展至教育领域形成的一种学习理论或教育理论。人本主义理论最初由马斯洛（Maslow）提出（其认为人本主义的本质就是促进人的自我价值实现），而后经由罗杰斯（Rogers）不断发展、完善（其提出教育教学的目标应该是以学生为中心，促进学生的发展）。经过不同学科背景的研究者对人本主义的理论与实践研究，人本主义理论逐渐形成提倡认知与情感相统一、有意义的学习观，以及以学生为中心，强调学生全面发展的核心观点[2]。

（1）学习是认知与情感相统一的活动。人本主义理论认为，人的认知与情感在人类精神世界里是密不可分的。同样，迁移至学习活动中，二者也密不可分，相互促进，相互影响，融为一体。人本主义理论指出，教育是要培养"身体、心智、情感、精神和心灵力量融为一体"的"完整的人"[3]，因此学习者的学习活动不能脱离其情感情绪而进行，在教学活动中，学习者应该受到足够的尊重，促进其认知和情感的发展与统一。

（2）学习是个体有意义的学习。人本主义理论十分提倡有意义的学习，反对无意义的学习。有意义的学习是学习者认知、情感全身心投入的学习，这不仅能够促进学习者知识、经验的增长，还能促进学习者行为、态度及个性的变化[4]。全神贯注、自动自发、全面发展及自我评估是有意义的学习的特征[5]，这要求学习者进行

[1] 李焱. 人本主义视阈下"公安学基础理论"课程教学浅析[J]. 教育理论与实践, 2018, 38(36): 56-58.

[2] 雷钢. 人本主义学习理论对教育技术的新启示[J]. 中国电化教育, 2010(6): 30-33.

[3] 李小兵. 罗杰斯人本主义教育思想及其对我国教育改革的启示[J]. 湖南科技大学学报(社会科学版), 2014, 17(4): 164-167.

[4] 岳欣云, 董宏建. 有效教学的价值取向及其启示[J]. 首都师范大学学报(社会科学版), 2014(2): 152-156.

[5] 李小兵. 罗杰斯人本主义教育思想及其对我国教育改革的启示[J]. 湖南科技大学学报(社会科学版), 2014, 17(4): 164-167.

自主、自觉、选择合适材料的学习，而教师的作用也发生了转变，不再"授人以鱼"，变为"授人以渔"，成为学习者自主学习的促进者，为学习者的学习提供个性化辅导，促进学习者习得的知识向智慧转化。

（3）学习是以学生为中心的学习，强调学生的全面发展。人本主义理论提倡学习要以学生为中心，使得学生成为学习的真正主体[1]。因此，教师在开展教学、组织教学活动时应关注人本，教学目标制定应关注学生的个性与创造性发展，课程内容选择应重视学生的直接经验，教学方法应用应倡导以学生为中心[2]，促进学生在知识掌握、情感态度、实践体验三方面的发展，这是德智体美劳全面发展的体现[3]。可以说，在人本主义理论的理论体系下，学生的全面发展就是学习活动的中心。

数据驱动的精准教学强调基于数据的精准问题分析和基于分析的精准支持服务，形成目标精准、问题精准和干预精准的循环，其背后关注的是学生的个性优势和个体差异，以实现向"完整的人"跨越式发展。关注学生本身已然贯穿于精准教学的课前、课中和课后全过程：课前通过导学让学生自主学习自己认知水平内的基础知识，教师基于学生对基础知识的掌握情况、熟练度等数据设计差异化的教学目标；课中教师依据差异化的教学目标进行学习问题的分析和学习效果的测评，并且结合所得结果决定指导学生学习的方式（个别辅导、集中练习等）；课后依托精准教学系统推送个性化的学习资源以强化练习，使学生实现课后知识的内化与巩固。课前、课中及课后的个性化以学生为中心、为抓手，认可差异，理性教学，实现有意义的学习。此外，为开展数据驱动的精准教学而设计的个性化学习环境能够为学生的知识建模、情境认知提供支持，凭借先进的大数据技术，全过程的学习行为数据有了被全面记录的可能，冷冰冰的数据背后反映的是学生情感与认知活动相统一的变化历程，采用合适的分析方法便可精准找到问题所在，进而为其提供个性化的干预措施。

3.1.4 逆向教学设计理论

1999 年，美国教学改革家格兰特·威金斯（Grant Wiggins）和杰·麦克泰（Jay

[1] 毛丽娟. 人本主义——构建网络教育的哲学基础[J]. 电化教育研究, 2004(1): 39-41.

[2] 杨成. 论人本主义学习理论在电化教学过程中的实践与应用[J]. 电化教育研究, 2000(3): 7-9.

[3] 雷钢.人本主义学习理论对教育技术的新启示[J].中国电化教育, 2010(6):30-33.

McTighe）反思了传统教学设计存在的两个误区：一是"活动导向的设计"，该种设计缺乏对存在于学生头脑中的重要概念和学习证据的关注，学生只是单纯地参与活动而尚未真正理解活动的意义；二是"灌输式学习"，该种设计缺乏总括性目标来引领学生有针对性地学习。为了弥补传统教学设计的不足，两位学者另辟蹊径，提出了一种"以终为始"的新型教学设计模式——逆向教学设计，他们认为最好的设计应该是从学习结果开始的逆向思考，即强调以目标为导向，追踪确定预期结果达成的证据，进而设计合理的教与学来促进预期目标的达成[1]。逆向教学设计包括三个阶段（见图 3-3），分别是明确预期学习结果、确定恰当的评估办法和规划相关教学过程。

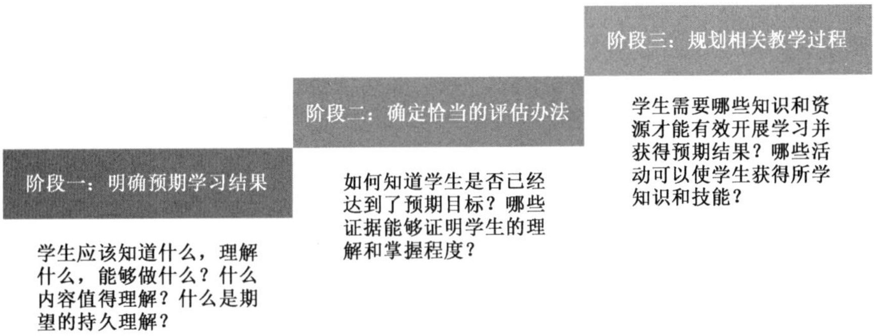

阶段三：规划相关教学过程

学生需要哪些知识和资源才能有效开展学习并获得预期结果？哪些活动可以使学生获得所学知识和技能？

阶段二：确定恰当的评估办法

如何知道学生是否已经达到了预期目标？哪些证据能够证明学生的理解和掌握程度？

阶段一：明确预期学习结果

学生应该知道什么，理解什么，能够做什么？什么内容值得理解？什么是期望的持久理解？

图 3-3　逆向教学设计的三个阶段

逆向教学被看作有目的的教学[2]，它能够在精准教学中以问题解决为出发点，在实施教学前，首先围绕一个焦点问题了解学生在该问题的学习中预期要实现的学习目标，即学生需要了解什么，了解到何种程度；其次判断学生对于焦点问题的掌握程度，即学生目前掌握了什么，距离预期学习目标还有多少差距，哪些指标能用来评估学生对于焦点问题的了解程度，以及采用何种方式能全面且合理地评估学生的表现；最后基于第二步对学生进行精准研判，从而有针对性地设计教学活动，使教学成为缩小现有认知与预期目标的过程。在此种目的驱使下的教学更具明确的指向性，教师也能在教学过程中根据"证据"随时掌握学生的学习效果，通过与预期目标进行对比，不断调整教学活动。格兰特·威金斯和杰·麦克泰曾指出，"在教育领域，学生学习后取得的成果是衡量课程、评价与学习指导设计有效性的

---

[1] GRANT W, JAY M. 理解力培养与课程设计[M]. 北京：中国轻工业出版社，2003: 13.

[2] 杨文丽，高凛. 逆向教学：目标、逻辑及实现可能——基于大学有效教学视角的审视[J]. 黑龙江高教研究，2015(2): 21-24.

重要指标"[1]，因此学习目标是教学设计的起点，这也是教学设计之所以要强调"逆向"的重要缘由。相较于传统教学设计而言，逆向教学设计的作用和优势更为突出。

3.1.5 因材施教理论

因材施教理论内涵丰富，最早可以追溯到春秋时期。孔子根据其弟子冉有、子路的性格特征，针对"闻思行诸"这一话题，提供了两种截然不同的回答。北宋理学家程颐将孔子的教学方式总结为"孔子施教，各因其材"[2]，也因此产生了"因材施教"的说法。早期对于因材施教的理解就是要基于学生个人差异实施教育教学，其中"材"指个性差异。孔子在教学实践中无不渗透这一思想，他曾说过："中人以上，可以语上也；中人以下，不可以语上也。"[3]意思就是说，人的智慧有高低之分，对于具有中等水平以上智慧的人，要给他讲授高深的学问，而对于只有中等水平以下智慧的人，则不能同他讲太过高深的道理和学问。总而言之，因材施教的目标在于实现"人尽其才"，该目标与当今倡导的教育公平思想不谋而合。因材施教所追求的教育公平不仅是给相同学生提供相同教育的水平公平，更是给不同学生提供不同教育的垂直公平，在关注学生差异前提下追求的教育结果公平才是一种值得提倡的价值取向，结果公平并不意味着学生都获得一样的成绩或同等的发展水平，而是指每个学生都能达到自身能力的最好，找到最适合自己发展的事业，这种结果公平是因材施教追求的理想归宿。实施因材施教的关键在于精准了解学生的差异，教师对学生差异认识得越多，越能高效地进行因材施教。

"因材"和"施教"具有一致的内在逻辑，两者互为前提，相辅相成。以往受技术限制，"因材施教"更多是理想层面的期许，但大数据、人工智能、互联网、5G等新一代信息技术的蓬勃发展，架起了因材施教由理想通往现实的桥梁，为教育者科学"识材"和精准"施教"提供了强有力的技术保障。教育者基于数据采集技术采集学习者的生理、心理、社会等多方面的数据，利用分析技术精准了解学习者各方面的差异，在掌握学习者差异的基础上实施以学定教、精准教学，从而减少了大量无效、重复的学习时间，大大提高了学习效率。规模化因材施教在智能时代

---

[1] GRANT W, JAY M. 理解力培养与课程设计[M]. 北京：中国轻工业出版社, 2003: 13.

[2] 程颐. 河南程氏遗书(卷十九)[M]. 朱熹, 编. 北京：商务印书馆, 1935: 276.

[3] 四书五经·论语·雍也[M]. 陈戍国, 点校. 长沙：岳麓书社, 2002: 26.

终于迎来发展契机，其内涵也随人才培养需求的转变而不断丰富。为了建设创新型国家，亟待培养大量创新型人才，而注重学生的个性化发展就是培养创新型人才的基础条件[1]，因材施教的教育思想与当前核心素养的培养理念是基本一致的。因此，要善于利用智能技术的力量，开展多元化、个性化的教学实践活动，用技术赋能教育，帮助学习者找到最适合自己的教育。

3.2　走向数据驱动的教学新范式

信息技术自诞生至今，飞速发展，已经推动社会经济、产业形态、传播方式、生活方式等发生重大变革，甚至在更大程度上重塑人类文明[2]。当前人类社会已经进入大数据时代，各行各业都紧跟时代步伐，努力改变各自传统的运行模式，享受大数据时代带来的普惠成果。在教育教学领域，基于互联网、移动技术和多媒体技术的应用，传统教学环境发生了巨大改变，数字化的学习设备和网络化的学习平台被大量应用于教学的各环节中，学校、教室与虚拟化、数字化的学习环境实现逐步融合，形成了数字化、智慧化的混合式学习环境[3]。数字技术的常态化应用及数字化学习活动的日常开展为教育大数据的生成提供了得天独厚的条件。伴随教育数据的持续累积与深度挖掘，大数据在构建新型教学生态、助力教学结构变革、再造教学流程方面的作用日益凸显。一场由经验模仿教学、计算机辅助教学转向数据驱动教学的范式变革正在发生[4]。

2012 年，联合国发布的白皮书《大数据促发展：挑战与机遇》郑重宣告："大数据时代已然降临，社会各行业和各领域将因大数据的介入而发生深刻改变。"随着数据密集型科学的快速发展，数据成为驱动社会创新发展、综合竞争的重要指标，也成为教育研究和利用的主要对象。大数据、云计算、人工智能等数据技术的快速发展与应用，推动了数据、技术与社会领域业务的融合，面对大数据的巨大冲

---

[1] 李娜. 基于学生个性化发展的创新型人才培养思考[J]. 科教导刊(中旬刊), 2012(4): 1-2.

[2] 顾小清. 破坏性创新: 技术如何改善教育生态[J]. 探索与争鸣, 2018(8): 34-36.

[3] 黄荣怀, 杨俊锋, 胡永斌. 从数字学习环境到智慧学习环境——学习环境的变革与趋势[J]. 开放教育研究, 2012, 18(1): 75-84.

[4] 杨现民, 骆娇娇, 刘雅馨, 等. 数据驱动教学: 大数据时代教学范式的新走向[J]. 电化教育研究, 2017, 38(12): 13-20, 26.

击及其带来的颠覆性变革，与时俱进转变思维、提前布局不断创新才是明智之举和最终出路。同样，在教育领域，大数据也正发挥着日益强大的作用。教学过程与结果数据的持续采集，逐步形成教育大数据，通过对教育大数据的深度挖掘和多元分析，能够将数据背后反映的教学意义与价值清晰地呈现出来，进而辅助教师进行更精准的"教"，指导学生进行更精益的"学"，从整体上变革和重塑学校教育系统，并将对这个世界的教和学产生广泛且深远的影响。随着数据流在教学各环节的生成与运行，一条具有正向反馈机制的教学链条开始形成，数据驱动的教学范式开始出现。

在《中国基础教育大数据 2016—2017：走向数据驱动的精准教学》一书中，杨现民团队提出数据驱动的教学范式（见图 3-4）。在教学过程中，教学者的教学数据和学习者的学习数据均能够以数字化的形式存储；教育机器人、智能教学平台、VR/AR 设备、移动终端等多种教学媒介上呈现文字、图片、音频、视频、虚拟场景等形式的教学内容；教学媒介是教学内容呈现、教学数据采集传输的媒介，教学媒介能够为教学者的智能备课、教学资源推荐，以及学习者的个性化学习资源、自适应学习路径推荐，学习预警和监督提供支撑。教学媒介上存储的学生学习和教师教学的过程性数据，以及教育数据挖掘和学习分析技术，能够为教学者调整教学方案、

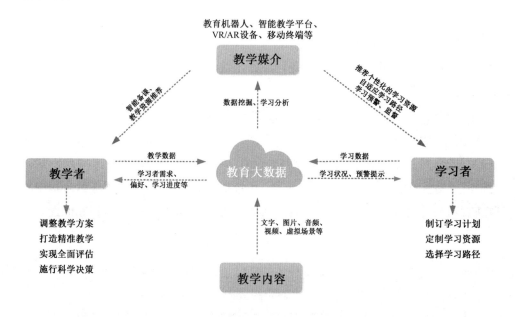

图 3-4　数据驱动的教学范式

打造精准教学、实现全面评估、施行科学决策，以及为学习者制订学习计划、定制

学习资源、选择学习路径提供更加及时、全面的支持，从而有效推动数据驱动的精准教学与精准学习的发展。

3.3　基于大数据的教学实践模型

基于大数据的教学实践是指在海量信息分析基础上建构起来的，现代学校教学体系在目标设定、管理过程和评价标准等方面所确立的实施计划、管理模式与实现路径的整合性教学行为。通过基于大数据的教学实践研究，学校能对以大数据为内容的系统资源进行创造性的管理与运用，从而提升教学及管理的品位与质量，形成准确、灵活、高效的教学实践机制与管理机制。

本书将建构基于大数据的教学实践模型。从教学实践的角度考虑问题，模型的基础是数据平台建设，其次是基于大数据的教学实践策略的确立，再次是遵循既定教学的实践行为，最后是整个教学实践过程在教学系统中的评估调控。这四个逻辑模块与行为模块的一切信息均纳入大数据平台，成为其信息源。这样四个逻辑模块实际上形成了基于大数据的教学实践系统（见图 3-5）。

图 3-5　基于大数据的教学实践系统

基于大数据的教学实践系统实际是一个从数据平台开始的循环系统，前一次循环为后一次循环提供调校数据，根据调校数据对后一次循环加以科学调控，如此不断走向符合教学规律与学生发展规律的高效教学。这个系统及每个逻辑模块内部实际运行都按照"先行控制—主体建构—行为矫正"的流程展开，成为该系统中的核心部分，即操作模型（见图 3-6）。其中，先行控制策略大致包括了理念转换、策略学习、行为标准、教学环境、教学策划和人际关系等基本要素的贯彻；主体建构策略包括了领域管理、行为管理、伙伴合作、多维参照、私人订制和精准指导等策略内涵与实施；行为矫正策略主要包括了问题行为、目标比对、阶段评价、矫正原则、矫正步骤和信息反馈等内容。整个教学实践过程的数据将再次反馈给应用评估系统，其在做出相应评估后为教学实践的管理策略与行为调整提供预测和指导等干预性信息。

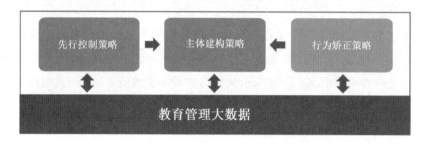

图 3-6　基于大数据的教学实践系统的操作模型

第 4 章

——CHAPTER4——

数据驱动教学创新的技术支撑环境

教育大数据处理分析涉及数据挖掘、学习分析及数据可视化等关键技术，而依托大数据技术的智慧教学环境则是教育大数据的来源，由此可见智慧教学环境的基础设施对于数据驱动教学的重要性。南通一中的智慧校园建设不仅呈现了许多亮点，总结了许多经验，也为数据驱动教学提供了完备的软硬件和技术保障人员等支撑环境，为数据驱动教学创新提供了基础支持。

4.1 南通一中智慧校园建设概况

南通一中在自身发展面临挑战时，勇于探索和实践，不断实现了现代技术与学校教育教学的融合，逐步推进建设了示范全国的智慧校园，成效显著，对江苏省乃至全国都产生了较大的影响，走出了一条具有学校特色的智慧校园建设之路（见图 4-1）。

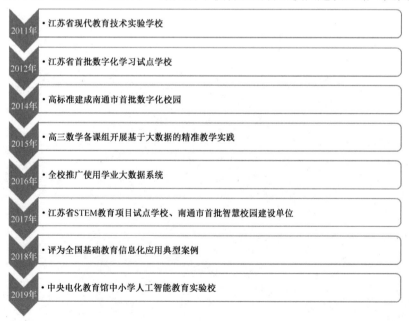

2011年	• 江苏省现代教育技术实验学校
2012年	• 江苏省首批数字化学习试点学校
2014年	• 高标准建成南通市首批数字化校园
2015年	• 高三数学备课组开展基于大数据的精准教学实践
2016年	• 全校推广使用学业大数据系统
2017年	• 江苏省STEM教育项目试点学校、南通市首批智慧校园建设单位
2018年	• 评为全国基础教育信息化应用典型案例
2019年	• 中央电化教育馆中小学人工智能教育实验校

图 4-1 南通一中智慧校园建设之路

4.1.1　智慧校园建设之路

南通一中的智慧校园建设起步较早，大致经历了从基础建设到应用推广的发展历程。

南通一中在 2011 年成为江苏省现代教育技术实验学校，开始在课堂教学中广泛使用交互式电子白板，并建成南通市第一间微格教室。

2012 年，南通一中成为江苏省首批数字化学习试点学校，开始利用电子书包进行数字化教学实验。

2014 年，南通一中成为南通市首批数字化校园建设单位，开始全面推进数字校园建设。学校重点加强校园数字化基础建设，打造了万兆云计算中心（见图 4-2），建设了千兆到桌面的有线网络，建成了覆盖全校的无线网络，建设了理化生数字实验室、物联网实验室、数字显微镜实验室、数字化史地教室、机器人教室等一批先进馆室（见图 4-3），打造了数字化学习平台，积极开展了数字化教学试验，并在同年全面实现了数字化教学和管理。

2015 年，南通一中引进了大数据系统，在高三数学备课组开展了基于大数据的精准教学实践。

2016 年，南通一中开始在全校推广使用学业大数据系统，全面实施精准教学和个性化学习。

图 4-2　南通一中万兆云计算中心

图4-3　南通一中学生在各馆室活动

2017年，南通一中成为江苏省STEM教育项目试点学校（见图4-4），建设了由3D打印实验室、创客教室（见图4-5）、三模实验室、机器人教室等组成的创客教育中心，开启了STEM教育的进程。

图4-4　南通一中成为江苏省STEM教育项目试点学校

同年，南通一中成为南通市首批智慧校园建设单位，围绕基础平台、智慧教育、智慧管理、智慧环境、移动校园等几大部分进行智慧校园一期建设（见图4-6）。学校在高一年级4个班级试点智慧课堂，给全体师生配备智能终端。由此，基于大数据、云计算等技术的智慧课堂正式进入实施阶段。

图 4-5　南通一中学生在创客教室制作智能风扇

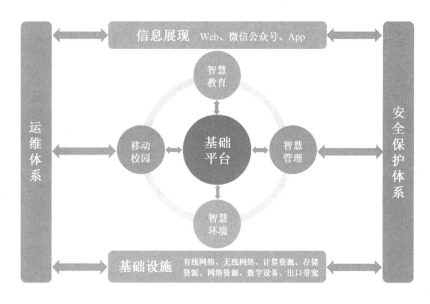

图 4-6　南通一中智慧校园一期建设内容框架

2018 年，南通一中完成智慧校园二期建设，主要包括以 VR/AR 教学系统和虚拟化实验教学系统为核心的智慧教学；以绿化智能喷淋系统、智能电网监测平台、校园气象站、大数据中心智能控制系统为核心的智慧物联网试点应用（见图 4-7、图 4-8），进一步推进智慧校园建设。

图 4-7　南通一中绿化智能喷淋系统

图 4-8　南通一中校园气象站实时数据

2019 年，南通一中启动智慧校园三期建设，在人工智能教育（见图 4-9）、学生选科指导及生涯规划、提升智慧教育等方面推进智慧校园建设任务，并成为中央电化教育馆评选的中小学人工智能教育实验校，开始按要求试用中央电化教育馆组织研制的人工智能相关课程，加强人工智能教育。

除此之外，南通一中还是南通市 STEM 教育协同创新中心实验学校。从以上南通一中智慧校园建设之路可以看出，其智慧校园建设并不是一蹴而就的，而是在不断探索发展中建设的。

图 4-9　南通一中人工智能教育实验室

专栏 4-1　智慧校园的总体框架

智慧校园总体框架应采用云计算架构进行部署，主要分为基础设施层、支撑平台层、应用平台层、应用终端和信息安全体系等（见图 4-10）。

智慧校园技术规范与保障体系	应用终端（信息门户）	用户	教师　　学生　　管理者　………	智慧校园信息安全体系
		接入访问	Web浏览器　　iOS或Android移动终端　………	
	应用平台层		智慧教学环境　智慧教学资源　智慧校园管理　智慧校园服务　………	
	支撑平台层（云计算及其服务能力）	统一接口	API接口　　B/S接口　　C/S接口　　个性化接口　………	
		支撑平台	统一身份认证　权限管理　菜单管理　接口服务	
		数据服务	数据安全服务　　数据报表服务　　数据共享服务　………	
		数据处理	数据挖掘　　数据分析　　数据融合　　数据可视化	
		数据交换	数据存储　数据汇聚与分类　数据抽取　数据推送	
	基础设施层	数据库	管理数据库　　用户数据库　　媒体数据库　………	
		服务器	应用服务器　　文件服务器　　资源服务器　………	
		校园信息化基础设施	网络基础设施　教学环境基础设施　教学资源基础设施 办公自动化基础设施　　校园服务基础设施　………	

图 4-10　智慧校园总体框架

1. 基础设施层

基础设施层是智慧校园平台的基础设施保障，提供异构通信网络、广泛的物联感知和海量的数据汇集存储，为智慧校园的各种应用提供基础支持，为数据挖掘、分析提供数据支撑，包括校园信息化基础设施、数据库与服务器等。

校园信息化基础设施包括网络基础设施、教学环境基础设施、教学资源基础设施、办公自动化基础设施、校园服务基础设施等。数据库与服务器是智慧校园的海量数据汇集存储系统，配置管理数据库、用户数据库、媒体数据库等和与之相对应的应用服务器、文件服务器、资源服务器等。

2. 支撑平台层

支撑平台层是体现智慧校园云计算及其服务能力的核心层，为智慧校园的各类应用服务提供驱动和支撑，包括数据交换、数据处理、数据服务、支撑平台和统一接口等功能单元。

数据交换单元是在基础设施层数据库与服务器的基础上扩展已有的应用形成的，包括数据存储、数据汇聚与分类、数据抽取和数据推送等功能模块。数据处理单元包括数据挖掘、数据分析、数据融合和数据可视化等功能模块。数据服务单元包括数据安全服务、数据报表服务、数据共享服务等功能模块。支撑平台单元包括统一身份认证、权限管理、菜单管理和接口服务等功能模块。统一接口单元是智慧校园实现安全性、开放性、可管理性和可移植性的中间件，包括 API 接口、B/S 接口、C/S 接口和个性化接口等。

3. 应用平台层

应用平台层是智慧校园应用与服务的内容体现，在支撑平台层的基础上，构建智慧教学环境、智慧教学资源、智慧校园管理、智慧校园服务等。

智慧教学环境可以是实体的教学环境，也可以是虚拟的教学环境或虚实相结合的混合教学环境，可以作为智慧校园总体框架的一部分进行构建，也可以独立进行部署。智慧教学资源是智慧校园的重要功能单元，使用者可通过多种接入方式访问资源管理平台，并搜索、浏览或下载所需资源，智慧教学资源可以作为智慧校园总体框架的一部分进行构建，也可以独立进行部署。智慧校园管理专指学校各行政管理部门的行政管理、教学管理、科研管理、人力资源管理、资产设备管理、财务管理等协同办公（办公自动化）的管理信息系统，可以作为智慧校园总体框架的一部分进行构建，也可以独立进行部署。智慧校园服务是指以信息技术为手段，为教学提供基于互联网的智慧化校园公共服务支撑体系，可以作为智慧校园总体框架的一部分进行构建，也可以独立进行部署。

4. 应用终端

应用终端是接入访问的信息门户，访问者通过统一认证的平台门户，利用各种浏览器及移动终端安全访问，随时随地共享平台服务和资源。应用终端包括用户和接入访问两个方面。

用户指教师、学生、管理者等用户群体。用户可以通过 Web 浏览器或移动终端等接入访问，以获取资源和服务。

5. 信息安全体系

信息安全体系是贯穿智慧校园总体框架多个层面的安全保障系统。

智慧校园系统的信息安全保护包括物理安全、网络安全、主机安全、应用安全和数据安全。智慧校园信息安全体系应不低于 GB/T 22240—2008 规定的三级要求。

摘自：国家标准化管理委员会.智慧校园总体框架[DB/OL]. (2018-06-07)[2021-11-10]. https://www.sohu.com/a/240911545_426518.

4.1.2 智慧校园建设亮点

南通一中在智慧校园建设中展现出的亮点，也是其能够取得傲人成绩的支撑力量，主要有以下几个方面。

1. 全面数字化，助推育人模式转型式发展

南通一中的校园教学设施、管理设施全面数字化，助推学校育人模式的转型式发展，并且成果喜人，主要体现在以下几方面。

第一，南通一中所有教学场所都安装了交互式电子黑板（见图 4-11）等教学设备，告别了粉笔加黑板的时代，课堂教学发生了根本性的转变。

图 4-11 南通一中所有教学场所都安装了交互式电子黑板

第二，校园无线网络全覆盖，校园里泛在学习随处可见（见图4-12），学习方式发生了根本性的转变。

图4-12 南通一中泛在学习已成常态

第三，校园安全无死角（见图4-13），学生进出校门及在校内的活动数据均被记录，活动轨迹有据可循。

图4-13 南通一中校园安全无死角

第四，数字化馆室助力人工智能教育，近几年五十多名学生在全国机器人比赛、人工智能比赛及创客比赛等赛事中斩获一等奖（见图4-14）。

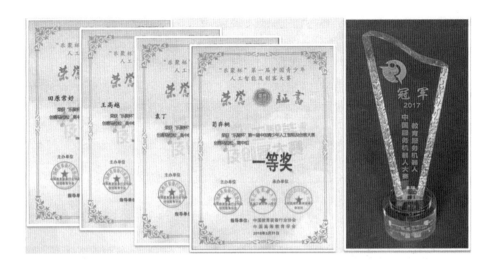

图 4-14　学生在人工智能比赛、机器人比赛等赛事中斩获国家级大奖

第五，南通一中建立了学生发展指导系统（见图 4-15），可以记录、分析学生的全样本成长数据，为学生的健康成长保驾护航。

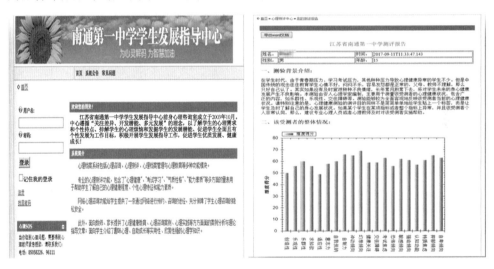

图 4-15　南通一中学生发展指导中心护航学生成长

2. 大数据应用，助推教学质量跨越式提升

南通一中早在 2015 年就引进了学业大数据系统，用于采集、分析学生作业、考试及学习过程的数据（见图 4-16），并做到了"三个覆盖"。

覆盖全体教师，即全体教师均使用学业大数据系统分析学情，使得教学定位更精准、针对性更强。

图 4-16　南通一中学生学业大数据分析

覆盖全体学生，即采集全体学生的学习、作业和考试数据，做到"一生一策"，智能化推送给学生其个性化学习报告及微课学习资源，并进行个性化指导和错题纠正巩固，促使学生学习更高效、更轻松。

覆盖全体家长，即全体家长均能使用 App 及时掌握学生的学习情况，使其可以更好地实施家庭教育，并与学校教育更好地配合，进而促进学生健康成长。

依托基于"三个覆盖"的学业大数据系统进行大数据精准教学，可以切实让学生实现减负增效，也可以有效形成家校合力，助推学校教学质量跨越式提升。

3. 智慧课堂，助推课堂教学形态高效化转变

南通一中在三个年级中各选 4 个班开展智慧教学试点，并为这些班的每位师生都配备了平板电脑，开展全科化、常态化的智慧教学（见图 4-17）。

图 4-17　南通一中智慧教学场景

课前，教师可以通过云平台推送预习内容，学生可以选择拍照上传、在线文档提交、上传到班级空间（见图 4-18）等方式及时反馈自己的预习结果，使得教师备课的针对性更强。

图 4-18　南通一中班级网络学习空间

课中，教师可以将学习内容推送到平台，学生可以通过使用平板电脑进行在线答题、拍照上传、抢答等积极参与课堂互动，从而使每位学生的学习机会均等，真正成为学习的主导者。

课后，教师可以在线布置作业和推送学习资源，也可以通过录制微课、语音互动、拍照解答等方式为学生及时答疑解惑，使得学生学习更主动、更积极。

学校为其他班级的学生配备了多功能智能卡，与智慧教学系统无线互联，实现师生之间的简单交互，及时反馈课堂效果，提高课堂教学效率。依托智能化学习平台创设的智慧课堂，激活了学生的自主学习意识，助推课堂教学形态高效化转变。

4. 智慧管理，助推管理方式品质化飞跃

南通一中利用大数据进行智慧管理，主要体现在以下方面。

第一，教学管理精准化（见图 4-19～图 4-21）。利用教育大数据分析应用平台，可以全方位统计智慧教学、智慧课堂、师生互动、作业批改、教学资源应用等数据，使得教学管理更精准。

图 4-19　南通一中汇聚常态化应用成果数据

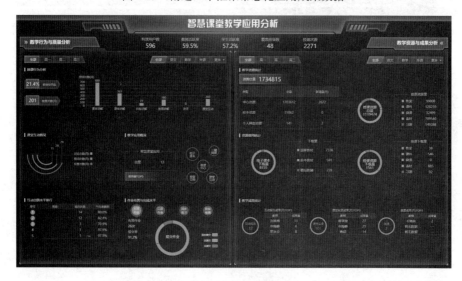

图 4-20　南通一中利用大数据进行智慧课堂教学应用分析

图 4-21　南通一中利用大数据进行教学质量分析

第二，学生管理智能化。学校广泛使用电子班牌（见图 4-22），其已经成为具备文化传播、新闻宣传、自主学习、学生考勤等功能的智能终端。尤其是学生考勤功能与出入校管理系统结合之后，可通过远程感知智能卡来记录学生出入校和到班信息，并及时推送给管理人员和家长，使其方便掌握学生的到校信息。

图 4-22　南通一中使用电子班牌考勤

第三，行政管理数据化。南通一中智慧校园云平台涵盖智慧教学、学生成长、教务管理、教科研管理、后勤管理、协同办公六大类近四十项应用（见图 4-23），可以实现管理行为、管理过程、管理绩效、过程考核、管理结果的智能化。借助功能强大的移动 App（见图 4-24），泛在管理在南通一中的校园里真正开花结果，助推学校管理方式实现品质化飞跃。

图 4-23　南通一中智慧校园云平台

图 4-24　南通一中智慧校园 App

4.1.3 智慧校园建设经验

1. 以应用为目标，统筹规划

南通一中坚持“立足应用、统筹规划、分步实施、以点带面”的建设原则，以智慧教学、智慧管理、智慧环境、移动校园开发为重点，有计划地将学校建设成高品质示范高中。智慧校园建设是一个长期过程，学校制定了“十三五”信息化发展规划（见图 4-25），详细描绘了 2020 年前的建设任务，优先保障智慧校园建设方面的经费投入：2014 年投入建设资金 200 万元，2015 年投入 120 万元，2016 年投入 200 万元，2017 年投入 300 万元，2018 年投入 200 万元，2019 年和 2020 年共投入 500 万元。

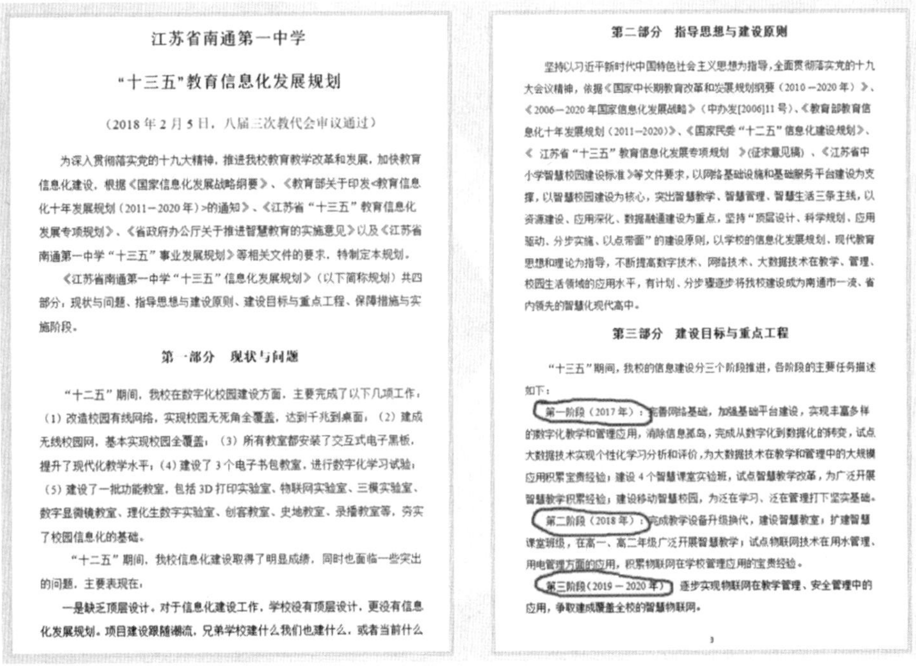

江苏省南通第一中学

“十三五”教育信息化发展规划

（2018 年 2 月 5 日，八届三次教代会审议通过）

为深入贯彻落实党的十九大精神，推进我校教育教学改革和发展，加快教育信息化建设，根据《国家信息化发展战略纲要》、《教育部关于印发<教育信息化十年发展规划（2011－2020 年）>的通知》、《江苏省“十三五”教育信息化发展专项规划》、《省政府办公厅关于推进智慧教育的实施意见》以及《江苏省南通第一中学“十三五”事业发展规划》等相关文件的要求，特制定本规划。

《江苏省南通第一中学“十三五”信息化发展规划》（以下简称规划）共四部分：现状与问题、指导思想与建设原则、建设目标与重点工程、保障措施与实施阶段。

第一部分 现状与问题

“十二五”期间，我校在数字化校园建设方面，主要完成了以下几项工作：（1）改造校园有线网络，实现校园无死角全覆盖，达到千兆到桌面；（2）建成无线校园网，基本实现校园全覆盖；（3）所有教室都安装了交互式电子黑板，提升了现代化教学水平；（4）建设了 3 个电子书包教室，进行数字化学习试验；（5）建设了一批功能教室，包括 3D 打印实验室、物联网实验室、三模实验室、数字显微镜教室、理化生数字实验室、创客教室、史地教室、录播教室等，夯实了校园信息化的基础。

“十二五”期间，我校信息化建设取得了明显成绩，同时也面临一些突出的问题，主要表现在：

一是缺乏顶层设计。对于信息化建设工作，学校没有顶层设计，更没有信息化发展规划。项目建设跟随潮流，兄弟学校建什么我们也建什么，或者当前什么

第二部分 指导思想与建设原则

坚持以习近平新时代中国特色社会主义思想为指导，全面贯彻落实党的十九大会议精神，依据《国家中长期教育改革和发展规划纲要（2010－2020 年）》、《2006—2020 年国家信息化发展战略》（中办发[2006]11 号）、《教育部教育信息化十年发展规划（2011–2020）》、《国家民委“十二五”信息化建设规划》、《 江苏省“十三五”教育信息化发展专项规划 》(征求意见稿)、《江苏省中小学智慧校园建设标准》等文件要求，以网络基础设施和基础服务平台建设为支撑，以智慧校园建设为核心，突出智慧教学、智慧管理、智慧生活三条主线，以资源建设、应用深化、数据融通建设为重点，坚持“顶层设计、科学规划、应用驱动、分步实施、以点带面”的建设原则，以学校的信息化发展规划、现代教育思想和理论为指导，不断提高数字技术、网络技术、大数据技术在教学、管理、校园生活领域的应用水平，有计划、分步骤逐步将我校建设成为南通市一流、省内领先的智慧化现代高中。

第三部分 建设目标与重点工程

“十三五”期间，我校的信息建设分三个阶段推进，各阶段的主要任务描述如下：

第一阶段（2017 年）：完善网络基础，加强基础平台建设，实现丰富多样的数字化教学和管理应用，消除信息孤岛，完成从数字化到数据化的转变，试点大数据技术实现个性化学习分析和评价，为大数据技术在教学和管理中的大规模应用积累宝贵经验；建设 4 个智慧课堂实验班，试点智慧教学改革，为广泛开展智慧教学积累经验；建设移动智慧校园，为泛在学习、泛在管理打下坚实基础。

第二阶段（2018 年）：完成教学设备升级换代，建设智慧教室；扩建智慧课堂班级，在高一、高二年级广泛开展智慧教学；试点物联网技术在用水管理、用电管理方面的应用，积累物联网在学校管理应用的宝贵经验。

第三阶段（2019 – 2020 年）：逐步实现物联网在教学管理、安全管理中的应用，争取建成覆盖全校的智慧物联网。

3

图 4-25 江苏省南通第一中学“十三五”教育信息化发展规划（部分）

2. 以培训为抓手，突出实效

南通一中采取集中的通识培训、分学科部门的专题培训、骨干人员个别培训、微课自学等多种形式，采取多时段安排、教师自由参训等模式，多批次、多渠道推进培

训。学校要求教师全员参与且信息技术的培训学时不少于每年继续教育学时的 1/3。

3. 以交流为辅助，拓宽视野

南通一中先后组织教师去上海、北京、浙江、四川等多地进行外出考察。教师们拓宽了视野，转变了观念，主动为智慧校园建设献计献策（见图 4-26）。从以前的学校建好教师用，到现在的教师提需求学校来建设，教师开始主动钻研、主动使用。

武汉、合肥智慧校园建设考察报告

为适应新高考方案的要求，推动学校智慧课堂、智慧管理、智慧校园的建设，在教务处田雪林主任的带领下，后勤处钱勇主任、信息学科主任孙菁老师和我，一行 4 人于 2017 年 3 月 11 日至 13 日前往武汉、合肥进行教育信息化应用的考察和学习。我们参观了武汉天喻教育、合肥科大讯飞两家建设教育信息化平台的公司，并前往合肥六中、合肥八中随堂听课，直观感受科技对于传统课堂和个性化学习的巨大变革作用，可谓收获颇丰、感慨良多，现将考察学习心得汇报如下。

一、技术平台各有所长

这一块并不是我的专业，我仅从直观感受简单谈谈我的看法。

1. 武汉天喻教育

这是一家专门做教育云平台的公司，所谓术业有专攻。它在智慧课堂的研究和设计上还是有不少亮点的。第一，它的平台涉及课前、课中和课后完整的教学环节。其中课堂教学环节给我留下了深刻的印象：①师生互动形式生动，包括抢答、随机答、弹幕评论，等等，并且教师可以通过布置作业的方式实时监控学生的大体情况；②更为重要的是其对于课堂数据的记录，教师用点阵书写纸盒笔，能够实现板书的投影同屏和录像，学生也能够在教师同屏板书的基础上记录个性化的内容。这样学生整个学习过程都会被记录下来。第二，通过不同层级资源平台的构建和其开发的软件教学助手，该公司实现了一个资源的互通共享问题，大大丰富了教学资源。第三，其正在建设一个学科

知识切片图谱，如果建成必将更为准确、有效地解决个性化教学的智能推送难题。

然而，其也存在以下不足。最大的问题在于所有的功能多数基于口头介绍，没有一个真实课堂可供观察，所以无法判断其罗列的功能是否都真实可用；其次，在智能批改环节，漏洞较大，不如学校目前使用的极课达数据平台。

2. 合肥科大讯飞

这家公司涉及的业务比较广泛，智能语音、智慧教育、人工智能，并且注重智能语音在教育、医疗、社会、汽车、家庭等领域的运用。其给我留下最深印象的是其智能语音平台的强大：实时翻译、声控智能家居，等等。当然其智能语音也运用于教育领域。在其课堂互动环节中，我最感兴趣，也是我觉得最有意思的便是语音讨论的互动。这采用了该公司的语音识别和语音文字的转换功能。当老师发起讨论时，学生可以通过发语音的方式表达自己的观点，上传到老师的页面上，实现一个动态的滚动。老师可以随时暂停讨论，挑选一个学生解释自己的观点，或者综合学生的观点进行归纳概括。可惜的是鉴于讨论时嘈杂的声会干扰设备对发表观点声音的识别，我们在接下来的听课中并没有看到这一功能的运用。

其次，是它的智能阅卷系统。针对语文和英语作文批改耗时的问题，科大讯飞开发了这一款软件，可智能识别文字图像并与正确拼写比对，作为教师批改作文的辅助工具，大大提高了作文批改的效率。

此外，天喻教育所具有的基本智慧课堂教学工具，如抢答、讨论、

图 4-26　南通一中教师外出学习考察报告（部分）

4. 以机制为保障，稳步推进

南通一中的保障机制概括起来就是"一二四"，即：每月一次教师外出学习考察，每两个星期举行一次全校性的智慧教学研讨活动，制定了四个智慧教学行动方案。"一二四"机制保障了学校智慧教学能够扎实有效地推进。

南通一中在信息化浪潮中勇立潮头，敢于创新实践，实施的智慧校园建设在很大程度上推进了学校建设高品质示范高中的进程。

4.2　数据驱动教学创新的技术架构

根据已有学者的研究，教育大数据的技术框架一般包括教育数据采集、教育数据处理、教育数据分析与展现和教育数据应用服务[1]，参照此技术框架，本书构建了南通一中数据驱动教学创新的技术架构图，如图 4-27 所示。

图 4-27　数据驱动教学创新的技术架构

首先，数据驱动教学中的"数据"类型多样，结构化数据来源于学生的学业数据（成绩），半/非结构化数据来源于教师和学生在教与学过程中被各种系统、平台记录的数据，还有电子班牌记录的学生活动轨迹数据，以及各类提供给学生和教师的教学资源数据（如微课资源数据）。其次，数据技术构架从下往上依次是数据采集、数据存储、数据分析和数据应用，采集的数据存储在微云服务器，大数据平台对数据进行分析处理，并展示到师生端的软件上，然后师生将数据应用于教学活动，各环节主要使用的设备和完成的任务如下。

---

[1] 杨现民, 唐斯斯, 李冀红. 教育大数据的技术体系框架与发展趋势——"教育大数据研究与实践专栏"之整体框架篇[J]. 现代教育技术, 2016, 26(1): 5-12.

4.2.1 数据采集

相比以前的填报式数据，为了保证大数据的真实性和有效性，必须从数据产生的源头采集数据，保证数据的高质量、高可用。本书中采集的教学数据主要包括平板电脑记录的师生教学过程中产生的数据、扫描仪将学生的作业和试卷内容电子化后的数据、电子班牌记录的学生的活动轨迹数据及提供给师生辅助教和学的各类教学资源数据，如微课资源数据等。

4.2.2 数据存储

采集的各种结构化、半/非结构化及微课等资源类数据，数据量丰富，需要性质优良、能够存储海量数据的设备进行存储，才能保证数据的安全性。本书采集的大量教学数据主要存储在微云服务器里，微云服务器不仅能够存储师生平板电脑中大数据平台、智慧课堂教学系统及畅言智慧课堂软件本身的内容，也可以存储采集的海量教学数据。

4.2.3 数据分析

采集、存储的海量教学数据，需要通过分析处理并将分析处理后的结果展示在教师和学生方便查看的软件界面，才能转化成教学所需的信息，数据才可以真正地为教学作用，所以数据分析环节至关重要。本书对教学数据的分析处理主要依靠与微云服务器直接连接的大数据平台（智学网），分析处理后的数据结果展示在教师端和学生端的软件界面，使得教师和学生能够方便查看与使用，进而转化成指导教学的信息。

4.2.4 数据应用

不管是数据采集、数据存储还是数据分析，其最终目标是将教学数据转化成的有用信息应用于教学,帮助教师和学生更好地教与学。师生通过查看教师端和学生端软件界面上展示的数据分析结果,将这些结果转化成与自身能力水平相联系的信息,可以了解教与学中的问题和不足,进而促使教师调整教学策略,改善教学方法,优化教学效果,并向学生推送个性化的学习资源,真正实现大数据助力教师精准教学,实现大数据助力学生个性化学习和个性化发展。

4.3　软硬件及技术保障人员的配备

智慧校园指以促进信息技术与教育教学融合、提高教学效果为目的,以物联网、云计算、大数据分析等新技术为核心技术,提供一种环境全面感知、智慧型、数据化、网络化、协作型一体化教学、科研、管理和生活服务,并能对教育教学进行洞察和预测的新型校园[1]。由此可见,智慧校园建设必须依托大量的硬件设施及软件系统/平台。南通一中在智慧校园建设中主要使用的硬件设施和软件系统如下。

4.3.1　硬件配备

硬件设施是智慧校园建设的基础,在硬件基础上才可以进一步搭载软件、接入网络。南通一中智慧校园建设中所使用的硬件设施主要包括高速扫描仪、平板电脑及微云服务器等,并在全校范围内覆盖了无线网络。

1. 高速扫描仪

南通一中主要配备了型号为柯达 i3300/i3400 的高速扫描仪,共 14 台。这些高速扫描仪主要用于扫描学生的日常作业和试卷,以及采集学生作业和考试数据(见图 4-28)。

2. 平板电脑

南通一中为每位学生都配备了平板电脑,平板电脑不仅可以用来支撑学校实

[1] 于长虹. 智慧校园智慧服务和运维平台构建研究[J]. 中国电化教育, 2015(8): 16-20.

施平板电脑教学，也可以作为学生学习的工具。课前学生通过平板电脑接收教师发送的预习内容，课中学生通过平板电脑与同学和教师互动交流，课后学生通过平板电脑提交作业，学生还可以通过平板电脑获得精准推送的学习资源，使得学习更高效。

图 4-28　高速扫描仪扫描学生作业和试卷

3. 微云服务器

南通一中在教室端安装了课堂教学服务器（微云服务器），其强大的存储功能不仅能够支撑教师教学过程中使用的资源，也能够存储教学过程中采集的数据。最重要的一点是，它能够实现教师端、教室端内容的同步，方便教师将自己平板电脑上的教学资源等轻松同步到教室端，以助力教学活动的开展。

4.3.2　软件配置

1. 大数据平台

南通一中主要依托科大讯飞的智学网进行学业大数据的采集、分析、应用和管理。智学网是科大讯飞面向学校日常作业、考试及发展性教与学评价需求推出的大数据个性化教学系统，旨在为用户提供更加简单易用的系统操作和全面完善的资源服务，通过大数据分析充分挖掘校园考试价值，通过基于云服务的计算机及移动终端综合方案为每名老师和学生提供有针对性教和个性化学的信息化环境与服务，实现人人皆学、处处能学、时时可学。其运行原理如图 4-29 所示。

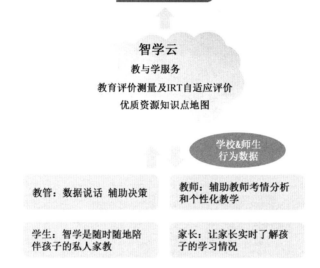

图 4-29　智学网运行原理

智学网是以考试阅卷为基础，以数据统计、分析、评价为核心的综合性应用系统，注重学生学习过程中的发展性评价及教与学分析。总的来说，智学网主要有以下三大功能。

1）人工智能的过程化教学数据采集分析

智学网基于手机、扫描仪、阅卷机等各类智能终端设备实现随堂练习、课后作业、测验联考等各类教学场景下的过程性教学数据采集，数据采集技术的突破使全学科智能批改和自动分析成为可能。

2）知识图谱的个性化学习分析和推荐

智学网通过分析学生学习大数据，实现个性化、基于知识图谱的学习诊断，不仅可以帮助学生挖掘错题根源，还可以推送相匹配的微课讲解和难度适中的习题资源，让学生有针对性地学习。

3）以学习者为中心的教育评价

智学网为各级教育系统、教师、学生、家长系统提供基于知识点的综合教育评价服务，协同北京师范大学未来教育高精尖创新中心探索建立以学习者为中心的教学新模式的途径与方法，并建立基于问题诊断的基础教育质量改进服务体系。

由此可见，智学网不仅是一个应用软件，还能指导学生高效自主学习，助力教育教学减负增效，让因材施教有实现的可能。

2. 智慧校园云平台

南通一中智慧校园云平台主要实现校园管理、资源发送及视频监控等功能，具体如图 4-30 所示。除此之外，学校在微云服务器、学生平板电脑及教师平板电脑里安装了智慧课堂教学系统，主要包括课堂互动软件、学生端软件、教师端软件等；还在所有教室的教学电脑中安装了畅言智慧课堂软件，并与智学网、智慧课堂教学系统联通，使非平板电脑教学班也可以通过该软件实现智慧教学。

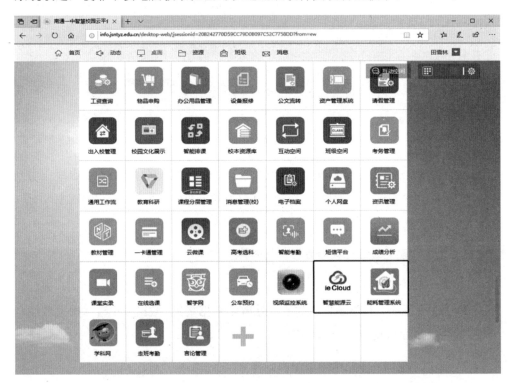

图 4-30　南通一中智慧校园云平台

3. 智慧物联系统

南通一中在智慧校园建设过程中，除了关注智慧课堂教学，还关注学校的环境建设，并搭建了智慧校园环境物联网系统，利用科技手段实现了绿化智能喷淋、电网智能监测、校园气象实时监测等功能。

其中，学校的绿化自动喷淋系统可以实现校园绿化的智能喷灌；学校的智能电网监测平台可以实现全校用电线路的智能监测、自动报警、运行值班台账记录等；学校的校园气象站可以实时监测校园湿度、温度、PM2.5、PM10、气压等气象信息，并实时推送到智慧校园云平台进行记录，形成气象信息台账；学校的大数据中心智能控制系统可以实现使用一个平板电脑控制照明、窗帘开合、大屏开关等操作，极大地方便了学校大数据中心的管理。

4. 技术保障人员配备

智慧校园不仅需要软硬件设施，还需要专业的技术人员参与智慧校园的建设，对智慧校园各软硬件设施进行维护、升级，以及对教师常见问题进行解答和处理[1]。南通一中智慧校园建设中的大数据教学团队主要由科大讯飞的驻校服务人员 2 名、信息学科教师 6 名、专职电教设备服务人员 1 名及各学科骨干教师各 1 名组成。科大讯飞驻校服务人员、信息学科教师和专职电教设备服务人员主要开展大数据教学的技术保障和支撑工作，学科骨干教师带领全体学科教师开展基于大数据的教学实践。

[1] 张守丽. 大数据背景下高职智慧校园建设研究[J]. 信息与电脑(理论版), 2018(24): 235-237.

第 **5** 章

——CHAPTER5——

数据驱动教学创新的校本管理制度

知识经济社会的不断发展及全面小康社会的实现，呼唤建立新的学校管理制度。校本管理制度是以学校为本体、以发展为主旨、以人为主体的管理制度，强调根据自身的需要确定自己的发展目标和方向。校本管理把学校视为一个自我管理的系统，认为在学校中激励人的因素和改善内部管理的过程是极为重要的[1]。校本管理制度是学校管理制度的重要组成部分，开发校本管理制度有利于提高学校的办学质量[2]，有利于促进教师专业发展，有利于提升教育教学水平。

南通一中顺应时代发展潮流，开发数据驱动教学创新的校本管理制度，以保障智慧教学质量，提升智慧教学管理水平，打造学校品牌，推动学校全面发展。南通一中从班级或教师、学科与年级、校级与部门三个层面制定了符合本校发展特点的校本管理制度。在学校、教师和学生三方的共同努力下，南通一中的校本管理制度日趋完善。

5.1　推进大数据应用的学校组织架构

现在，数据成为教育教学创新变革的新要素[3]。2017 年，南通一中被确定为南通市首批智慧校园建设单位，正式开启智慧校园一期工程，全面推进智慧教学改革的行动计划。智慧校园一期工程的主要任务是建设基础平台，实现丰富多样的数字化教学和管理应用，消除信息孤岛，完成从数字化到数据化的转变。南通一中试点

---

[1] 毛亚庆. 应注重以学校为主体的校本管理[J]. 教育研究, 2002(4): 78-80.

[2] 毛亚庆. 论校本管理理论[J]. 北京师范大学学报(人文社会科学版), 2002(1): 75-82.

[3] 郭利明, 杨现民, 张瑶. 数据驱动的精准教学五维支持服务框架设计与实践研究[J]. 电化教育研究, 2021, 42(4): 85-92.

利用大数据技术实现个性化学习分析和评价，为大数据技术在教学和管理中的大规模应用积累宝贵经验；试点物联网技术在校园管理中的应用，为建设覆盖全校的物联网积累经验；建设移动智慧校园，为泛在学习、泛在管理打下坚实基础。

智慧教学改革行动计划的顺利推进需要学校、教师和学生三方的共同努力。为此，南通一中制定了服务于不同对象的层级管理模型，分别为以班级或教师为单位的课堂教学管理、以学科与年级为单位的学科教学管理和以校级与部门为终端的全校教学管理（见图 5-1）。

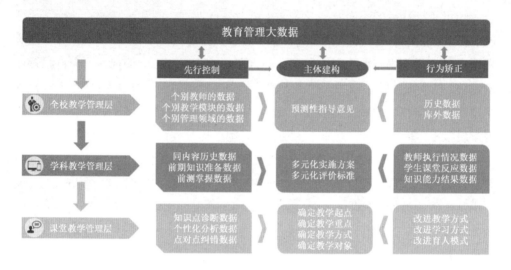

图 5-1 推进大数据应用的学校组织架构

5.1.1 以班级或教师为单位的课堂教学管理

依据基于大数据的教学管理策略实施教学，大体上遵循"普遍采集—全面统计—精准结论—个性措施—菜单反馈"的实施流程，着重对教学进行知识点诊断、个性化分析和点对点纠错，有利于选准教学起点、教学重点、教学方式、教学对象，也有利于选准作业内容，对于从学生立场出发改进教与学的方式是极为有效的。数据平台运行与教师教学同步进行，教师利用平台数据实施精准、科学且有针对性的教学与调整。从课堂教学管理实践看，基于大数据的教学管理策略研究对于改变育人模式和学习方式有着极为重要的意义。

5.1.2　以学科与年级为单位的学科教学管理

依据模型开展的学科教学管理，从全学科阶段性教学任务出发，进行基于大数据（同内容历史数据、前期知识准备数据、前测掌握数据）的先行控制准备，拿出适合学情的环境、策略、方法和标准，制订教学计划，甚至是以备课组为单位做出教学案例样本，针对不同人群制定有区别的多元化实施方案和评价标准，包括作业与考查内容。教师实施教学计划后，学科组或备课组根据收集的数据（教师执行情况、学生课堂反应、知识能力结果等）及时进行分析，或者根据系统自动生成的参考分析，尽快形成行为矫正策略和措施，并及时推送给教师、学生和家长。

5.1.3　以校级与部门为终端的全校教学管理

基于大数据的全校教学管理建立在学科、年级等数据分析和模型建构的基础上，主要由教学管理部门着手实施，为校长室形成决策调整提供参考数据。它提供大量的过程与结果统计，提供大量的精准到个别教师、个别教学模块、个别管理领域的结论，提供系统与人力两者结合产生的预测性指导意见，从而在全校层面进行行为矫正。校长室掌握情况和给出审批意见后，将意见及时推送给部门、学科、年级、教师和班级。这里的数据统计与分析，注重参照历史数据和库外数据，形成纵横比较，保证判断与决策的高效和精准。

总之，从每个教师到校长室的各级教学决策都遵循系统运转模型核心部分的基本操作程序，使这个基本操作程序成为模型中的模型，并且按照不同层级组成层级内部和层级之间内外循环相结合的特殊结构的管理系统。这个模型结构稳定，适用于各层面，方便操作。

5.2　全面推进智慧教学改革的行动计划

为更好地将智慧校园建设的顶层设计与指导思想落实到教育教学中，以推动学校教育迈向更高台阶，2018年，南通一中根据教育部颁布的课程标准修改方案中所提出的关于提升学科核心素养的有关要求，根据中办、国办印发的《关于深化教育体制机制改革的意见》中提出的关于培养学生关键能力的有关要求，根据江苏省2018年度出台的新高考方案，根据学校"十三五"发展规划的有关内容，结合学校教育改革的整体目标与实际现状，制定了《江苏省南通第一中学全面推进智慧教学改革的行动计划》，以指导学校未来三年内甚至更长时间内智慧教学改革项目的顺利推进。

5.2.1　智慧教学改革的背景

南通一中是百年老校，教育教学质量在社会上有较好的口碑。在教育现代化和教育信息化方面，南通一中虽然一直走在省市同类学校前列，但与国家教育现代化要求相比，与培养具备较高信息素养学生的培养目标相比，与学校争创高水平普通高中的发展目标相比，都还有一定的差距。教育现代化与教育信息化仍是学校教育改革与发展中的重要一环。经过专家论证，学校通过建设智慧校园，尤其是建设智慧课堂，可以较好地突破学校发展过程中的瓶颈，推动学校教育全面发展。

5.2.2　智慧教学改革的主要目标

南通一中坚持以科学发展观为指导，以网络基础设施、智慧教学系统建设为支撑，以智慧校园建设为基础平台，以智慧教学、智慧管理、智慧辅导为主线，以提升学校教学的智慧化程度为目标，以资源建设、应用深化、数据融通建设为重点，以坚持"顶层设计、统一规划、应用驱动、分步实施、以点带面"建设为原则，不断提高数字技术、网络技术、大数据技术在教学领域的应用水平，有计划、分步骤地将南通一中建设成江苏省同类学校中领先的智慧化现代高中。

5.2.3　智慧教学改革的主要项目

南通一中智慧校园一期工程是一项综合性工程，包括基础设施建设、智慧教学系统配备、智慧教学改革设计、课堂教学行为规范和智慧教学改革评估等多项工作，需要多个部门、广大教师在校长室的统一领导下齐心协力才能有效推进。智慧校园一期工程的主要项目如下。

1. 智慧教学系统配备项目

开展智慧教学试验，把先进的教育技术和理念应用到日常教学过程中，提高学校整体的教学质量和教学效率。引进大数据技术，在教学和教学管理过程中充分发挥大数据的作用，实现教学精准化、辅导个性化、学习自主化等。建设物联网教学应用系统，把物联网管理功能引入教学管理过程中，实现教学过程、教学环境的自动管控。

2. 智慧教学改革设计项目

在智慧校园一期工程的基础上，南通一中面向全校教师和学生进行全面顶层设计，包括制订智慧教学的基本要求与管理方案、智慧课堂教学的操作流程与教学范式、智慧教学的数据统计与分析办法、智慧教学的教学评价与管理措施等，尤其重视教师在教学流程中全面使用智慧教学系统的指导、服务与管理工作，进行教师利用大数据备课、教学、评价与调整的各项监测工作，进行智慧教学培训工作，组织开展智慧教学观摩、研讨、评比和公开教研活动，运用各类管理评价方案对教师的教学过程、教学效果进行管理和考核，并在智慧校园一期工程基础上形成典型案例、经验总结和各种管理方案。

3. 智慧教学改革评估项目

评估项目是独立于其他项目之外、需要专门实施的保障性和监督性项目。评估项目的主要工作范围与职责是对整个智慧教学改革项目的设计、策略、实施、效果等进行检测和评估。南通一中成立以外聘专家为主体的第三方评估项目小组，同时成立配合监测的校内评估小组，为第三方评估项目小组提供过程性监测数据与分析结论。该评估项目将定期向负责学校智慧教学改革的领导小组汇报分析与评估的结论，并根据实际情况提供调整意见。

5.2.4　智慧教学改革的推进时序

1. 系统建设

1）总体目标

完善网络基础，加强基础平台建设，实现丰富多样的数字化教学应用，完成从数字化到数据化的转变。试点大数据技术,助力实现个性化学习分析和评价,也为大数据技术在教学和管理中的大规模应用积累宝贵经验。建设智慧课堂,开展智慧教学改革,利用先进的教育技术提高教学质量和效率,如建设 VR 和 AR 教室,应用 VR 技术构造真实的体验环境。逐步实现物联网在教学管理中的应用,做到能监控设备状态、控制设备开关、自动报警等。

2)年度目标

南通一中智慧校园一期工程分为两个阶段进行(见图5-2),在第一阶段(2018 年)主要完成以下两项工作。第一,完成智慧教室建设。按照智慧教室的要求完成所有教学设施的更新换代,使其满足智慧教学的基本需要。根据教学改革需要对系统进行升级改造,包括原有网络合成、系统网络铺设、控制中心的改造升级及教室微云服务器、配套电子黑板、师生平板电脑等的扩改。第二,全面扩建智慧课堂。学校现有行政教学班级所在的教室,不完全满足布设智慧教学系统的功能要求。学校将在智慧校园一期工程基础上继续推进智慧课堂建设,拟在高一、高二两个年级全面推广智慧课堂应用,再建 22 个智慧课堂班级,并且启动 VR 教室建设,打造一间 VR 教室,用 VR 技术把抽象的讲解变成真实的体验,实现足不出校就获得身临其境的真实感受,使学生能更好地理解抽象的事物、把握事物发展变化的规律。

在第二阶段(2020 年)主要完成以下两项工作。一是建设教学设备集中管控系统。学校将根据智慧管理、智慧教学和智慧生活的需要,总体设计物联系统方案,利用物联网技术建设教学设备智能管控系统,实现教学设备的智能管控,包括监控、报警、远程控制等功能。二是增建符合智慧教学改革需要的新功能室,包括智慧教学演播与展示大厅、智慧教研专用教室、最新智慧学习设备学生体验中心、高端智慧论坛等,并打造符合新增智慧教学功能场所的统一管控系统,将其纳入已经建成的物联网。

图 5-2　系统建设推进时序

2. 改革项目

1）总体目标

南通一中智慧校园一期工程改革项目的总体目标为制定并运用智慧教学各类管理和评价方案加强对教学的管理监控，常态化、合理化、全员化开展智慧教学实践活动，促进教学改革，提高教学质量。智慧教学改革项目主要由学校教务处负责实施。

2）年度目标

改革项目的年度目标主要包括三个阶段的工作。第一阶段（2018 年）的目标为完成五项工作：第一，制定并完善智慧教学各类管理和评价方案，包括智慧教学基本要求和管理方案、智慧课堂教学的操作流程和教学范式、智慧教学的数据统计和分析办法、智慧教学的教学评价和管理措施等，组织教师利用学科活动时间对相关方案进行研讨和学习（2018 年 6 月底前）；第二，联合技装处进行智慧教学培训和参观学习，并启动智慧教学观摩研讨和讲座活动（2018 年 3—8 月）；第三，在高一、高二全面实施智慧教学活动，并组织智慧教学比武活动和智慧教学公开教研活动，组织智慧教学管理与评价活动，评选智慧教学先进个人（2018 年 9—12 月）；第四，形成校本资源库建设方案，开展空中课堂等智慧教学校本资源库建设（2018 年 6 月）；第五，开发网上文理选科、选修课网上申报和填报等新功能并启动申报工作（2018 年 6 月）。

在第二阶段（2019 年）和第三阶段（2020 年），学校将正常开展智慧教学实践，主要工作包括在三个年级正常开展智慧教学活动，正常进行相关考核和评价；开展智慧教学比武活动，评选智慧教学先进个人；开展智慧教学公开教研活动和智慧教学校本资源库建设（见图 5-3）。

图 5-3　改革项目推进时序

3. 评估方案

评估工作的总体目标是通过监测、评估，加强课堂教学过程和教学质量的监控，促进智慧教学活动正常开展[1]。评估工作的年度目标具体分为以下三个阶段。

（1）在 2018 年 8 月底之前完成两项工作：首先，制定智慧教学评估方案，成立由校外专家、学校领导和校内教师组成的智慧教学改革评估小组；其次，2018 年 9 月开始组织评估小组成员每月对高一、高二课堂教学的过程和质量进行动态评估，针对评估结论，及时调整和完善相关方案及措施。

（2）2019 年 9 月继续组织评估小组成员每月对各年级课堂教学的过程和质量进行动态评估与交流，及时调整和完善相关方案及措施，提升智慧课堂教学成效。

（3）2020 年 9 月继续组织评估小组成员每月对各年级课堂教学的过程和质量进行动态评估，及时调整和完善相关方案及措施，争取形成课堂教学、数据应用等相关评估范式。

5.3 学生平板电脑使用规范

为有序推进学校智慧课堂建设，南通一中在三个年级各选取 4 个班级开展智慧教学试点，并为这些班的每位师生都配备了平板电脑，开展全科化、常态化的智慧教学。为给学生创建一个安全优良的学习环境，防范智慧教学过程中可能会出现的负面影响，规范学生的平板电脑使用行为，南通一中特制定《江苏省南通第一中学平板电脑使用规范》，其内容如下。

5.3.1 使用规定

第一，在需要使用平板电脑的情况（如上课、做作业等）下使用平板电脑，不得利用平板电脑听歌、随意拍照、发布与学习无关的动态、浏览无关信息、玩游戏。

第二，上课期间平板电脑一律放在课桌左侧。无须使用平板电脑时一律将其放在课桌内，做好课堂记录。

---

[1] 陈利铭, 郑英耀. 智能发展模式的建构与实施建议[J]. 应用心理研究, 2010 (47): 189-212.

第三，课间、午休期间不使用平板电脑，平板电脑一律放在课桌内。

第四，不得使用平板电脑做与学习无关的事情，不得破解平板电脑软硬件相关设置。

第五，在家做作业时利用好平板电脑的学习功能，不需使用时，不得使用。

5.3.2　对学生违规使用平板电脑的处理规定

学生违反以上五项规定中的任何一项，学校将视情节轻重给予违规学生停课一天至七天的处理，罚没收平板电脑一个月或取消平板电脑使用资格，给予警告以上的纪律处分并记入档案，情节严重者调离原班并给予记过以上的纪律处分并记入档案。

5.3.3　其他说明

第一，学生在校违规使用平板电脑造成的不良后果由本人承担，并且学校将在第一时间进行处理。

第二，学生的平板电脑属于学校财产，学生应妥善保管、正确使用，如有遗失，原价赔偿。

智慧教学是大势所趋，但如何规范化开展智慧教学活动，是各方需要注意的问题[1]。《江苏省南通第一中学平板电脑使用规范》的制定及实施，严格有效地控制了学生使用平板电脑的时间，保证了智慧教学顺利推进。

5.4　智慧教学与管理的基本要求和主要办法

随着南通一中所承担的江苏省基础教育前瞻性教学改革实验项目及智慧课堂建设的不断推进，教师在日常教学中使用智学网（智课网）已逐渐成为常态。为进

---

[1] 戴先任. 规范开展信息化智慧教育[N]. 中国财经报, 2020-08-06(7).

一步促进传统教学与现代技术的融合，提高教育教学质量与教学管理的实效性，南通一中特制定关于智慧教学的管理方案。

5.4.1　智慧教学与管理的基本要求

1. 总体要求

努力在教学实践中实现学校在"十三五"发展规划中确立的办学目标，即"创建中西会通、文理融合、智慧管理的国内知名普通高中"。

2. 具体要求

具体要求包括教学实践要求、管理与考核要求两个方面。南通一中在教学实践方面，首先，要求教师全员全面使用，能够熟练运用智慧校园的各种智能化教学设备，具体要求如下：①教师要能熟练使用智学网开展教学和考试等教学工作；②教师要能熟练使用电子黑板（含白板功能）等实时教学；③基地班教师要能熟练使用各馆室开展教学实践；④智慧课堂实验班教师要能熟练使用平板电脑执教和开展其他教学实践。

其次，要求教师要能设计符合智慧课堂教学特征的教学案例，具体要求如下：①教师要能设计符合学科特点的智慧课堂教学案例；②教师要能充分利用智慧教学思想与设备改革课堂教学；③基地班教师要能根据各馆室已有设备与课程开设相应课程；④智慧课堂实验班教师要能设计符合实验要求的教学设计；⑤年龄50周岁以下的教师必须每周制作不少于2个微视频供学生复习。

在管理与考核方面，南通一中对年级部、教研室和教务处分别提出了不同的要求，具体要求如下。

首先，南通一中要求年级部要设计统计表格，由各学科课代表填写，统计每堂课是否使用智慧课堂设备开展教学；要每双周在年级部范围内开展一次智慧课堂教学点评，奖勤罚懒，责成使用；要将教师开展智慧课堂教学实践的考勤作为绩效考核的选项之一。

其次，南通一中要求教研室要每双周开展一次智慧课堂教学学习与研讨活动；要每月开展一次教研室范围内的智慧课堂展示研讨活动；要定期开展优秀智慧课堂教学案例设计的点评与评优活动。

最后，南通一中要求教务处要对年级部和教研室的工作计划实施情况加以落实与检查，作为优秀教研室和备课组的评比条件；要每学期评选一次智慧课堂教学先进集体和先进个人，将先进个人作为学校各项个体优秀与先进评选的必要条件；要对教研室和年级部相关管理同志进行管理层面的培训，使其达到能运用大数据加以管理和提供管理决策的水平。

5.4.2　智慧教学与管理的主要办法

1. 教师备课管理

南通一中要求各备课组在集体备课和个人二次备课时，将平板电脑在课堂中的使用作为备课的重要内容，充分运用比较思维，重点研究平板电脑使用的教学重点、难点，以及平板电脑使用的最佳切合点。教师要认真遴选、积极开发平板电脑教学的课程资源，坚持合理选择，做到个性化编制课堂训练作业和推送课后作业。

2. 课堂教学管理

课堂教学讲究高效，南通一中要求教师教学时要面向全体学生合理地利用平板电脑、电子黑板、数影仪、智慧课堂教学助手等现代教学设备，做到师生、生生充分互动；要利用好平板电脑的统计和管理功能，加强课堂教学管理，根据课堂教学的及时反馈与特征，进行重点讲解、举一反三，突出教学方法。

3. 作业考试管理

在作业考试管理方面，南通一中要求各科作业和考试一律使用智学网，主要包括以下方面：第一，在制卡方面，要求教师制卡时要把每道题的知识点属性、答案及解析都附加在题目后面，构成完整的题库资源；第二，在作业和考试方面，要求学生在教师制作的答题卡上完成作业或考试；第三，在批阅和扫描方面，要求教师对作业做到全批全改，批改后及时扫描，全面记录学生作业和考试数据；第四，在讲评方面，教师对作业或考试讲评要根据数据报告，重点讲评高错误率的题目，并进行举一反三的训练，而对于错误率不高的题目，则对有需要的学生进行课后个别指导。

4. 辅导纠偏管理

教师要依托智学网，针对平时课堂练习、作业和考试暴露的问题对学生进行辅导和纠偏。首先，教师要利用好平板电脑，针对学生课堂学习和作业中存在的问题，积极录制微课，及时解决学生学习中的问题。其次，教师要重视共性错题和高频错题重练，对数学、外语、物理、化学学科，每周都要通过智学网导出本备课组的共性错题进行变式重练，对其他学科至少每两周进行一次。最后，教师要重视个性化作业推送。教师要依据学生个人的大数据分析，及时推送个性化作业，要求学生及时下载并完成各科的个性化作业，之后，各科教师要通过平板电脑或收缴纸质作业检查学生的完成情况。

第 6 章

——CHAPTER6——

基于大数据的教学创新实践案例

随着移动通信、云计算、物联网等新一代信息技术的快速发展和应用，大规模数据正在急速产生和流通[1]。大数据时代的发展深刻影响着社会生产力与人力资本需求，从而倒逼教育变革；同时，大数据在教育领域的应用，直接作用于教育系统，从而推动教育变革。其中，南通一中在语文、数学、英语、物理、生物、地理、思想政治、历史等学科进行基于大数据的教学创新实践，运用大数据赋能学科教学。

6.1　大数据驱动高中语文精准教学

教育信息化的本质是创新和促进教育变革。由传统的课堂教学变为利用技术手段开展现代化教学，给广大的教师带来了前所未有的挑战。教师从接受改变到尝试应用，再到融合创新，需要一个不断学习、不断改进、不断完善的过程。教育已经进入大数据时代，数据能够促进教学决策的最优化和教学干预的精细化，其科学精准程度是单纯的经验所不能及的。

在高中语文教学中，教师应当立足于高中语文学科的学科特点，以提升学生的语文学科核心素养为宗旨，充分利用现代技术手段，发挥教学智慧，从而引导学生更加深切地体验生命与情感，感受语言文字中的诗情画意。同时，基于数据的深入分析能够给教师提供更加全面的学生学习情况信息，帮助教师了解在传统的教学环境下难以感知的非认知类信息，使得教师能够根据学生当前学习水平与学习风格等情况，采取更加合适的教学方式，选择更加合适的教学内容。因此，高中语文教师要有效激励、精准定位，基于数据掌握学生的学习动向，进行精准有效的教学。

---

[1] 杨现民, 陈耀华. 信息时代智慧教育研究[M]. 上海：上海交通大学出版社, 2013.

案例 1：运用智慧教学手段开启语文课堂"新视界"

在"AI+"时代，"AI+文学欣赏"是语文教育工作者面临的新课题。在高科技、智能化、个性化的背景下，语文教育的灵魂在于提升学生的心灵温度，提升学生的文学核心素养。语文教学应该着力挖掘学生学习语文的潜在禀赋，调动学生的课堂投入热情，唤醒学生的文学自觉，点亮学生青春时代的诗意心灵。

在南通一中行果楼多媒体教室，黄瑛俊老师面向学校文、理科教师开设了一节名为"李白散文阅读欣赏"的公开课，开课班级是高一（4）班。在《与韩荆州书》教学流程的设计和课堂实践中，黄老师充分发挥平板电脑和智学网"畅言智慧课堂"平台的各种优势，在师生互动、生生互动中实现师生双方的共同成长。

1. 情境设置，激趣导入

开场呈现一段激趣的话："清新庾开府，俊逸鲍参军。笔落惊风雨，诗成泣鬼神。一代天真、浪漫、狂放不羁的诗仙'穿越'1317 年，来到 2018 年春天的中国，让至真、至诚、至善、至美的南通一中诗意盎然、春景烂漫。让我们这些追风的'白粉'（李白'粉丝'），为'谪仙'点赞，为太白诗文疯狂地'打 call'（网络流行语，对喜欢和支持的艺人情感的集中表达）吧……"一下子把学生的兴趣调动起来，然后"屏显"学习任务导航的以下三维目标。①知识与技能：走近李白，并领悟到写自荐信时要把握好语言表达的分寸；②过程与方法：在师生平等对话、学生自主探究、教师启发中提升文学核心素养；③情感、态度、价值观：体会作者为实现政治理想极尽奉迎又自负不羁的复杂心理，启发我们在今后的人生中要找准自己的位置，绽放人生的光彩。在电子白板上打出一组有关李白的名画名作，引导学生根据画面的意境联想李白诗歌的名句，调动学生回忆初高中所学，自由背诵有关诗歌名句，重现已有的知识，温故知新，然后开始新内容的学习。学生快速口头抢答，掀起了一股背诵名句的头脑风暴，激活了课堂。

2. 巧妙过渡，自然衔接

电子白板上展示一幅名家的行书作品——《与韩荆州书》片段，让学生认读并欣赏中华书法艺术的不朽魅力，然后在平板电脑上"打开"文章，全班诵读课文。学生在有声有色、声情并茂的诵读之中进入本课中心内容的学习。读准字音是读懂课文的前提和语文学习的基础。对需要学生动笔的"字词注音"这一块，可以借助平板电脑来实现。教师先将"词语正音"文档内容存储到"草稿箱"，课堂操作时，先点击平板电脑左侧的"互动"选项，在"草稿箱"中找到文档，然后点击"发布习题"，学生就可以在平板电脑上作答并提交，电子白板会自动显示"蓝色实框"；然后，教师在平板电脑上对部分作业进行纠错和评点。对于这一过程，也可以让学生在纸上作答，教师根据学生的答题情况，采用平板电脑左上角的"拍照"功能，拍下几个学生的作业，进行正确与否的评判。

3. 实时作答，快捷精准

将平板电脑与教室里的"希沃"电子黑板进行联网同屏，打开课件界面，在左侧的菜单栏选择"互动"选项，从子菜单"草稿箱"中调出已经存储的 Word 文档《基础知识训练》中的 10 道选择题，并发布到学生的平板电脑上。学生对教师推送的题目进行课堂实时作答，教师巡视学生的答题进度。学生需要在 10 分钟内完成训练题，然后用平板电脑上传作答结果。师生随即可以在电子黑板上看到平板电脑显示的学生答题进度。等全班 54 人上传完毕，教师开始"发布答案"，智学网的畅言智慧课堂平台就会自动显示每道选择题学生回答的正确率，快速且便捷的"答题报告"以柱状图呈现出来，一目了然。课堂测试的科学化、精准化、即时性、高效率，让师生耳目一新。

4. 互动环节，凸显"规律"

这堂课彰显了学生主体、教师主导、课堂主阵地的课堂教学核心理念。学生分析每道题目的解答过程与思路，分析不正确选项的原因，对每道题目主干的知识点进行深入理解，从中归纳出此类试题的解题方法与技巧，如实词的含义、一词多义、古今异义词、词类活用、文言文特殊句式、虚词的意义和用法、文章内容信息的整合筛选、文章的综合阅读理解，体现客观题解答过程中的精准和高效。

5. 合作讨论，交流分享，感悟"语文味道"

对于体现学科特点的主观分析和文章鉴赏题，教师在平板电脑的讨论区将需要翻译的重要语句、文章段落层次、章法结构、散文的艺术特色、同类（干谒类）诗文（唐代诗人朱庆馀在临考前给水部员外郎张籍的一首七言绝句《近试上张水部》，"洞房昨夜停红烛，待晓堂前拜舅姑。妆罢低声问夫婿，画眉深浅入时无？"和宋代文学家苏辙的《上枢密韩太尉书》）等内容，通过"分享"程序，发布到学生的平板电脑上。教师巡视，学生将平板电脑上翻译好的句子发送到电子黑板上。教师也可以借助平板电脑左上方的"拍照"功能，现场拍下学生的"答卷"并进行评讲和纠错分析，将教师对课文章法段落和艺术特色的个性化理解"分享"给学生，与学生讨论的结果一起进行比较和深度交流。

6. 讨论互动，合作探究

教师在"互动"选项的子菜单"讨论区"，发布讨论话题，学生分组讨论、各抒己见、畅所欲言，然后小组推荐一人作答，作为课堂的分享与交流，生生互动、师生互动，在平等的对话与交流中，产生文学思维火花的碰撞，从而唤醒学生自主和合作探究欣赏散文作品的内在潜质和潜在禀赋。

7. 平板电脑与电子黑板交互切换

在对课文分析讲解的过程中，渐次展开平板电脑上的 PPT 课件，点击"下一页"，或者借助"</>"图标进行幻灯片的上下切换，同时，在电子白板上进行"圈画、批注、书写、缩放、聚焦、选择、画笔、至课本、录制（教学过程的全程实录）、快照（截屏功能）"等"菜单"内容的操作，可以用平板电脑本身所配的专用笔，在平板电脑上做批注和圈画记号，也可以点击平板电脑右上角的"X"（同屏状态下）进入电子黑板界面，点击屏幕左侧或右侧的"黑三角"符号，根据"功能菜单"的不同作用进行操作。师生在一开始对交互和切换功能感到很生疏，但经常操作后就越来越熟练，运用自如。

8. 活色生香，追求质感和唯美的生机课堂

在李白散文的教学实践中，师生借助平板电脑强大的功能和智学网畅言智慧课堂的科技化教学平台，充分激活文学思维和想象力，文学梦想被全情点燃。语文课堂追求质感和唯美，实在且高效，呈现出活色生香的原生态景象，语文的学科特征和学生的文学核心素养得到有效的提升。教师在对散文文本的解读和把握（干谒书的主旨、篇章结构、艺术特色、表现手法等）过程中，将自己的心得分享给学生，引领他们把握诗人李白的才气与文气、人品与文品。

使用平板电脑和电子白板进行语文（散文）的阅读欣赏教学是一种顺应大数据、高科技、精准化、高效化时代的全新尝试，正如西方谚语所说："在未经探测的水道里航行。"古典散文的教学需要兼顾传统与现实、传承与创新的关系，找到相互之间的最佳融合点。我们可以借助平板电脑和智学网，优化教学设计流程，在与学生同屏、同频的课堂实践中达到共振、共鸣的理想境界，让诗意盎然的语文成为学生青春时代的最美记忆。

案例2：借力智慧教学平台提升学生的语文核心素养

在南通一中多媒体教室，黄瑛俊老师为高一（12）班学生开设了一节平板电脑教学实验课，和学生一起欣赏了唐宋八大家之一——王安石的著名散文《祭欧阳文忠公文》。全体平板电脑教学实验班教师和语文学科同人观摩了本节课的教学过程。

在人工智能时代，借助畅言智慧课堂平台，全面提升高中学生的语文必备能力，用"智慧"之光点亮古典散文欣赏的新时空，激活学生的文学思维细胞，挖掘学生的诗文潜质，是本堂课教学的关注点。

1. 精准"定位"，着力"素养"

高中学生的语文核心素养内涵极其丰富，增强美感体验，鉴赏文学作品，进行美的表达与创造，是审美鉴赏与创造的具体目标；在教学过程中，引领学生把握散文的主旨、语言、结构和情感之美，是课程设计的定位，其任务目标导航：①理解作者表达的思念追慕之情；②品味课文善用修辞、辞采纷呈、气韵充沛的语言；③学习文章运用形象语言阐发抽象道理的写法。学习重点：理解本文深刻的议论，体会作者丰富的感情。探究难点：作为祭文，作者淡化一个"悲"字的用意。

2. 创设情境，拓展"视界"

首先让学生集体朗诵文章，在学生对课文初步感知的基础上，通过图文结合的形式，介绍欧阳修和王安石的生平经历、政治建树、诗文成就，同时，让学生欣赏两位散文大家的书法艺术。欧阳修是北宋时期著名的政治家，又在文学、史学、金石学、目录学、谱牒学、诗、词等诸多领域卓然成家，是一位百科全书式的学者。欧阳修以其毕生的精力、卓越的才华、创造性思维和开拓性实践，切实地改革了世风士气，更新了政坛、学坛、文坛风尚，推动了当时的社会进步和学术发展，欧阳修也因此被世人誉为"以文章道德为一世宗师"。欧阳修一生充满着创新精神，创新精神是成就欧阳修的一个关键性因素，"除弊兴利，革故鼎新"是欧阳修创新精神的实践目标。欧阳修不仅有改革者的思想，也有改革的实际行动。他不仅是庆历新政的参与者，而且是新政决策集团的主要成员。欧阳修作为文坛领袖的一个亮点在于他成功地领导了北宋诗文革新运动，并取得了很高的成就。王安石，北宋著名的政治家、文学家，庆历二年进士，熙宁二年被任命为参知政事，次年拜相，推行新政，封荆国公。王安石精于诗文，博究经史，为唐宋散文八大家之一。明代项元汴跋《楞严经旨要》中说："（荆公）凡作字，率多姿墨疾书……评书者谓得晋唐人用笔法，美而不妖艳，瘦而不枯瘁。黄庭坚云：荆公率意而作，本不求工，而肃散简远，如高人胜士，敝衣败履，行乎大车驷马之间，而目光在牛背。"学生通过"屏幕广播"分享感受到了教师收集的两位散文大家的才情和书法艺术。

3. 温故知新，"超脑"存储

课堂上，充分调动学生的知识储备，对学生掌握的王安石作品中的经典名句来一次"超脑"展示。①《泊船瓜洲》：京口瓜洲一水间，钟山只隔数重山。春风又绿江南岸，明月何时照我还？②《梅花》：墙角数枝梅，凌寒独自开。遥知不是雪，为有暗香来。③《梅花》：白玉堂前一树梅，为谁零落为谁开。唯有春风最相惜，一年一度一归来。④《元日》：爆竹声中一岁除，春风送暖入屠苏。千门万户曈曈日，总把新桃换旧符。⑤《登飞来峰》：飞来峰上千寻塔，闻说鸡鸣见日升。不畏浮云遮望眼，自缘身在最高层。⑥《菩萨蛮·海棠乱发皆临水》：海棠乱发皆临水。君知此处花何似。凉月白纷纷。香风隔岸闻。㘫枝黄鸟近。⑦《桂枝香·登临送目》：登临送目。正故国晚秋，天气初肃。千里澄江似练，翠峰如簇。归帆去棹残阳里，背西风、酒旗斜矗。⑧《春日》：柴门照水见青苔，春绕花枝漫漫开。路远游人行不到，日长啼鸟去还来。⑨《初夏即事》：晴日暖风生麦气，绿荫幽草胜花时……学生通过查找《宋词鉴赏辞典》等工具书，完成了名句填空的学习环节，增加了名句的积累。学生对诗人王安石炼字、炼意的推敲功夫获得直接感受。教师见机行事，对诗句的写景特点略做点拨，对学生的回答给予赞赏性的点评，瞬间激活课堂。教师充分使用"屏幕广播"的"分享"功能，让每位学生平等地在线获取知识，最大限度地体现教育的公平性。

4. 科学检测，实时反馈

即时呈现，精准分析，这是与传统教学手段相比畅言智慧课堂所体现的无可比拟的优势。将《祭欧阳文忠公文》中的文言文基础知识，如字词正音、实词的一词多义、古今异义、词类活用、虚词的用法比较，以及文章内容分析、内涵评论、文学常识等知识设计成选择题，让学生在课前自主完成。课堂中，学生点击、上传答题结果，教师根据学生回答客观题呈现的柱状图数据报告，进行有重点、有针对性地分析讲解；师生通过数据报告，清清楚楚地知道某道试题回答的正确率和百分比，学生可从中了解自己对某个知识点是否熟练掌握。

5. 抓住重点，主攻难点

对主观翻译题，学生对自己的解答(纸上所写的答案)进行拍照，做比较分析，然后给出教师的理解及正确答案。对于理解和分析散文内容，传统的探究法、讨论法在教学中需要继承，但教师更要根据学生的思维特征和身心特点，相机引导，循循善诱，在鉴赏作品的艺术特色、文章的脉络思路方面给予引领。

在合作、探究、分享、交流环节，师生共同探究了课文的难点：王安石在写祭文时为何"亦又何悲"？学生进行充分的讨论，教师点击"小博士"图标下的"学生答"，学生畅所欲言，分享阅读理解的心得。在学生进行充分的展示和发言之后，教师亮出自己的观点："这样强调是为了突出欧阳公杰出的功绩，突出他和作者与众不同的人生境界。作者并非不悲痛，也非无感情，但作者能够超出人之常情，这也切合死者。作者避开悲来写祭文，不拘礼俗，不落窠臼，实质上却是作者从人生的宏观角度，对欧阳修进行很高的评价。"

6. 把握"文脉"，凸显"看点"

师生合作，对王安石散文的结构脉络进行梳理。

文章的脉络结构：由文到人——因人立品——谈兴衰之理

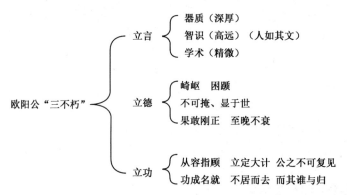

学生在纸上作答，用10分钟左右的时间自主完成对文章艺术特色的赏析，然后交流分享，教师对学生的分享内容进行点评，并给出总结评价——精彩看点：①以欧阳修笔法为欧阳公撰写祭文（欧阳修《祭石曼卿文》）；②叙述、描写、议论、抒情融为一体，课文没有像一般祭文一样，表达形式单一，而是综合运用多种表达手段，酣畅淋漓地展示自己的思想感情；③辞采纷呈，用词精当，如器质（深厚）、智识（高远）、学术（精微）；④大处着眼，高瞻远瞩，全面揭示欧阳修的成就贡献，选材构思有创意。

综上所述，这样的教学设计和教学流程，彰显了畅言智慧课堂的强大赋能作用，改变了传统语文课堂的生态环境，颠覆了古代散文教学的模式，让学生在学习的过程中获得全新的认知、理解体验，在全新体验的过程中加强对作家与作品的深入学习、趣味学习。

不驰于幻想，不骛于虚声。在大数据教育风生水起的浪潮下，当中国古代诗文"遇见"科大讯飞的"畅言智慧课堂"平台，我们要认真学习教育部颁发的最新版《普通高中语文课程标准》，全面领会其中"学生语文核心素养"的本质内涵及具体目标、实施路径，以前瞻的眼光、大胆的探索、切实的践履，对语文课堂的智慧化、人文性、文学性、诗意化、高效化做出有益的尝试。

案例 3：让 AI 为文学课堂"赋能"

头戴"小蜜蜂"，左手托着平板电脑，右手用"触控笔"点击课件，在讲台和学生座位的过道内来回穿梭，在"课件"和"课本"之间自在地切换……这就是当今 AI 时代教师的形象写真。传统的"一支粉笔，一本书"的教师形象在 AI 智能和畅言时代被彻底"刷新"。

放眼全球，在物联网、云计算、大数据等新一代信息技术的推动下，世界各国已将智慧教育作为其未来教育发展的重大战略，以培养学习者的协作能力、创新能力、解决复杂问题及终身学习的能力，从"数字教育"转向"智慧教育"是全球教育发展的趋势。

在大数据和 AI 时代，科大讯飞"畅言智慧课堂"平台给高中语文课堂的理念设计、操作流程、课堂结构、呈现生态、师生互动、预设生成等方面都带来颠覆性的变革。创新引领教育新时代，"智慧"点亮语文新时空。以大数据为支撑的智慧教育带来语文课堂生态的彻底变化。

如何让 AI 与大数据技术融合教学的课堂可见可赏？常态化地使用平板电脑进行大胆的实践，无疑是最直接的展现方式。通过教学资源的同步与"即时共享"，我们可以一窥文学家苏辙《上枢密韩太尉书》的心灵意境。

《上枢密韩太尉书》的教学导航目标：①学习作者高远的志向和"养气为文"的做法；②学习本文新奇的立意和巧妙的构思；③反复诵读，体会本文的"气"和"势"。课文的教学重点在于：①理解养气与为文的关系；②领略本文"注意在此，而立言在彼"的精妙；③反复诵读，体会本文疏荡的文气和跌宕的文势，背诵课文。

AI 和"畅言智慧课堂"平台为《上枢密韩太尉书》的课堂教学提供强大的"引擎"，赋予超强的"智慧动能"，主要体现在以下方面。

1. 文学性和形象性

根据语文学科自身特点和自身规律，语文课堂理应是文学味、语文味、诗意化浓郁的课堂，注重学生的悟性、灵性、诗性等内在潜质的挖掘、唤醒、激活和调动。

在师生的平板电脑"同屏"之后,教师点击屏幕右侧的"小博士"动画图标,进行"解锁"和"屏幕广播",这样,学生在教师的引领下实时同屏、同频、同步推进。教师通过"网络在线"选项,可以将"百度汉语""古诗文网""汉译网"等网站的资源根据教学流程和教学内容的需要,适切地、适时地分享给学生,变成学生的电子教材和课堂信息资源。通过"配乐朗诵"和"在线视频"的欣赏,学生一下子就能进入"苏辙及其作品"的学习情境,可以在线浏览作者写作的时代背景、课文涉及的可视化知识内容。

比如,学生在网页上读到以下关于课文背景和内容的资讯。枢密韩太尉,即韩琦。当时掌管全国军事,相当于秦三公之一的"太尉"之职,故称之。当年,苏辙考中进士之后,未得见身居要职、诗文并擅的韩琦,就写了这封才气横溢的自荐信求见。写这封请谒书时,苏辙年方十九,涉世未深、名节未显,怎样才能说动名满天下的韩琦呢?聪敏的苏辙没有屈心抑志、奉承阿谀,而是独从作文之道入手,"更不作喁喁细语,一落笔便纯是一片奇气"(金圣叹),一路跌宕蓄势,高蹈奇崛,巧妙地把干谒求进之事纳入文学活动的范围,显得高雅拔俗,这不能不让韩琦对这位初出茅庐的后生刮目相看。文中,苏辙提出的"文气说",强调后天实践对文学创作的重要性,丰富和发展了中国古代关于"文气"的文学理论,九百多年来,这篇佳作一直传诵不衰,深受人们喜爱。

这样,学生的学习兴趣被充分激活,AI和"畅言智慧课堂"点亮了学生的文学星空。

2. 即时性和互动性

师生之间、生生之间、学生与课文之间可以进行同步交流、对话、合作讨论与探究。通过"屏幕广播"功能,学生可以同步分享教师所呈现的课堂教学内容和海量的课文资源(文学常识、文化常识、"三苏"成就、古代官职、干谒类论说文的特点),师生在共同探究文章中心、段落层次、语言知识的课程中,进行互动(质疑、释疑),学生在"互动"区的"提问"栏"抢答",教师即时评点,并对学生的优秀答案点赞。学生在课堂参与的过程中时时有一种获得感、成就感。

在提问抢答环节,教师推送问题:"作者的目的是求见韩琦,可为什么要从为文治学落笔?"经过学生一番思考讨论,教师打开"小博士"图标下的"学生讲"菜单,任意点击一名学生回答。学生进行口头表达:"为的是给求谒涂上高雅的文学色彩,让韩琦在赏识苏辙深刻见地、出众才华的同时,享受被仰慕、被盛赞的欣悦之感,并让韩琦知道,他是成全苏辙养气为文、'且学为政'的关键人物,如此,求谒之事就顺理成章。作者始终把最后的目的建立在谈气论文的基础之上,把自己和韩琦的关系严格限定在文学活动范围之内，这样非但没有丝毫的庸俗之感，反而让人觉得其请求是那样的堂堂正正、合情合理，那样难以拒绝。"教师送给学生"真棒"的动画小人，给予嘉许鼓励。

这是课文的重难点，教师在学生的自主讨论中相机点拨，由求见韩琦这一目的，逆向推导其途径，便可打开一片天地，使学生领略文章"注意在此，而立言在彼"的妙处。

3. 精准化和高效化

课堂的实时检测是评价学生学习效果的重要环节，"畅言智慧课堂"平台超强的动态检测功能，为教学效果的提升提供了最为便捷的路径。教师在"互动"选项的"草稿箱"子菜单下找到"任务"按钮，点击预埋的"题面"和设定的题型（选择题、判断题、填空题、主观题等），然后在课堂上发布习题。学生可以在课前完成，也可以现场作答，通过手中的平板电脑在线发送自己的选择题答案，讲台前的电子白板上就自动显示递增的答题时间和全班学生的答题速度，最快的一分钟（课前已经完成），最慢的三分钟，班里 52 位同学的答题速率、用时等一目了然。

学生全部上传解答结果之后，教师发布习题答案，学生对自己的答案做核对、校准，并给自己判分。教师点击"检测报告"选项，从每道选择题 A、B、C、D 四个选项的柱状图，可以精准地看出每个题目学生的答题情况——正确率和错误点，以及正确和错误选项的百分比，并可以即时了解学生对相关知识点的掌握情况。教师根据柱状图呈现的结果，对学生共性的难点、重点问题，有针对性地重点评析、讲解，比如虚词的意义和用法、实词的词类活用、特殊句式、文段语意的理解等，重点突出，体现了"畅言智慧课堂"在课堂训练、即时反馈方面的独特优势，其精准化、科学化和实时性，均非传统教学手段可比。孔子所倡导的循序渐进、因材施教等经典教育思想在 AI 时代被赋予全新的内涵。

4. 便捷性和娱乐性

和传统课堂模式不同的是，教师通过平板电脑实现了学生的即时互动。课堂上，除了分享教学内容，还穿插着课堂练习，学生通过平板电脑在线作答或拍照上传反馈学习效果。学生动口、动手、动脑能力的提高，教师灵活驾驭课堂的应急处理机智，考验着教师的教学智慧，在预设中体现着课堂教学理念、课程教学思路、重点难点、师生活动流程；而在课堂的具体操作实践过程中，随着教学流程的步步推进，更多地生成新的环节，迸发更精彩、更灵动的思维火花；师生交流、生生交流、合作讨论的过程借助"畅言智慧课堂"平台，渐入佳境。

过去的课堂，老师提问，只有少数学生有回答的机会，教师不能精准了解学生对学习内容的掌握情况。现在有了智慧课堂教学系统的支撑，学生的学习机会均等，每位学生的学习和练习效果都能清晰且准确地显示出来，便于教师灵活地调整教学策略，教学效率和质量都明显提高。平板电脑教学系统不仅让学生体验到了科技的魅力，更重要的是提高了学生的学习效率。课堂上学生不再忙于抄笔记，教师的教学课件和书写内容都存储在平板电脑里，特别是一些重难点内容，学生只要轻点"保存"按钮后就可随时温故知新。课后作业在课堂上就解决了，学生有了更多的自主学习时间，学习更轻松。

在智慧课堂上，学生真正从知识的被动接收者转变为学习的主人，自主学习能力明显增强，由原先的"忙于听讲、记笔记、做作业"变为"自主探究、提出问题、交流讨论"，课堂形态发生了根本性转变。

6.2 大数据助力高中数学个性辅导

大数据技术支持的个性化辅导通过测量与记录学习者的学习表现，能够精准判定学习者当前存在的问题及潜在的问题。针对判定的问题，教师可采用适当的数据决策技术，以及对教学策略进行精准的优化和干预。这种以测辅学的方式摒弃了传统教学中教师凭主观经验调整教学的方式，转而强调以学生的实时表现数据为依托，使得教学更加有理、有据。

在高中数学的教学过程中，数据驱动的精准教学能够促使教学内容和试卷讲评内容与传统课堂相比更有针对性，教学活动中的合作探究能够更加高效，提升学生对于课堂教学内容的兴趣。教师花费更多时间、精力对学生的学习情况、试卷完成情况进行分析，更能充分发挥教师对学生学习的主导作用。同时，大数据支持的个性化辅导为课堂教学重难点的突出提供了"对症下药"的有效方法，能够有效提升课堂效率，实现减负增效。

案例 1：平板电脑教学让数学推演飞向自由王国

科大讯飞开发的平板电脑教学系统在数学教师手中应用自如，游刃有余。南通一中黄健老师在学校行果楼多媒体教室为高一（4）班学生开设的平板电脑教学展示课"三角函数章末复习"，让听课的教师，无论是数学老师还是理化老师，甚至是语文、英语、政治老师都眼前一亮，大家都为这节数学课的精彩展示点赞、喝彩。

"苟日新，日日新，又日新。""日新月异"的平板电脑和科大讯飞的"畅言智慧课堂"平台给当代教育插上了振翅奋飞的"双翼"，也使传统的课堂教学生态焕然一新。数学不再抽象，数学课堂可以借助平板电脑形象生动起来；数学老师不再一板一眼，而是一位幽默风趣、充满睿智又格外谦和、循循善诱的谦谦君子。三角函数复习课流程遵循数学学科思维和学生认知特点与规律，教师首先向学生介绍本节课的学习目标：理解任意角的三角函数的概念，掌握同角三角函数的基本关系和诱导公式，画出相关图像。学生上传预习环节中习题的解答过程，老师结合电子白板上展示的学生解答进行评析。在此基础上，教师对 4 道例题按照"类型分解—反思与感悟—跟踪训练"的教学思路，循序渐进，有步骤、分阶段地进行教学双方的互动。电子白板投影展示的过程、黑板演示的详细推导，二者合一，相得益彰，相偕相宜。最后教师给出相关的习题，让学生课后练习，进行举一反三的跟踪训练，体现教学过程的完整性。

在解析函数图像和性质的例题中，教师不时地插入一些幽默的、生活化的情境语言去活跃、拓展学生的数学思维，"穿鞋和脱鞋的顺序""问谁设谁""化妆"等话语行云流水地吐露出来，让听课师生倍感亲切，原来数学课也可以这么诗意盎然，充满生活情趣和科学智慧。教师处处注重学生思维过程的引导启发，循循善诱地开启学生的"超强脑洞"，"你是否有更好的方法、更好的建议向其他同学推荐？""你觉得这样求证可行吗？"数学语言可以如此亲和！

打造平板电脑教学新亮点，可以说是南通一中平板电脑教学实验班教师孜孜以求的目标：让电子白板上的数学题目、数学公式、定理推导、验算过程自由自在地飞起来，只需一只手，轻轻地按键，就开始向无限自由的空间漫游，逍遥地飞向数学科学的自由王国。下课后，任课教师向参与听课的其他文科、理科教师及学校领导熟练地演示了他将数学内容向电子白板上方"漫游"的过程，神奇的科大讯飞教学系统将教学思维带向未来。

数学课程的推演神奇和无限"漫游"引来不同学科的"跨界"交流、文理渗透与经验分享。听课的语文学科黄瑛俊老师，结合自己的平板电脑教学实践，分享了在美文鉴赏环节过程中运用电子白板的"超灵感"感应进行展示的经历。黄老师感叹道："在我们的手指还没有点击课件下一页的时候，电子白板已经借助'红外线'功能进入下一个页面了，现代科技改变了文学欣赏教学的课堂生态，真是神奇！"

数学课堂"平板化"魔力产生的辐射效应在持续，它引发了课堂教学理念、教学模式的根本性变革，从前现代教育技术可能只是一种应景点缀，而今，人工智能在教学过程中常态化的运用，使教学手段更加先进发达、教学内容和教学手段更加丰富多彩，这种颠覆性的变化将对每个人产生巨大的冲击力。

案例 2：大数据应用下的数学试卷讲评课

通过"畅言智慧课堂"主页的讲评栏，进入智学网、班级报告页面，展示学情总览。点击"试卷讲评"选项，进入试卷讲评环节。点击"答题情况"选项，选择按得分率排序（见图 6-1）。

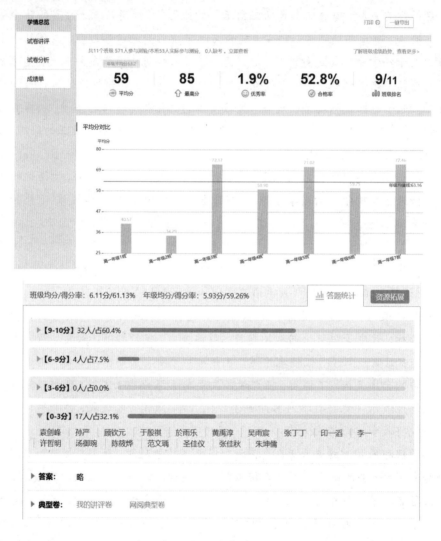

图 6-1　按得分率排序

备课时将第 10 题和第 2 题移出讲评，点击"开始讲评"按钮，选择答题统计，查看学生本题答题情况，点击柱状图，可查看学生名单，并可查看相应学生的原始答题图片（见图 6-2）。

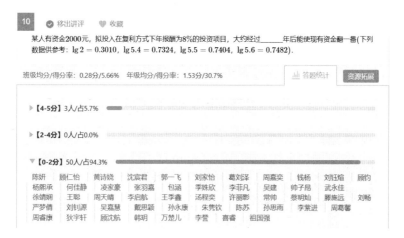

图 6-2 试卷答题统计

师：今天我们讲评"阶段提能训练四"，先讲评第 13 题。已知 $1 \leqslant x \leqslant 4$，求函数 $f(x) = \log_2 \dfrac{x}{4} \cdot \log_2 \dfrac{x}{2}$ 的最大值与最小值。[点击"答题统计"按钮，选择"我的讲评卷"选项，点击"我的讲评卷"按钮，依次选择"典型错误"、"典型错误 1"（见图 6-3）、"典型错误 2"（见图 6-4）选项。]

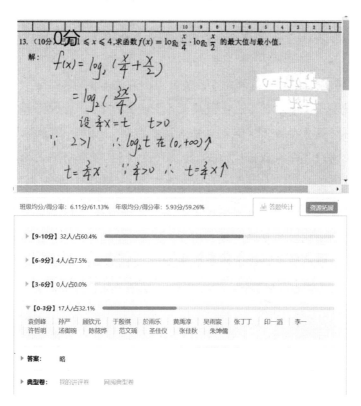

图 6-3 典型错误 1

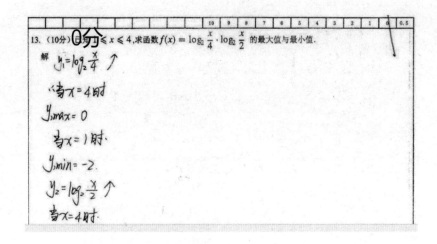

图 6-4 典型错误 2

生：该同学将对数的运算性质 $\log_a(M \cdot N) = \log_a M + \log_a N$ 用颠倒了。

师：同学们应用对数的运算性质要细心。

师：对于典型错误 2，该同学分别求 $y_1 = \log_2 \dfrac{x}{4}$，$y_2 = \log_2 \dfrac{x}{2}$ 的最大值和最小值，再将它们相乘，求出原函数的最值。（引导学生分析错误原因。）

生：y_1 与 y_2 是两个有相关关系的量，不是两个独立的量，所以这种做法是错误的。

师：对于典型错误 3，该同学在求最值时指出最值存在的条件是中间量 t 的值，因为原函数是关于 x 的函数，应指出最值存在时 x 的值。（最后展示优秀解答，无论是优秀解答还是典型错误，都可以根据需要显示或隐藏学生姓名。）

师：接着讲评得分率最低的第 12 题（见图 6-5）。已知 $f(x)$ 是 $\mathbf{R}$ 上的奇函数，且满足 $f(x+2)=f(x)$，当 $x \in (0,1)$ 时，$f(x)=2^x-2$，则 $f(\log_{\frac{1}{2}} 6) = $ ＿＿＿＿。

师：数据显示，本题班级均分为 0.57 分，年级均分为 1.03 分，说明本班同学在这个知识点上有明显的缺陷。题目已知，当 $x \in (0,1)$ 时，$f(x)=2^x-2$，首先要搞清 $\log_{\frac{1}{2}} 6$ 的大致范围，然后将这个数变到 0～1。

生：因为 $-3 < \log_{\frac{1}{2}} 6 < -2$，又 $f(x+2)=f(x)$，所以 $f(\log_{\frac{1}{2}} 6) = f(\log_{\frac{1}{2}} 6 + 2) = f\left(\log_{\frac{1}{2}} \dfrac{3}{2}\right)$，因为 $-1 < \log_{\frac{1}{2}} \dfrac{3}{2} < 0$，则 $0 < \log_2 \dfrac{3}{2} < 1$，又 $f(x)$ 是 $\mathbf{R}$ 上的奇函数，所以 $f\left(\log_{\frac{1}{2}} \dfrac{3}{2}\right) = -f\left(\log_2 \dfrac{3}{2}\right) = -(2^{\log_2 \frac{3}{2}} - 2) = -\left(\dfrac{3}{2} - 2\right) = \dfrac{1}{2}$。

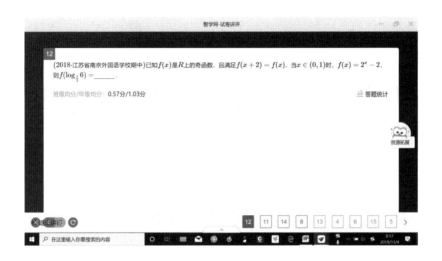

图 6-5　第 12 题

师： 接着讲评第 11 题（见图 6-6）。

若函数 $f(x)=\lg(10^x+1)+ax$ 是偶函数，$g(x)=\dfrac{4^x-b}{2^x}$ 是奇函数，则 $a+b=$ _____。

本题班级均分为 1.04 分，年级均分为 2.41 分，班级均分明显低于年级均分。

图 6-6　第 11 题

生： 因为 $g(x)$ 是奇函数，又 $g(x)$ 的定义域是 **R**，所以 $g(0)=\dfrac{1-b}{1}=0$，得 $b=1$。

师： 同学注意，如果本题是解答题的话，要注意检验 $g(x)$ 是奇函数，事实上，此时将函数 $g(x)=\dfrac{4^x-1}{2^x}$，改写为 $g(x)=2^x-2^{-x}$，更容易判断 $g(x)$ 是奇函数。如何求 a 的值？

生： 因为 $f(x)$ 为偶函数，所以 $f(-x)=f(x)$，即 $\lg\left(\dfrac{1+10^x}{10^x}\right)-ax=\lg(10^x+1)+ax$，所以 $(2a+1)x=0$ 对任意实数 x 恒成立。所以 $2a+1=0$，于是 $a+b=-\dfrac{1}{2}+1=\dfrac{1}{2}$。

生： 利用 $f(x)-f(-x)=0$；利用特殊值 $f(-1)=f(1)$，求得 $a=-\dfrac{1}{2}$，再检验。

师： 接下来讲评第 14 题。

已知函数 $f(x)=2^x-\dfrac{1}{2^{|x|}}$。

(1) 若 $f(x)=2$，求 x 的值；

(2) 若 $2^t f(2t)+mf(t)\geqslant 0$ 对于 $t\in[1,2]$ 恒成立，求实数 m 的取值范围。

师： 先看一个典型错误，该同学在处理第 2 问时，直接将 t 的两个端点值代入，分别求出 m 的范围，最后通过求交集，确定了 m 的范围（见图 6-7）。虽然结果是正确的，但本题的实际解答是完全错误的。我们看袁剑峰同学的解答，该同学通过不断地换元，最后得到一个关于 z 的不等式，要使这个不等式成立，只需要保证它的最小值大于等于 1，问题转化成求一个二次函数在一定范围内的最小值，这是一个常规问题，这种利用化归思想解决问题的思路，值得同学们学习。

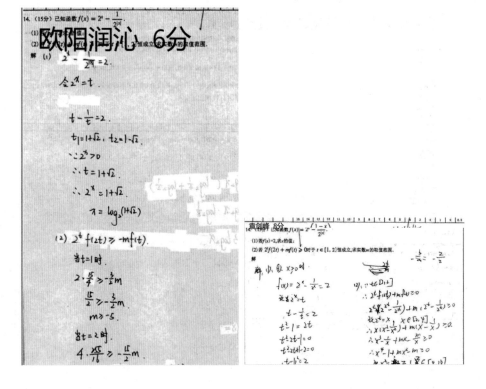

图 6-7　解答方式 1

师：再看另一个同学的解答（见图 6-8），强调在表示第 1 问 x 的值 $x=\log_2(1+\sqrt{2})$ 时，注意对数后面的真数 $1+\sqrt{2}$ 要加括号！请同学思考，第 2 问的横线标记处该同学的解答有什么不严谨的地方呢？

生：要强调 $\left(2^t-\dfrac{1}{2^t}\right)>0$。

师：怎么样保证 $\left(2^t-\dfrac{1}{2^t}\right)>0$？

生：因为函数 $y=\left(2^t-\dfrac{1}{2^t}\right)$ 在 $t\in[1,2]$ 时单调递增，所以当 $t=1$ 时，y 取得最小值 $\dfrac{3}{2}>0$，从而有 $\left(2^t-\dfrac{1}{2^t}\right)>0$。

师：如果将原题改为"$\left(2^{2t}+\dfrac{1}{2^{2t}}\right)+m\left(2^t-\dfrac{1}{2^t}\right)\geqslant0$ 对于 $t\in[1,2]$ 恒成立，求实数 m 的取值范围"，如何解决？

生：令 $\left(2^t-\dfrac{1}{2^t}\right)=u$，因为 $u=\left(2^t-\dfrac{1}{2^t}\right)$ 在 $t\in[1,2]$ 时单调递增，所以 $u\in\left[\dfrac{3}{2},\dfrac{15}{4}\right]$，原不等式转化为 $u^2+mu+2\geqslant0$，分离参数，$-m\leqslant u+\dfrac{2}{u}$，只需 $-m\leqslant u+\dfrac{2}{u}$ 的最小值，当 $u=\dfrac{3}{2}$ 时，$u+\dfrac{2}{u}$ 取得最小值 $u=\dfrac{17}{6}$，从而有 $m\geqslant-\dfrac{17}{6}$。

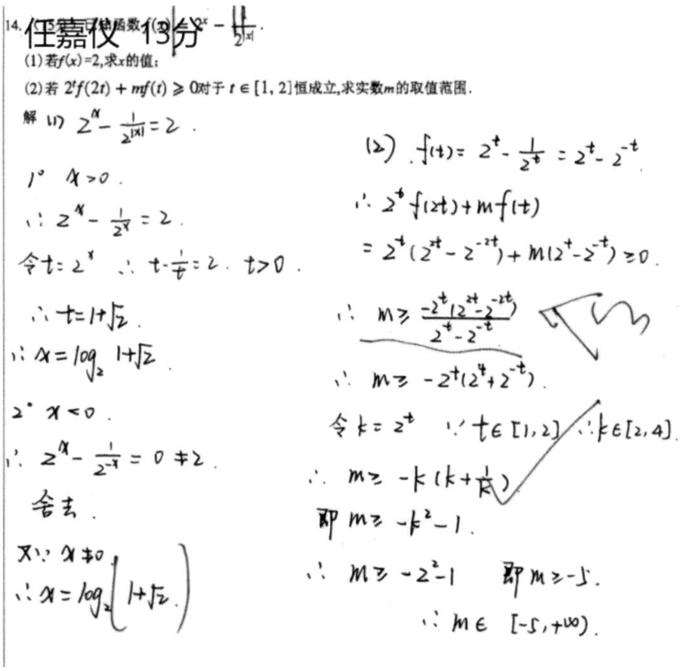

图 6-8　解答方式 2

师：对于含参的不等式恒成立问题，到底是对参数进行讨论，还是分离参数解决问题，同学们要视具体情况决定。

师：最后我们看第 8 题。已知幂函数 $y=x^{p^2-2p-3}$（$p\in\mathbf{N}^*$）的图像关于 y 轴对称，且在 $(0，+\infty)$ 上是减函数，实数 a 满足 $(a+1)^{\frac{p}{3}}<(3-2a)^{\frac{p}{3}}$，则实数 a 的取值范围是 _____。

生：由于幂函数在 $(0，+\infty)$ 上是减函数，故 $p^2-2p-3<0$，即 $-1<p<3$，又 $p\in\mathbf{N}^*$，且 p^2-2p-3 为偶数，所以 $p=1$。所以不等式为 $(a+1)^{\frac{1}{3}}<(3-2a)^{\frac{1}{3}}$，又因为 $\frac{1}{3}>0$，所以 $y=x^{\frac{1}{3}}$ 在实数集上单调递增，所以 $a+1<3-2a$，即 $a<\frac{2}{3}$，故实数 a 的取值范围是 $\left(-\infty,\frac{2}{3}\right)$。

师：变式一为，实数 a 满足 $(a+1)^{-\frac{1}{2}}<(3-2a)^{-\frac{1}{2}}$，则实数 a 的取值范围是 _____。变式二为，实数 a 满足 $(a+1)^{-\frac{1}{3}}<(3-2a)^{-\frac{1}{3}}$，则实数 a 的取值范围是 _____。（要求学生分组讨论。学生热烈讨论。）

师：提醒同学可以从函数 $y=x^{-\frac{1}{2}}$ 和函数 $y=x^{-\frac{1}{3}}$ 的定义域、单调性出发来考虑问题，并画出函数的大致图像。［利用几何画板，画出两个函数的大致图像，与同学思考的图像相比较对照（见图 6-9）。］

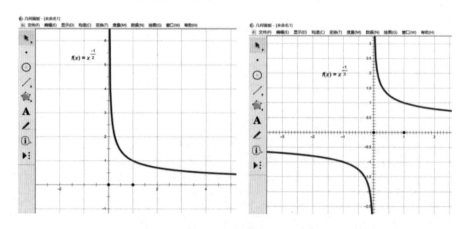

图 6-9　函数图像

生：对于变式一，实数 a 满足 $(a+1)^{-\frac{1}{2}}<(3-2a)^{-\frac{1}{2}}$，由于函数 $y=x^{-\frac{1}{2}}$ 在 $(0，+\infty)$ 上单调递减，故 $a+1>3-2a>0$，解得 $\frac{2}{3}<a<\frac{3}{2}$。

生：对于变式二，实数 a 满足 $(a+1)^{-\frac{1}{3}}<(3-2a)^{-\frac{1}{3}}$，由于函数 $y=x^{-\frac{1}{3}}$ 在 $(-\infty,0)$ 和 $(0,+\infty)$ 上单调递减，故 $a+1>3-2a>0$ 或 $3-2a<a+1<0$ 或 $\begin{cases} 3-2a>0 \\ a+1<0 \end{cases}$，解得 $\frac{2}{3}<a<\frac{3}{2}$ 或 $a\in\varnothing$ 或 $a<-1$，综上 $a\in(-\infty,-1)\bigcup(\frac{2}{3},\frac{3}{2})$。

师：通过本堂课的学习，同学们有什么收获？

生：规范答题。

生：利用化归思想决问题。

师：对于含参的不等式问题，到底是对参数进行常规讨论，还是将参数分离解决问题，要视具体问题而定。函数与方程思想是高中数学重要的数学思想，数形结合思想可以帮助我们将抽象的函数问题形象化，帮助我们更好地理解题意，从而更好地解决问题。

6.3　大数据优化高中英语课堂教学

随着时代的发展，传统的英语课堂教学模式已经难以适应社会发展的需求。大数据分析技术在教育领域的迅猛发展给英语课堂教学改革带来了新的机遇。在英语学习过程中，教师的教学行为与学生的学习行为被记录，产生了海量数据。借助大数据分析技术，可以对教学中教师"教"和学生"学"的行为进行精准、智能的教学诊断，为教师提供有针对性的建议，帮助教师优化教学过程，在现行条件下尽可能满足学生对英语学习多样化和个性化的学习需求，给学生提供精准、有效的学习帮助和指导。在以往传统的高中英语教学中，教师往往难以针对水平差异性较大的学生给予个性化的学习引导，而大数据能够赋予教师对教学崭新的洞察力和优化能力，帮助教师在教学实践中精准定位不同学生的学习需求，在兼顾传统教学要求的基础上给学生提供更具实用性与针对性的听力材料、阅读材料与交流语境，提高课堂容量与课堂教学效率，在教学实践活动中提升学生的口语交际、英语阅读、英文文章写作等能力。

案例 1：大数据助力班级认知诊断

眼下，精准教学越来越受教育界的关注。精准教学的初衷是通过精确测量学习过程中的数据来追踪学生的学习表现，据此做出客观、精准的教学决策。学业大数据详细记录了学生的学习过程数据，能客观反映学生的真实学情，有助于教师分析班级学情，从而实施精准教学。通过智学网的大数据分析，教师可以掌握以下几方面的学情：一是班级知识点掌握情况，主要对比本班与本校、区域知识点平均掌握率的数据，掌握学生存在的问题；二是大幅进步、大幅退步、波动较大的学生名单及人数，对需要重点关注的学生做到心中有数。针对学情，教师可以采取以下措施弥补班级认知短板：一是复习巩固薄弱知识点，力争让所有学生都学懂悟透；二是导出班级共性错题再练，从面上消灭薄弱知识点；三是对薄弱知识点进行专项训练，从智学网智能推送的变式题中选择一定量的题目布置给学生以巩固提升；四是分析大幅退步和波动较大的两类学生的详细数据，发现他们在认知过程中存在的问题，进行个别化指导和强化训练。不难看出，在分析学情、精准讲授、巩固提升的教学过程中，大数据发挥着重要的作用。如果没有体量巨大的数据支撑，教师就不可能那么精准地掌握班级学情，更不可能采取高效的措施提升学生的认知能力。

一天，高一（11）班英语老师在分析该班的学科学情时发现，近一个月来该班学生对"限制性定语从句"的掌握率为12.0%，低于本校19.7%和区域55.0%的掌握率；对"-ing形容词和-ed形容词辨析"的掌握率为12.0%，低于本校19.3%和区域63.0%的掌握率；对"形容词词义辨析"的掌握率为14.0%，低于本校21.0%和区域73.8%的掌握率（见图6-10）。针对这样的诊断结果，备课时他精心选择了几条相关的题目，在课堂上精讲精练。课后，他依托智学网的智能组卷功能生成了一份薄弱知识点专练的作业，布置给学生以巩固提高。第二天，他收齐作业，认真批阅、扫描、采集数据、分析数据，三个知识点的掌握率明显提升，均超过了本校和区域的平均水平。

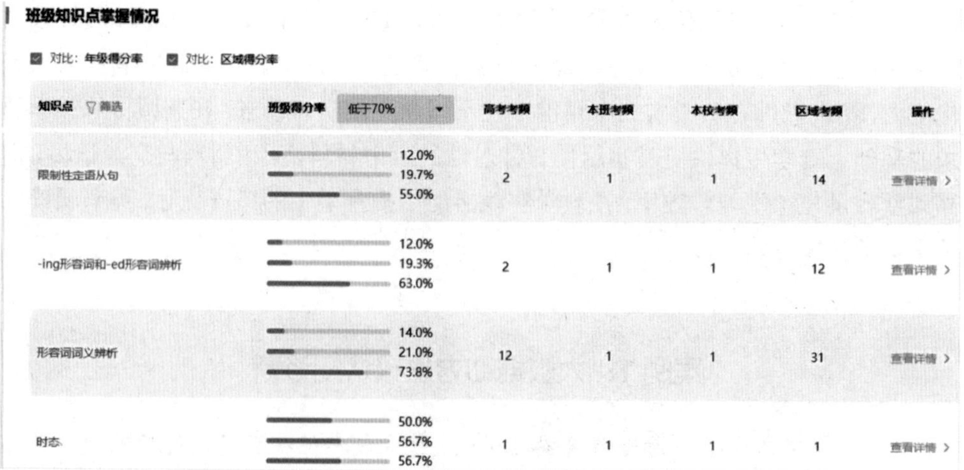

图 6-10　高一（11）班英语学情

同时，他还发现班上的葛同学、朱同学、凌同学等几位学生的英语成绩近期大幅退步，是什么原因造成的呢？他分别点开几位学生的学习详情数据，发现葛同学的问题出在听力，于是要求她每天坚持收听 *Night News* 这样的新闻节目来加强听力训练；朱同学的选择题和语法填空题问题较多，于是要求他加强对词汇和语法的背诵……通过对不同的学生提供不同的指导，这些大幅退步的学生均有不同程度的进步。

案例 2：基于学业大数据的错题重练和个性化作业

学业大数据系统不仅能帮助教师及时、准确地掌握学生的学习情况，有助于增强讲评和辅导的针对性，而且方便教师从系统中导出一段时间内本班、本备课组、本年级的共性错题，进行错题重练，或者根据薄弱项组卷训练，使知识的巩固和强化更有针对性。教师也可以根据每个学生的学业数据推送个性化的作业，有针对性地弥补学生的不足。

高三（2）班英语老师在分析本班的学情时发现，大多数学生对宾语从句、过去进行时、主语从句、定语从句的先行词、一般现在时这些知识点掌握得不太好（见图 6-11），她在学业大数据系统里针对这些知识点进行错题重练和拓展训练，还针对本班的薄弱项进行专题训练，及时弥补学生复习过程中的知识缺漏，进一步巩固复习效果。目前，利用学业大数据实施精准教学、精准纠偏、个性化辅导、个性化作业等已经成为绝大多数教师的常规动作，学业大数据已经深深扎根在学校教学过程中。

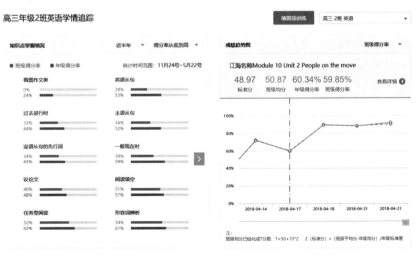

图 6-11　学科学情分析

案例3：运用智慧教学手段开启英语课堂"新视界"

平板电脑课堂教学设计：Module 1 Unit 3 Dying to be thin

吴　泅

1. 教材分析

本单元以"looking good, feeling good"为话题，旨在通过单元学习，使学生了解如何气色好、感觉好。从Amy冒着生命危险减肥的事例，让学生深刻领悟健康的价值。通过阅读讨论了解保持健康的各种方法，鼓励和帮助学生积极参加体育锻炼，合理饮食，养成良好的生活习惯。

2. 教学目标

（1）通过阅读让学生了解三封信的大意，让学生能就课文内容进行复述和问答。

（2）使学生理解保持健康的重要性。

3. 教学重点、难点

（1）理解健康的重要性并能正确对待减肥。

（2）理解文章大意并复述。

4. 教学手段：平板电脑教学

5. 课堂教学过程

Step 1: Lead-in

（1）用两张本人的照片，提问同一个人在不同年龄阶段的区别。引入话题：如果你是我，你要减肥，你会怎么做？

［设计意图］课堂一开始教师用平板电脑由照片导入新课，为任务呈现做准备，并进一步引发学生对本课话题的好奇心和兴趣。用平板电脑分享照片，把照片推送给学生，使学生看得更清楚。用提问功能提出问题，用抢答形式活跃气氛。

（2）讨论。

Suggested answers: Going on a diet; Exercising in a gym; Receiving surgical treatments; Taking weight-loss pills.

［设计意图］简单讨论时下减肥方法，让学生初步认识到吃减肥药是不正确的，

有害健康。以此引出今天的话题人物——Amy。

Step 2: Fast reading

师：Today our main character is Amy. Let's go to read and find out her choice and her experience.

（1）要求学生根据提供的选择题到课文中寻找相关信息。

（2）活动设计：大意匹配。

［设计意图］用平板电脑的提问功能，随机性地提问学生。通过完成这两个任务使学生粗略地了解邮件的内容，同时使学生快速获取信息的能力得到提高。

Step 3: Careful reading

1st E-mail

师：From the general idea, we can see Amy wanted to be thin very much. Why did she want to lose weight? Can you find out reasons in the first E-mail? Which way did she choose to lose weight? How about the result?

［设计意图］可以锻炼学生的阅读理解能力并使其对事件有大致的了解，同时让学生自己组织语言来表述事件经过，给学生锻炼语言替换能力和口头表达能力的机会。

2nd E-mail

师：In the first E-mail, we know that Amy took the weight-loss pills and lost 7kg, which made her feel not very energetic. Then what happened to her? Did she die? What did she receive in the hospital? What's her mother's advice?

［设计意图］平板电脑推送相关表格给学生，让学生了解第二封邮件的主要内容，在此基础上填写空格内容，并训练学生提取、准确表达信息的能力。

［设计意图］这一步是把 1st E-mail 和 2nd E-mail 联系起来，使学生对 Amy 的整件事情有进一步的理解，由浅入深，从事件表面到人物内心，进而挖掘文章标题的真正含义，充分训练学生的猜测能力。

3rd E-mail

师：These two emails are both written to Zhouling. Did Zhouling answer the emails in time? Why?

How did she feel when she heard Amy's story?

What did she learn from Amy's story?

［设计意图］从第三封邮件的分析中，让学生从人物心理感受的剖析中得出文章的主旨：Health is priceless; Nothing is more important than health.

Consolidation

师：Work in pairs or groups. Fill in each blank with no more than three words according to the text.

［设计意图］在此过程中，用平板电脑提问功能预埋题目，当场发布习题。利用平板电脑及时反馈的功能了解学生对文章大意的理解，并且通过准确率的检查进行精准教学。让学生相互配合，交流意见。一起完成任务型阅读不仅让学生巩固文章大意，而且训练他们的合作学习能力。此题型把高考的任务型阅读渗透到平常的阅读中，十分必要。

Step 4: Discussion

师：From Amy's experience, we can see that health is very important.

In your opinion, which is more important, health or beauty?

Is beauty also important in our life?

［设计意图］用平板电脑分组讨论的功能，呈交各小组的讨论结果。端正学生对美的鉴赏能力和识别认可能力。

Step 5: Summary

师：What is your opinion towards beauty and health?

教师小结，对学生进行德育渗透：Being healthy is beauty. How to stay healthy?

• An apple a day keeps the doctor away.

• Early to bed, early to rise, makes you healthy, wealthy & wise.

• After dinner rest a while, after supper walk a mile.

［设计意图］使学生进一步明确健康的重要性: Nothing is more important than health.

Step 6: Homework

Read the text again to get a better understanding. A composition about Xiaolin's experience of losing weight.

［设计意图］作业的布置也是教学设计的重要环节，是对课堂教学的巩固和延伸，让学生自主复习课堂所学知识，有效地巩固。用平板电脑推送作业。用作文的智能批改功能，让学生第一步自我批改作文，消除拼写错误、语法错误等。

6. 教学反思

此节公开课是在高一学生进入学校一个半月左右开设的，学生在表达方面还有很大的提升空间。但是，学生完全有能力用英语表达自己的思想见解，教师应尽可能地为学生创造情景，使他们在英语课堂上努力做到善思、好说、爱动。同时，教师应始终贯彻教学需要艺术、需要机智、需要创新的教学理念，以及基于教材又不拘泥于教材的新教学理念。另外，在平板电脑的使用上，教师要不为它所控制，牢记它只是教学辅助工具之一。

6.4　大数据健全高中物理学科发展

技术变革教育正时刻发生着。在高中物理教学实施过程中，学习分析和教学分析是起点。学习分析就是要明确学生目前的知识技能水平，教学分析则是要深入了解教学内容，比如教师在课前需要明确如何借助概念图示的建设，帮助学生形成物理观念，提升物理核心素养。学习目标是教学的标度，是努力的起点与终点，依托大数据确定精准教学目标，能够帮助教师调整教学进度，合理安排自己的教学计划与学生的学习任务计划，正确判断教学效果，促使学生对自身精准定位，辅助教师少走弯路，直达学生弱点，采取有针对性的教学措施。另外，教师在关注学生全体的同时，也能够关注到学生个体，促进个性化学习的发生。

学习评价是对教师教学及学生付出的肯定，基于大数据的精准学习评价有助于对教师教学及学生付出进行精准反馈，有助于教师准确发现教学中的不足之处，让后续的教学措施更加有理有据，有的放矢。大数据能够健全高中物理学科的整体优化，这是一个集教育理念、教学方法、技术应用等综合应用的，需要整体性不断完善优化的系统工程。

案例 1：实现育人模式转型，促进学习方式转变

南通一中物理课程基地的建设取得了令人瞩目的成绩，先后被确立为江苏省高中物理教学基地和南通市物理学科基地。南通一中于 2016 年成为江苏省课程基地自然学科类联盟牵头学校，承担了多项省级观摩研讨活动和省级物理骨干教师培训工作，常年接待全国各地的参观学习团队，面向全市实施基地开放日，产生了良好的辐射影响作用。以物理课程基地建设为核心的学校课程改革，有效推动了教师教学方式、学生学习方式和教学管理模式的改革，从而实现了育人模式的整体转型。

1. 基于课程资源丰富性，实现教师教学方式的转型

课程资源多样化促进了教学评价向多元化转型。课程基地被打造成课程资源中心之后，实现了课程资源的多样化，有硬件的器材资源，也有软件的课程、课堂、

活动等资源。课程资源的多样化促进了教学方法和教学手段的多样性和可选择性，也提升了教学的效益。基于基地丰富且开放的必修、选修课程体系，教师可以根据学生需要进行菜单式教学；根据不同馆室功能进行项目化教学。基地引进了数字化实验室、微格教室、极课大数据系统、电子书包等现代教学软硬件设施，教师可以进行点对点、点对面的精准智慧教学。经过实践，学校教学效果逐年提升。与此同时，师生活动的评价从终结性评价向过程性评价、发展性评价等多元化转型，分数不是唯一的评价标准，教师可从评价目的、内容、主体、标准、方法、过程、结果等方面进行评价设计。在基地的许多活动中，教师也是探究活动小组的一员，参与自评、互评，注重发展动态评价，让每个孩子都有成功的体验。

2. 基于互动探究多维化，促进学生学习方式的转型

物理课程基地不同于传统课堂，它的知识呈现可视化特征，鼓励学生互动探究多维化。针对教学重、难点，学校依据教学规律设计和建设课程基地环境与硬件设备，让学生物理知识的学习、学习能力的提升在"看得见、摸得着"的环境中进行。学校的走廊实验、墙壁实验全天开放，其他实验室也可预约开放，师生的教与学可以通过物化的形式进行。学生的学习开始由被动学习向主动学习转型。在基地的学习活动中，学生有合作学习的氛围，"JSYPT"等活动为学生提供了研究性学习的任务，现代教育教学技术的应用为学生提供了个性化学习的条件，丰富的课程资源促进了学生的深度学习。学生在基地感受多维、立体、多感官刺激的高效学习方式，激发了学习的兴趣。在"JSYPT辩论赛""物理奥赛"等赛事中，刘天成等多名学生获省级奖；在"全国机器人robocup杯"等比赛中，多个项目获得多次冠亚军；在学校科技节等学校活动中，学生能主动利用基地设备开展活动或解决问题，学生的科学素养得到明显提升。

3. 基于教学信息数据化，探索教学管理模式的改革

为了应对和服务师生教与学范式的高质量转型，给物理课程基地发展提供强大的运行机制和管理保障，南通一中积极开展基于大数据的智能化教学管理研究。在教学管理的目标设定、管理过程和评价标准等方面，基于大数据的教学管理策略主要指基于反馈的多向度策略、基于个性化的私人订制策略和基于概率预测的精准指导策略。为了形成科学长效的基地管理范式，南通一中研究了基地教学管理的建模问题。从教学管理的角度考虑问题，模型的基础显然是数据平台建设，其次是基于大数据的教学管理策略的确立，再次是遵循既定教学策略的教学管理行为，最后是整个教学管理过程在教学系统中的应用评估。这四个逻辑模块与行为模块的

一切信息均纳入大数据平台，成为其信息源。教学管理的策略与行为实际上形成一个管理模块，按照"先行控制—主体建构—行为矫正"的流程展开，成为该理论模型中的核心部分（见图 6-12）。通过对基于大数据的教学管理策略的研究，基地乃至整个学校能对以大数据为内容的系统资源进行创造性的管理与运用，从而提升教学管理的品位与质量，形成准确、灵活、高效的教学管理机制。

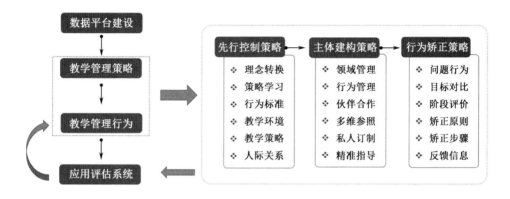

图 6-12　基于大数据的教学管理策略的模型建构示意

案例 2：预习数据赋能课堂教与学

电势能和电势教学设计

1. 教学目标

（1）明确静电力做功的特点。

（2）理解电势能的概念。

（3）弄清静电力做功与电势能变化之间的关系。

（4）理解电势的概念、特点。

2. 自主探究（课前预习）

（1）静电力做功的特点是什么？

（2）电势能。

① 电势能的定义是什么？用什么符号表示？

② 静电力做功与电势能变化的关系是什么？

③ 如何求电荷在某点处具有的电势能？

④ 如何选择零势能面？

(3) 电势。

① 电势的定义是什么？用什么符号表示？

② 电势高低的判断方法是什么？

③ 零电势位置的规定是什么？

3. 合作探究（教学流程）

请在探究过程中填写表6-1和表6-2。

探究一：静电力做功的特点

【思考讨论1】如图6-13所示，质量为 m 的物体在重力场中，分别：

(1) 沿折线从 A 运动到 B。

(2) 沿直线从 A 运动到 B。

(3) 沿曲线从 A 运动到 B。

重力分别做多少功？重力做功的特点是什么？重力做功与重力势能的关系是什么？

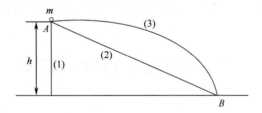

图 6-13　思考题 1

【自主尝试】结合教材图 1.4-1，分析如图 6-14 所示的试探电荷 q 在电场强度为 E 的匀强电场中沿不同路径从 A 运动到 B 电场力做功的情况。

(1) q 沿直线从 A 到 B。

(2) q 沿折线从 A 到 M，再从 M 到 B。

(3) q 沿任意曲线从 A 到 B。

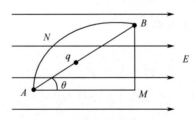

图 6-14　电荷 q 运动路径

结论：在任何电场中，静电力移动电荷所做的功，只与初末位置电势差有关，而与路径无关。

探究二：静电力做功与电势能变化的关系

【思考讨论 2】在重力场中由静止释放质点，质点一定加速运动，动能增加，势能减少；如图 6-15 所示，在静电场中，静电力做功使试探电荷获得动能，则什么转化为试探电荷的动能？

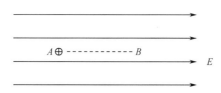

图 6-15　思考题 2

【思考讨论 3】重力做的正功等于减少的重力势能，克服重力做的功等于增加的重力势能，用公式表示为 $W_{AB} = E_{PA} - E_{PB} = -\Delta E_P$。那么，静电力做功与电势能变化的关系呢？

【案例分析 1】分析电荷从 A 运动到 B 的过程中电势能的变化情况（见图 6-16）。

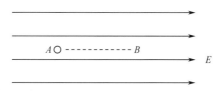

图 6-16　案例分析 1 示意

【巩固训练 1】关于在电场中移动电荷与电势能变化的关系，下列说法中正确的是（　　）。

A. 电荷沿电场线方向移动，电势能一定增加。

B. 电荷沿电场力方向移动，电势能一定增加。

C. 电荷逆电场力方向移动，电势能一定增加。

D. 电荷沿垂直于电场线方向移动，电势能一定不变。

【思考讨论 4】如何确定电荷在某点处具有的电势能？(类比分析：如何求出 A 点的重力势能？进而总结出电势能的求法，见图 6-17。)

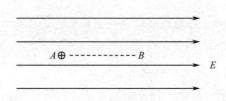

图 6-17　思考题 4

【案例分析 2】将带电荷量为 6×10^{-6}C 的负电荷从电场中的 A 点移到 B 点，克服静电力做了 3×10^{-5}J 的功，求：

(1) 电荷在移动过程中电势能是增加还是减少了，变化了多少？

(2) 如果规定 A 点的电势能为零，则该电荷在 B 点的电势能为多少？

【巩固训练 2】有一电荷量 $q=-3\times10^{-6}$C 的电荷，从电场中的 A 点移到 B 点时，克服静电力做功 6×10^{-4}J，从 B 点移到 C 点时静电力做功 9×10^{-4}J，求：

(1) 如果以 B 点为零势能点，电荷在 A 点的电势能 E_{PA} 是多少？

(2) 如果以 C 点为零势能点，则电荷在 A 点的电势能 E_{PA}' 是多少？

(3) 通过这一例题你有什么收获？

探究三：探究描述电场能性质的物理量

【思考讨论 5】若被移动电荷的极性、电荷量不同，对其电势能有何影响？

【案例分析 3】如图 6-18 所示的匀强电场，场强为 E，取 O 点为零势能点，A 点距 O 点为 l，AO 连线与电场强度反方向的夹角为 θ。电荷量分别为 q、$2q$ 和 $-q$ 的电荷在 A 点的电势能为多少？电势能是否相同？电势能与电荷量的比值是否相同？

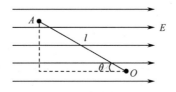

图 6-18　案例分析 3 示意

【巩固训练 3】在一条电场线上有 A、B、C 三点，设 C 点为零势能点，将 1C 的正电荷由 C 点移到 A 点，电场力做功为 5J；再将该电荷由 A 点移到 B 点，电场力做功为 -8J，求：Φ_A、Φ_B。

【巩固训练 4】将一正电荷从无穷远处移入电场中 M 点，电势能减少了 8×10^{-9}J，若将另一等量的负电荷从无穷远处移入电场中的 N 点，电势能增加了 9×10^{-9}J，则下列判断中正确的是（　　）。

A.$\Phi_M<\Phi_N<0$　　B.$\Phi_N>\Phi_M>0$　　C.$\Phi_N<\Phi_M<0$　　D.$\Phi_M>\Phi_N>0$

表 6-1　重力场与静电场的比较

序号	重力场	静电场
1	对场中的物体有力的作用	
2	用比值" F/m "表示场的强弱	
3	重力做功与路径无关	
4	重物在重力场中有重力势能	
5	重力做的正功等于减少的重力势能，克服重力做的功等于增加的重力势能，用公式表示为 $W_{AB} = E_{PA} - E_{PB} = -\Delta E_P$	
6	重力势能具有相对性	
7	质点在某点的重力势能等于把它从该点移动到零势能点处的过程中重力做的功	
8	重力势能属于物体与重力场组成的系统	

表 6-2　电势与重力势的比较

序号	重力势	电势
1	$gh = E_P/m$	
2	与放入场中的物体无关	
3	需要选定零参考面，通常取大地为零势面	
4	标量，但有正负	

4. 教学反思

本节课体现了精准教学和个性教学原则，课前预习设计思路通过预习和预习成果大数据反馈，使教师可以研判课堂重、难点，做到有的放矢、精准教学，预习数据的实时反馈也提升了预习效果，双向刺激教与学；教学过程穿插多个巩固练习，学生可以通过平板电脑书写计算题，上传分享结果，教师实时看到所有学生的结果，及时发现典型错误或优秀范例并同屏分享，教师还可利用大数据系统快速精确统计正确率，从而提高课堂效率；教师批阅课后作业后，通过智学网扫描得到班级报告和试卷分析，判断学生知识薄弱点，在第二节课进行错题巩固。

6.5　大数据赋能高中生物智慧课堂

进入教育信息化 2.0 时代，智慧教育成了教育信息化融合创新发展的新动力和新导向，而教育数据对于智慧教育具有重要价值。对于智慧教育而言，数据是实现客观、精准、个性化教育教学要求的基础。从教师角度来说，智慧教学中的教育决策将超越人类的有限理性，从依赖教师头脑中的教学经验转为依赖海量教学案例的数据分析；从学生角度来说，每位学生的发展从依赖教师的有限理性判断，转为依赖对自身学习过程的数据分析。

生物学是人们在研究生命世界的过程中逐渐积累形成的知识体系，与人类的生活息息相关[1]。借助智慧课堂的技术手段，学生可以更加直观地了解生物的多样性及生命的奇妙之处。同时，在课堂活动进行过程中，教师也能够更加便捷地获取学生的反馈，及时调整教学策略。在高中生物教学中，基于大数据的智慧课堂能够依托实际情况，支持更加多样的学习活动与教学活动，从而促进学生综合素质发展。

案例 1：基于实际问题解决的生物智慧课堂

《普通高中课程方案和语文等学科课程标准（2017 版）》指出，生物学学科核心素养是学生在解决真实情境中的实际问题时所表现出来的价值观念、必备品格与关键能力，是学生知识、能力、情感态度与价值观的综合体。结合"实际问题解决"设计生物课堂和智慧课堂理念，本书提出基于实际问题解决的生物智慧课堂，其实质就是在智慧课堂环境支持下，推送有科学探究价值的实际问题，使学生在互助、交流中运用已有知识分析、解决实际问题，并以实际问题的逐步解决为主线构建课堂结构，达成教学目标，让学生在体验知识价值的同时，提升生物学学科核心素养。基于学生逐步解决问题的思考过程架构的生物智慧课堂教学，对于学生今后科学探究、科学思维等素养的养成，以及生命观念和社会责任的树立有积极与深远的意义。新时代下，我们应站在教育应促进学生生命整体发展的高度，创造条件助力学生自主发展与成长，重视学生的生命存在感，丰富学生的思维体验。

李伟老师以"DNA 的粗提取与鉴定"为例，进行基于实际问题解决的生物智慧课堂的实践与思考。"DNA 的粗提取与鉴定"是人教版《生物·选修 1·生物技术实践》模块中的课题，也是《普通高等学校招生全国统一考试生物科（江苏卷）考试说明》中列出的高中生物学选修内容之一。该实验让学生初步尝试对植物、动物组织中的 DNA 进行粗提取并鉴定，可加深学生对 DNA 的理化性质的了解，掌握 DNA 粗提取与鉴定的原理，也可让学生体验物质层面的生物学研究所涉及的提

---

[1] 张秀红. 核心素养视域下的生物学观念: 内涵、价值、内容体系及教学[J]. 课程·教材·教法, 2017, 37(9): 91-97.

取、分离和鉴定等一般的、基础性的思路与方法，是生物科学中有关物质提取和鉴定的重要实验。本节课的教学如果按照"教师讲解实验原理、实验材料、实验操作步骤，然后学生按要求完成实验，展示实验结果"的教学流程展开，学生只会按照教材的步骤或教师的要求去操作，出现动手不动脑的状态。这种流于形式的生物实验无法让学生体验科学探究的乐趣，反而束缚学生的科学思维。针对这种传统生物实验课堂的不足，本节课基于问题解决和智慧教学平台在实验教学中进行了生物学学科核心素养渗透的尝试，具体教学设计如下。

1. 推送资源，提出问题，在科学思维中生成实验原理

学生对于 DNA 粗提取涉及的实验原理完全陌生，如果教师只是一味地介绍，学生缺乏科学思维空间，机械地记忆知识，无法形成深刻认识。可以针对 DNA 粗提取原理进行教学设计，先推送以下材料，让学生在智慧学习平台上互动讨论。

油桃深受消费者的青睐，但在果实成熟期和采后贮藏期间，普遍存在果肉的褐变现象，导致果实的品质和耐贮性下降。

果肉的褐变与多酚氧化酶（polyphenol oxidase，PPO）的活性和含量密切相关。为了解决果肉的褐变问题，科学家采用现代生物学技术手段分离 PPO 基因，然后用它构建反义基因，从而抑制 PPO 基因的表达，阻止果肉褐变的发生。要分离 PPO 基因，首先要得到油桃的基因组 DNA。以下是科学家提取高质量的基因组 DNA 的操作。

（1）从油桃树上取长度为 1～3 cm 的嫩芽 1.0 g，洗净晾干后，液氮速冻，研磨成粉末（液氮处理的目的：使材料变脆，易于研磨；抑制 DNA 酶的活性，减少 DNA 酶的分解）。

（2）迅速转入 4mL 预热至 70℃浓度为 2mol/L 的氯化钠溶液中，混合均匀，静置 5min（DNA 溶于 2mol/L 的氯化钠溶液；蛋白质和 DNA 对高温的耐受性不同，一般蛋白质变性温度为 65℃～80℃，DNA 的变性温度一般要在 80℃以上，70℃的处理可以实现 DNA 和蛋白质的分离）。

（3）用 7500r/min 的转速离心 5min，取上清液加蒸馏水调整氯化钠溶液浓度至 0.14mol/L，然后用 500r/min 的转速离心 5min，去上清液（DNA 在 0.14mol/L 的氯化钠溶液中溶解度最小）。

（4）将沉淀移入容量为 5mL 的离心管中，加 1mL 2mol/L 的氯化钠溶液，65℃温育 30min，以溶解沉淀。

（5）加 0.6 倍体积的异丙醇，充分混匀，用离心机按 5000r/min 的转速离心 5min，去上清液，沉淀用 95%酒精洗 1 次（DNA 不溶于异丙醇和酒精）。

(6) 在沉淀中加入 1mL 2mol/L 的氯化钠溶液，65℃温育 30min，再加 2 倍体积冰冷的 95%酒精，勾出 DNA 沉淀。重复该步骤两次。沉淀用无水乙醇洗 3 次，晾干。

(7) PCR 扩增：PPO 基因保守区的特异性扩增。

PCR 反应体系为：基因组 DNA 500ng，4 种 dNTP 浓度各为 150pmol/L，PPO 基因保守区 5 和 3 端引物各 125pmol/L，Taq DNA 聚合酶 1.5U，特定的 PCR 反应液。

PCR 反应条件为：94℃预变性 2min，94℃ 1min，然后 60℃ 1min，70℃ 1.5min 运行 30 个循环后，取产物进行电泳分析，得到 PPO 基因，再利用基因工程技术制成反义 PPO 基因。

在分析资料的同时引导学生认识到提取高质量的基因组 DNA 是开展分子生物学研究工作的基础，使其体会到本实验内容的价值和意义。同时启发学生结合油桃 DNA 提取过程，自主独立思考在提取 DNA 过程中利用了 DNA 的哪些理化特性。

智慧课堂为课堂学习资源的推送和实际问题情境的创设提供了重要支撑。教师可根据课堂实际情况不断调整教学活动和教学行为，并将智慧课堂中动态生成的数据资源应用到智慧课堂教学中，以达成教学目标。

2. 交流互动，生成建构，在互动交流中共享实验原理

学生个性化的思考和见解可能有失偏颇，但可以利用智慧教学平台进行互动交流，不断地优化和完善，且这种思维的碰撞过程可以由课前延伸到课堂，在课堂中作为重要的生成性教学资源进行设计和利用。如利用智慧课堂环境，针对 DNA 理化性质的相关问题，能有效实现学生之间的交流与互动，使学生分享各自的思考和见解，逐步生成 DNA 粗提取的各项原理，并通过智慧教学平台实现共享。

智慧课堂能够及时捕捉学生在解决实际问题的互动过程中的生成性信息，同时，智慧课堂环境能够将一部分生成性信息转化为生成性资源，并通过共享来支持学生的意义建构。比如学生在上述实际问题的分析中可以生成并共享以下 DNA 的理化性质。

1）溶解度

(1) DNA 与蛋白质在不同浓度的氯化钠溶液中溶解度不同。

DNA 在氯化钠溶液中的溶解度随氯化钠浓度的变化而改变。当氯化钠物质的量的浓度为 0.14mol/L 时，DNA 的溶解度最小。

(2) DNA 不溶于乙醇（尤其是冷的乙醇，其凝集效果较佳），但细胞内的蛋白质可溶于乙醇。

（3）DNA 不溶于异丙醇。

2）耐受性

（1）一般蛋白质的变性温度为 65℃～80℃，DNA 的变性温度一般要在 80℃以上。

（2）洗涤剂可以瓦解细胞膜，使蛋白质变性，但对 DNA 几乎不起作用。

（3）蛋白酶催化蛋白质水解，但不能催化 DNA 水解。

3. 互助学习，展示交流，在科学探究中应用实验原理

学生在课堂中自主生成并共享的 DNA 理化性质可作为教学资源，教师可适时给出实验目的，要求学生以洋葱为实验材料，结合实验室给出的器材和试剂，提出 1～2 种可行的粗提取 DNA 的实验操作设计，并在智学网上进行展示交流，相互完善，然后进行实验。

学生可结合推送资料的实验操作，根据不同的 DNA 理化性质，基于实验室现有的器具、材料、试剂设计个性化的、可行的实验操作步骤，并利用智学网进行组内和组间比较，相互学习，相互帮助，使实验步骤的设计不断完善和优化。然后学生进行分组实验，各组操作互不相同，各组都期待实验结果并利用智慧教学平台进行比较。比如以下就是整理的不同小组线上的交流结果。

（1）利用 DNA 与蛋白质在不同浓度的氯化钠溶液中溶解度的不同。

在 2mol/L 的氯化钠提取液中缓缓加入蒸馏水，并沿一个方向轻轻搅拌，出现丝状物；当丝状物不再增加时，停止加水（此时氯化钠溶液的浓度相当于 0.14mol/L）。

（2）利用 DNA 不溶于酒精（异丙醇）的特性，往该试管中加入 1～2 倍体积 95％的酒精（异丙醇溶液），轻轻振荡试管，使溶液充分混合，这时溶液中可出现大量白色"毛絮状"（纤维状黏稠）物，该白色"毛絮状"物即 DNA。

（3）利用 DNA 和蛋白质在高温耐受力方面的差别。

将提取液在 60℃～75℃ 的恒温水浴箱中保温 10～15min，注意严格控制温度范围。

（4）利用 DNA 和蛋白质在高温和酶处理时耐受力的差别。

尝试在粗提取液中加入含蛋白酶的嫩肉粉，并在 55℃～60℃（嫩肉粉中木瓜蛋白酶的最适温度）处理 10～15min，这样不仅使蛋白质被分解，且高温能使部分蛋白质变性，达到纯化 DNA 提取物的效果。

（5）利用洗涤剂可以瓦解细胞膜，使蛋白质变性，但对 DNA 几乎不起作用。

加入 1/10 体积的清洁剂，按一定方向轻摇 5min。清洁剂能够瓦解细胞膜，其

中含有的 SDS（十二烷基硫酸钠）具有使蛋白质变性并与 DNA 分离的作用，有利于 DNA 的提取。

4. 思维碰撞，拓展提升，落实生物学学科核心素养

对实验操作过程和实验结果可以以图片和视频的形式在智慧平台上进行展示、分享和反思，有针对性地进行拓展提升。本实验不同操作方法的提取效果一定存在差异，可以引导学生进行比较和分析原因。比如不同操作方法提取的 DNA 用二苯胺鉴定时颜色深浅不同，由此差异可以启发学生思考可能不同的提取方法在实验室条件下收集的 DNA 不同，进而可以启发学生思考：如果要测定 DNA 含量，在实验过程中如何尽量减少 DNA 损失？实验结果颜色深浅不一还可以启发学生思考可能是 DNA 纯度不同，进而可以启发学生思考：如果要提高 DNA 纯度可以怎么操作，又如何进行 DNA 纯度鉴定？综合课堂的各种讨论和分析，甚至可以拓展到一般的物质生物学研究所涉及的提取、分离、鉴定等通常需要考虑的问题和相应的处理。

以信息技术变革课堂空间，就应重组课堂组织与活动，再造课堂结构与模式，包括推送学习资源、记录生成性资源并共享、支持可视化成果展示等。学生在体验科研过程中互动互助生成本实验的实验原理，学生自主设计实验并进行个性化的操作和展示，通过明晰内部机制、外部推力、学习活动及智慧课堂环境的技术支持，我们构建了智慧课堂。

基于实际问题的智慧课堂创设有助于动态生成的教学过程，为学生的互评、反思和交流提供空间，有效支持资源共享和学生作品的生成创作，落实科学探究、科学思维等核心素养，提升教学目标，丰富教学内容，再造教学流程，创生附加值，重塑课堂生态。

案例 2：以学科素养为核心的智慧课堂的资源建设和利用

20 世纪末，计算机渗透到生活和工作的方方面面；21 世纪初，网络信息技术飞速发展和普及；如今，互联网已强势崛起，渗透到人们学习和生活的方方面面。而 App 的大范围应用，更是模糊了手机、平板电脑和台式计算机的界限。

2017 年，党的十九大报告多次提及互联网，互联网在经济社会发展中的重要地位更加凸显，中国互联网产业发展加速融合，网络强国建设迈出重大步伐，互联网建设管理运用不断完善，互联网、大数据、人工智能和实体经济从初步融合迈向深度融合的新阶段，转型升级的澎湃动力加速汇集，广大人民群众在共享互联网发

展成果方面拥有更多获得感, 中国数字经济发展步入快车道。

与此同时, 生物学核心素养概念的提出, 也使生物教学改革进入 3.0 时代——既要让学生获得基础生物学知识, 又要让学生领悟生命科学的思维和探究方法, 提倡让学生主动参与学习过程, 亲历提出问题、获取信息、寻找证据、检验假设和发现规律等过程, 并从中习得生物学知识, 养成理性思维习惯, 形成积极的科学态度并发展终身学习的能力。

在此社会大背景下, 培养学生应用信息技术的能力, 成为发展学生终身学习能力的一个必备环节, 适应信息化、分享网络资源、借助互联网建设"智慧课堂"、基于大数据提高课堂效率赋予课堂"智慧", 是时代对教育提出的新课题。

在硬件打造方面, 学校不断加大基于互联网络建设的硬件投入, 如提高校园网网速、配备平板电脑等, 投入重金打造"数字化"校园。而在"软件"方面, 随着信息化时代的来临和新兴技术的不断冲击, 传统的课堂教学面临巨大的外部挑战, 传统教学单一的"教与学"模式已不能满足现代教育需求, 将信息技术与教育深度融合, 优化教育模式, 已经成为一种必然的趋势。作为教育"软件"核心的教师, 应当充分利用好先进信息技术, 使信息技术、网络资源与教学进行有机整合, 更好地为教学服务。如何基于互联网网络平台开发高中生物信息化课程资源, 进行学科资源的建设和利用, 成为高中生物教育教学过程中的全新课题。

下面是周宁老师基于网络资源, 结合教学实际设计的"细胞的癌变"课堂案例的分析和反思。

1. 背景与问题的提出

1) 教学目标的确定

目前威胁人类健康的"四大杀手"为心血管病、癌症、糖尿病、艾滋病, 据不完全统计, 在因病死亡的总死亡率中, 癌症居第二位, 仅次于心血管病。依据注重与现实生活的联系的课程理念, 本节知识目标定为"能说出癌细胞的特征和导致细胞癌变的环境因素"。考虑到癌症的防治是社会关注的问题, 因此突出"选择健康的生活方式与癌症防治之间的联系"这一情感态度和价值观目标。

2) 教学设计思路

如何落实情感态度与价值观目标是本节课教学的关键。该目标并不能依靠讲解或讲授的方法实现, 只能通过各种教学活动的过程来体验和培养。本着以评促改的思想, 周宁老师尝试通过评价的激励机制和导向作用, 发挥过程性评价在促进学生发展中的作用。

3) 教学方法的确定

"细胞的癌变"一节本身知识内容并不难,主要是让学生了解癌细胞的特征和致癌因子,学生完全可以通过自学掌握。另外,癌症的防治作为社会关注的问题,在互联网上关于癌症的预防和治疗的相关内容比比皆是——在百度搜索引擎中输入"癌症",可搜到 38400000 条结果;输入"癌症预防",可搜到 14400000 条结果;输入"癌症治疗",可搜到 20300000 条结果。学生本身具有一些收集相关资料的能力,而网络上大量信息的存在又为学生的自主学习提供了极大的便利。那为什么不基于"数字化校园",让学生进行个性化学习呢?由此,成洁老师确定了"自学—互学,学生授课"的教学构思。

2. 教学组织与实施

1) 布置研究课题

组织学生分组,确定研究课题为:①癌细胞与正常细胞的比较研究;②癌症发病原因的调查(或致癌因子的研究);③吸烟与肺癌是否相关的研究。

在正常的教学进度下,提前 2 周,把本模块学习过程中的评价计划下发给学生,其中包含与本节课有关的课题。组织学生自选研究课题,选同一题目的学生组成一个课题组,每组 6~8 人。指导小组填写开题报告。所有小组均需要完成对不同家族癌症发病情况的调查。

2) 课前准备

下发《家族癌症发病情况调查表》,学生回家调查,填写调查表。内容包括:①家族人数(祖孙三代的总人数);②患过的癌症名称和患病人数、患病原因、治疗方法、治愈情况、患者的生活和饮食习惯;③家族癌症患病率;④应该怎样预防癌症?学生分工合作,借助网络资源,自主研究,最后以电子演示文稿的形式呈现研究结果。

通过此过程,学生获得对癌症的感性认识。教师注重教学与现实生活的联系,使学生在现实生活的背景中学习生物学。

3. 跟踪辅导

教师将任务布置给学生之后,需要对所有研究小组的准备情况进行跟踪和辅导,引导学生利用各种网络搜索引擎、使用不同的关键词来对资料进行搜索,引导他们整理获得的资料,并将电子演示文稿做得美观、实用。通过辅导,学生在走上讲台之前胸有成竹、充满信心。

4. 撰写科普小短文，制作展板

对不上台发言的学生，要求完成主题为"癌症的预防和治疗"的科普论文的写作。文章要求：①题目自拟，500 字左右；②不必面面俱到，可就癌症成因、特点、预防、治疗、前沿研究中的某一点展开论述；③图文并茂；④学会从网络、图书、杂志中收集资料并加以整理；⑤每组制作一个易拉宝展板，作为校园科技节生物部分展示内容。

5. 课堂实录

1）创设情景，导入新课

人类没有食物链上的天敌，却有威胁生命的杀手——疾病，威胁人类健康的四大"杀手"是什么呢？（指出癌症的发生是因为细胞癌变。）

2）学生汇报，展示研究成果

组织"癌细胞与正常细胞的比较研究"课题组汇报；组织"致癌因子的研究"课题组汇报。过程中要注意控制时间，每段不超过 5min。学生展示他们的研究成果，经过全体同学的质疑和探讨得出癌细胞的主要特征，学生展示医院癌症的病理切片；学生展示他们的研究成果，分类归纳。在此过程中，教师对学生提出的问题和解答加以评价与引导概括，突出学生是学习的主体，培养学生的逻辑思维能力。

学生汇报课前的家族癌症发病情况调查，统计具有家族性的病例；讨论癌症是否遗传；分析癌症形成机理图示，理解癌症是基因突变的累积效应。通过此过程，学生亲历思考和探究的过程，领悟研究方法，养成尊重事实、会分析误差的研究态度和能力。

学生汇报吸烟与肺癌是否相关的研究结果。学生根据课前调查，寻找一些致癌的不良生活习惯和饮食习惯，了解自己和家人的日常生活中哪些做法会增加患癌的机会，哪些做法有利于预防癌症。分析致癌食物，即发霉的、熏制的、烧烤的及高脂肪的食品中含有较高的致癌物质，如黄曲霉毒素、亚硝酸盐等。学生在活动中确立情感价值观，增强以健康的生活方式预防癌症的意识。

学生辩论：癌症是否为"不治之症"？根据课前癌症治疗的调查结果，学生对辩题进行选择，分成正方和反方两组，通过身边的病例进行辩论；总结治疗方法，即手术切除、化疗、放疗和副作用；讨论早发现、早诊断、早治疗的重要性；展望癌症诊断和治疗的前景（细胞和基因水平研究），坚定人类终将战胜癌症的信心。

3）教学效果检测

课前教师精心挑选 30 道与学业水平测试原题及模拟题相关的选择题，埋入 App "KAHOOT!" 中，并设置为顺序抢答，每题设置解题时间为 15s，通过校园网接入程序，让学生进行趣味知识竞赛，每 10 题为一轮答题环节，每轮遴选 50% 的学生，最终筛选出前 3 名进行表彰。

6. 课后反思

1）教学效果

课堂上学生踊跃积极、敢于展现自己，课堂效果好、响应积极，学生比平时教师上课时更放得开、参与度更高。虽然学生在台上讲得条理不一定清晰，有些问题解释得也不是很明晰，但整个课堂的交流仍然是积极的、愉快的。比如有一个小知识点在学生 PPT 中只是一闪而过，且教材里并没有该内容，但之后的小检测中，学生正答率很高。这可能正是学生"情绪参与"的优良效果。

事后，参与课堂发言的学生纷纷表示，虽然材料准备的过程很辛苦，但他们都很享受这一过程：查询到好资料的兴奋、同学相互合作的愉悦、在讲台上"指点江山"的潇洒……

没有参与课堂发言的学生也表示自己学有所得，通过制作展板展示自己的研究成果，介绍癌症治疗的前沿研究，也使他们觉得自己的知识储备有所增加，学到了很多课本上没有提到的知识。

也有学生表示，后悔没有参加讲学环节，并表达了自己跃跃欲试的想法，因为他觉得他在科普写作中查到的资料比台上讲的资料更生动，他觉得自己能讲得更好。

2）收获与反思

在整个活动中，教师的角色从知识的传授者转变为教学活动的组织、策划者，以及学生学习的引路人。学生的角色也从被动接收老师灌输转变为主动获取知识和能力。

学生讲学的积极性促进了课堂上的互动，有利于积极情绪的发挥，有利于学生对知识的牢固记忆。有心理学家研究证实，学生如果能在自己动手、动脑主动学习之后，又能将自学掌握的知识说出来，甚至教会别人动脑、动手又动口，这样是最有效的学习，这样掌握的知识才最牢固。这样的学习活动也体现了现代学习方式中的"体验性""主动性"。

3）存在问题

（1）对于课堂中学生讲不清楚甚至讲错的问题，教师如何较好地处理？除了课后印发学案，教师能否在学生讲学的现场过程中，作为学生中的一员参与学生活动？

（2）学生查询的资料很丰富，广且泛，但缺乏深入性和透彻性，如何解决这一问题？

（3）如何避免学生在讲学时刻意模仿教师，成为师范生的"微格教学"展示？如何让学生更好地展现自我，而不必强求"课"的形式？

6.6 大数据助推高中化学课程改革

《教育信息化2.0》提出，要顺应智能环境下的教育发展的必然选择，构建智慧学习支持环境，推进智慧课堂的技术开发与实践应用。智慧课堂的教学模式能够以学习者学习需求和先备知识为基础进行教学设计，教学内容更有针对性，因此学习者更容易习得新知；智慧教学模式更能将学习模块分解，在完成知识点的教学后为学习者提供相应的测试，并给予学习者充分且个性化的反馈，使得学习者的盲点和疑惑能够得到及时解决。总体而言，智慧课堂能有效促进课堂教学中问题的解决，为课堂教学提供更加丰富的教学资源、创设教学情境、加强师生互动、支持多种方式学习与即时评价反馈。

在高中化学课堂教学中，教师能够在每个"教学板块"或"教学内容"结束后进行数据采集，依托平台分析数据，借助数据分析结果选择合适的教学材料，精准把握教学内容。此后，教师还能根据课后作业与测验的数据提高数据分析的准确度，利用数据反馈，不断动态调整教学，提高教学的质量与效率。同时，在化学课堂中，基于信息技术的智慧教学手段还能有效丰富课堂教学活动，促进师生之间、生生之间的有效互动。因此，智慧课堂的建构与发展在一定程度上有效促进了高中化学的课程改革与个性化教学的实现。

案例 1：运用智慧教学手段开启化学课堂"新视界"

对于大数据驱动下的教学，数据采集是基础，数据分析是关键，数据应用是核心。在学科教学中，精准化的数据应用主要是基于数据分析所选择的教学活动。大数据驱动精准教学主要有以下四大特征：智能化、精准性、科学性和个性化。南通一中为充分发挥数据在化学教学过程中的内生变量作用，积极探索大数据驱动精准教学在高中化学常态化课型（新授课、单元复习课、试卷讲评课）中的具体应用。以下将分别阐述在化学学科教学的三种课型中，大数据如何驱动精准教学。

1. 新授课

新授课是最普遍的课型，是学生获取知识、形成能力、发展核心素养的重要场所，南通一中将化学新授课课堂划分为 2~3 个教学板块或教学任务，在化学课堂的每个教学板块或教学任务结束后进行数据采集。

化学课堂教学板块是化学课堂的构造单元，一个教学板块往往涵盖一个或几个细小的知识点和几个教学环节，一个一个的教学板块有机地结合在一起，就构成了化学课堂的教学整体。每个板块承载并完成一个教学任务实体，不同板块间具有较为清晰的边界，既相互独立，又浑然一体。在新授课教学中，每个教学板块往往包含"问题情境→自主合作探究→导出结论→拓展体验→结果反馈形成数据→评价和纠错"等教学环节，如图 6-19 所示。一节课可以由 2~3 个教学板块组成，也就是有 2~3 次数据采集的机会，这些原始数据经过大数据智能化教学分析系统处理后形成报告数据，是诊断教学效果的重要依据，也是后续教学的基础性资料。

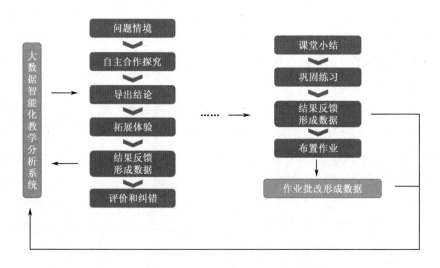

图 6-19　大数据驱动的新授课课堂教学模式

例如，教学"钠的性质"时，就可以将"钠的物理性质"和"钠与水的反应"作为一个教学板块，因为学生在进行"钠与水的反应"实验时，可以在"钠的取用"等一系列操作过程中观察到"钠的物理性质"，以此增强教学的连续性。为此，可以先播放"有人将一千克钠投入河里"的网络视频，作为情境引出问题：钠投入河里，为什么在水面发生爆炸并产生大量火光？怎样保存金属钠？怎样取用金属钠？钠有哪些物理性质？学生利用教师提供的实验器材和试剂进行探究学习。最后，师生一同归纳出钠的物理性质，研究得出钠与水反应的化学方程式。为了评价学生对这一板块知识的学习效果，教师可以通过平台推送一组选择题，学生限时在线作答，平台自动呈现提交答案的学生名单，并对每题的正确率进行统计，反馈每题做错的学生名单，帮助教师及时评价教学效果。

2. 单元复习课

单元复习课是围绕一个知识单元的复习提高性课型，对于巩固所学知识、帮助学生将所学知识结构化和系统化、提升学生思维能力具有极其重要的作用。如果说新授课是"栽活一棵树"的话，那么单元复习课就是"育好一片林"。大数据驱动的化学单元复习课，主要功能是查漏补缺、梳理提高和数据诊断，也就是依据教学目标和数据反馈，针对学生的知识缺陷和思维障碍，进行有针对性的补偿教学；依据化学知识的内在联系，帮助学生建构有序的知识结构或知识网络；依据学生的认识发展规律，针对本单元的化学核心知识、重要的思想方法或认知模型，在更高水平层次上加强知识的深度融合，促进学生深度学习；通过课堂练习和课外作业形成的数据，诊断学生对本单元化学知识的掌握情况和能力水平。化学单元复习课一般包括"知识再现→补偿性例题→知识梳理系统建构→拓展体验→结果反馈形成数据→评价和纠错"等教学环节，如图 6-20 所示。

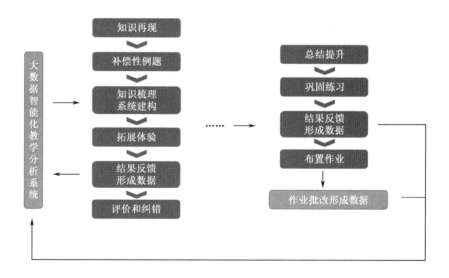

图 6-20　大数据驱动的单元复习课课堂教学模式

例如，对于"化学物质及其变化"的单元复习课，可以将初中化学有关知识整合进来，并以"分类"为线索，按纯净物的分类→混合物的分类→化学反应的分类，用思维导图或树状分类法或表格的形式，梳理本单元的知识结构体系，并从教材编写的知识逻辑顺序这一更高层次上，让学生认识各类化学物质及其变化的分类思想，从而开阔学生视野，提高学生的认识水平。其知识结构如表6-3所示。

表6-3　"化学物质及其变化"单元复习课知识结构

化学物质及其变化的分类				注意点
化学物质	纯净物	单质		简单分类法；交叉分类法
		化合物（氧化物、酸、碱、盐）		
	混合物（分散系）	分散质（直径ϕ）分散液（如水）	浊液（$\phi>100nm$）	分散质粒子大小；稳定性；丁达尔效应
			溶液（$\phi<1nm$）	
			胶体（ϕ为$1\sim100nm$）	
化学变化	化合反应、分解反应、置换反应、复分解反应	金属活动性顺序表；复分解反应完成条件		反应条件；反应规律
	离子反应	电解质、电离、电离方程式；离子方程式、意义、发生的条件		物质的溶解性；强酸、强碱、盐的电离
	氧化还原反应	特征：化合价升降。本质：电子转移（得失或偏移）。表示方法：双线桥法、单线桥法。判断方法：升—失—氧—还原剂（还原性）；降—得—还—氧化剂（氧化性）		得失电子数相等

根据表中所列知识点，教师精心编制当堂综合训练题，学生在线作答，平台即时反馈学生的作答结果，从而使教师现时评价复习教学的效果。

3. 试卷讲评课

试卷讲评课是看似简单实则复杂的课型，大多数教师认为试卷讲评课最容易上，不过就是通报分数和得分率、分析题目难易、讲解纠错答案、评价成绩好差、督促学生学习等，以至于有些教师就按试题流水号逐题讲评。这正暴露了讲评课的随意性，它最大的弊端在于缺少了对学生知识薄弱点和能力欠缺点的突破性教学设计，忽略了对学生学习方法、学习能力的再培养，费时且低效。大数据驱动的试卷讲评课，"一切从数据出发"，不仅要知对错、找原因，更要针对班级学生存在的共性问题进行突破性的补偿教学和训练，这种"突破"体现在对重点讲评或分类讲评过程中的"错因分析""模型认知""变式训练"等环节教学效果的反馈和质量检验，从而达到由此及彼、举一反三的目的，追求"从弄懂一道题到掌握一类题，从突破一个知识点到盘活整个知识网"的境界。它一般包括"数据呈现→重点讲评/

分类讲解→补偿性教学→突破性训练→结果反馈形成数据→评价和纠错"等教学环节，如图 6-21 所示。可见，试卷讲评课的数据采集视突破性训练的次数而定，一般一节课 1～2 次为宜。

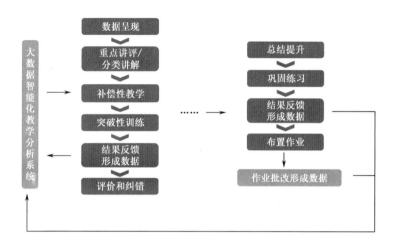

图 6-21　大数据驱动的试卷讲评课课堂教学模式

大数据驱动下的教学强调了数据对教学的指导作用，作为一种技术支撑的结果，数据是客观的、冷峻的。在教学过程中，我们既要注意发挥大数据的评价作用，又要加强对学生的人文关怀，处理好大数据支持下教学的科学性、人文性和艺术性的辩证关系，让大数据在提高教学的针对性、减轻学生过重的课业负担和提高教育教学的质量方面发挥不可替代的作用。总之，在大数据的支持下，南通一中的化学学科教学实现了人机合理分工、功能优势兼收、教学质量明显提升的效果。

案例 2：运用智慧教学，师生"同演"实验精彩

在我们的印象中，化学实验课总是在实验大楼或实验教室进行，我们看到的是各种仪器、量杯、烧杯、溶液、溶剂、溶质……这些专业仪器和专门术语对从事文科教学的教师来说，都是比较陌生的。在普通教室如何上好化学实验课，而且上出平板电脑的特色，上出智慧课堂的精彩呢?在这方面，南通一中的钱永华老师做了一次"实验"和探索。

钱老师在高一（12）班为大家开设了一节智慧教学化学实验课。他实验课的课题是"配置一定物质的量浓度溶液及误差分析"。

钱老师首先从"如何配置100毫升1摩尔浓度的氯化钠溶液"开始，让学生畅所欲言，进行充分讨论，之后介绍仪器"容量瓶"，然后学生打开教材看图。教师提示学生，要注意看"规格和结构"，将观察仪器和阅读课文中的文字、图示相结合，注意"仪器的结构和规格、选择和使用"相关内容。之后，学生填写讲义上的习题内容。在思考和练习环节，有10个正误判断的题目，学生根据讲义上的内容，在平板电脑上判断内容是否正确并进行回答。通过电子白板上呈现的柱状图，师生可以看到正确和错误用不同颜色显示：绿色条代表正确，红色条代表错误，教师对错误的原因进行分析。

在操作步骤和仪器这个环节，师生同步演绎课本上的图示，一起做实验。一名学生在旁边现场"录制"，拍摄教师做实验的过程。这个操作的环节是，教师选择平板电脑上的"更多"菜单下的"录制"功能，学生按照大屏幕上的实时视频演示，模仿讲台上的教师进行操作，如摇动、加水、盖盖、上下振动等。然后学生把溶液放开，收起容器，在讲义上填写"操作过程"。教师将学生的回答内容进行"拍照"讲解，并且指导具体的操作要领，讲清知识的难点、要点，比如冷却、洗涤、平视。"平视"时，教师调用平板电脑左侧的"画图"功能，直接在平板电脑上画出三个借以比较分析的图形，强调"确保体积和容量的准确与精度"。

在课堂的误差分析环节，教师让学生讨论和回答考试中出现的热点、难点题目，教师在学生回答的过程中进行巡视、指导，学生上传答题的结果，最后教师对课堂进行总结。教师特别提出实验过程中的两个注意点：溶质的量和溶液的体积。

这节化学平板电脑实验课，颠覆了在实验室进行实验操作的传统做法，体现了平板电脑和畅言智慧课堂平台给化学教学带来的崭新变化。课堂原生态展示，现代平板电脑技术与传统教学手段融合和统一，学生的动口、动手、动脑能力得到提升，合作探究能力得到精彩展示。在动手做实验的过程中，学生获得对科学原理的认知，这样，他们对仪器等知识的理解更加深刻；同时，课堂上对学生完成习题结果的客观准确分析，也体现了平板电脑所具有的精准性、科学性，以及评判的及时性、实时性。

钱永华老师的化学实验课吸引了一批文科教师，比如政治、语文、英语、历史等学科教师前来观摩、学习。大家一致认为，钱老师的化学课，从平板电脑教学的角度看，无论是教学理念还是教学手段，都值得学习、借鉴，受益匪浅。

6.7　大数据推动高中地理精准反馈

人工智能技术与学校教育融合成为一种未来趋势，这为个性化学习与个别化学习提供了技术保障，成为教育发展的重要推力。但是，只有让变革发生在课堂上，才能真正实现"减负增效"。大数据技术能够使课堂反馈更精准、教学更高效。大量依托大数据技术的智能产品进入校园，让教育界对"智能时代的大规模个性化教育"充满期待。传统的学生学习数据不能及时、全面地反映学生真实的学习情况，但当下基于大数据的人工智能技术能够有效促进数据的多样化收集，并能运用多类分析方法和数据模型解释与预测学习者的学习表现，从而使教师准确把握学科教学目标，调整教学策略，优化教学过程。

在高中地理教学中，大数据渗透地理复习课的各环节，用数据"说话"，可以更加客观地认识地理教学，有效改变学习与教授的形态[1]。复习阶段是一个查漏补缺的过程。教师想要凭借传统认知手段判断每位学生对所有知识点的掌握情况，是一个较为困难的过程，而不明确学生的问题点就难以"对症下药"。当前，依托智能教学平台进行数据采集与分析，有利于教师了解学生普遍性与个性化的问题，针对问题进行个性化训练，提高复习效率。智能工具能够有效辅助教师进行学情判断，提高教师教育教学的精准性。

案例 1：教学平台助力高中地理个性化复习

大数据助力精准教学的实现，往往离不开相关平台的使用。2016 年，南通一中引进极课平台。该平台使用简便，只需要将常规的 Word 电子文稿导入极课软件系统，系统就可自动生成标准化的极课作业。教师可采用传统的批改作业模式，之后只需要将批阅的试卷进行扫描即可。极课平台在保留传统阅卷可做批注优势的同时，进行大数据分析，生成每题的小题分。自 2016 年 11 月以来，南通一中高三地理学科组共编辑作业 74 份，形成独具学校特色的极课大数据分析，并自动生成适合学校学情的题库，极课大数据助力南通一中地理个性化辅导的实现，为精准教

---

[1] 蔡叶斌. 大数据支持下的高中地理复习转变[J]. 科学咨询(教育科研), 2021(5): 113-114.

学保驾护航。极课平台在南通一中地理二轮复习个性化辅导中的应用主要表现在以下几个方面。

1. 有利于选准教学重点，实现高效教学

高三地理二轮复习离不开专题突破和试卷评讲，对学情掌握不精准会使二轮复习变得枯燥乏味。高效的二轮复习课堂应该着实解决一些问题，能够精准地开"处方"，实现"处方教学"，这一要求的实现需要教师精确地选准学生学习中存在的问题。通过大数据分析，有时候甚至可以处理与某个特别现象相关的所有数据，而不依赖随机采样[1]。

因此，大数据分析是基于全体数据的分析，而不是过去的通过抽样数据分析或凭经验判断，可信度更高；极课系统通过 74 份作业的积累加上大数据分析，自动生成一轮复习中学生掌握得不理想的知识点，如图 6-22 所示。这样的数据分析更科学、可信度更高，据此可以确定专题复习内容及针对班级的复习重点和难点。

图 6-22　极课平台统计数据展示

2. 有利于选准教学起点，实现精准教学

泰勒认为课堂教学与评价都是以目标为中心的[2]，而确定合适的教学起点是实现目标的首要条件。众所周知，试卷评讲课是二轮复习的继续和升华，传统的试卷评讲课存在下列问题：主次不分、枯燥乏味、缺乏针对性。问题的根源在于教师没有对试卷进行精准分析，极课平台大数据为教师精准分析试卷奠定基础。以《高三模拟测试卷一》为例，系统生成数据如图 6-23 所示，从中可见班级整体成绩较均

---

[1] [英]维克托·迈尔-舍恩伯格, 周涛. 大数据时代: 生活、工作与思维的大变革[J]. 人力资源管理, 2013, (3): 174.

[2] 施良方. 泰勒的《课程与教学的基本原理》——兼述美国课程理论的兴起与发展[J]. 华东师范大学学报(教育科学版), 1992, (4): 1-24.

衡，有 6 名同学需要加强个别辅导；并可确定以"等高线地形图、地形剖面图"和
"自然灾害发生的主要原因及危害"作为本节课的专题突破，如图 6-24 所示。通过
精准地定位本班学生的知识漏洞和对诸多知识点的掌握状况，便可确定本节课的
教学起点。

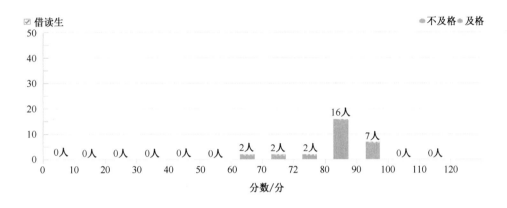

图 6-23 分数段分布图

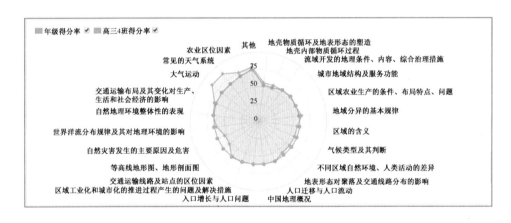

图 6-24 知识点均分对比表

3. 有利于选准教学方式，实现灵活教学

对众多知识点，学生的掌握率不足 75%，量很大，而课堂时间有限，传统的条
目式讲解模式耗时耗力。极课平台借助数据分析为教师提出更优化的教学方式。由
学习金字塔可知，"教授给他人"是一种主动学习，学习内容平均留存率高达 90%
（见图 6-25）。借助极课平台的数据分析，教师在运用教学方法时更加游刃有余。

图 6-25　学习金字塔

4. 有利于选准关注对象，实现个性化教学

大数据分析更突出个性化与针对性，能为教育者提供可度量的维度。极课平台最大的优势就是可以选准关注对象。它以大数据分析为基础，不仅向教师提供每题的正确率，还可以提供每个错误选项的学生情况，如图 6-26 所示。基于此，教师可以更加准确地选择每题的关注对象。

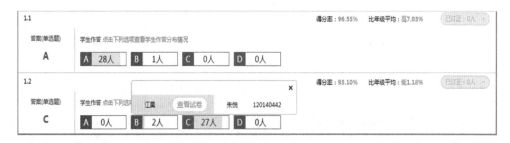

图 6-26　学生作答情况

极课平台除了可以提供每道题目学生具体的作答情况，还可以帮助教师精准查找班级每位学生的薄弱知识点，使教师及时干预、动态追踪。

5. 有利于选准作业内容，实现精选精练

江苏高考选科等级制要求提高选修科目的教学效率，教师必须有选择地布置教学任务。借助极课平台，教师可以依托学生学习的过程性数据进行分析，根据学生学习的薄弱项，设计有针对性的练习；还可以在本校题库中选择薄弱知识点，进行手动淘题，或直接筛选出高错误率题目，做到精选精练。

6. 有利于家校互动，实现教学合力

极课平台提供极课学生端、极课教师端、极课家长端，如图 6-27 所示。学生、家长、教师三方合力促进学生成长。

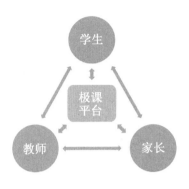

图 6-27　极课平台模型图

大数据时代的到来，促进了教育变革。极课平台在高三地理二轮复习中赋能个性化辅导，在教师与学生之间搭建更加高效的教学回路，对过程性数据进行收集与分析，助力教师帮助学生查漏补缺、夯实基础、拓展思维，促进高中地理复习课辅导更具个性化。

案例 2：地理学科新学期开设平板电脑教学实验课

太阳更"近"了，地球更"亲"了！"天涯若比邻"，唐代诗人王勃的愿景，借助智学网的"畅言智慧教学"平台和平板电脑变成了科学的现实，浩瀚的宇宙在师生面前"动画"呈现。我们惊奇地发现：高一学生对"太阳辐射"和"太阳活动"两个章节的理解更形象、更直观、更深刻了。

南通一中地理学科曹邱老师在高一（12）班开设平板电脑教学公开课"太阳对地球的影响"。教导处马天明主任、成洁副主任，高一年级平板电脑教学班级的 10 多位教师和科大讯飞技术人员现场参与了课堂教学的观摩与研讨。

在使用平板电脑教学的过程中，曹邱老师充分发挥平板电脑的分享、讨论、抢答、PPT、动画演示、视频播放、课本内容缩放、聚焦、选择题回答、正确率统计、柱状图分析等强大功能，展示了太阳辐射（紫外线、可见光、红外线）、太阳灶、太阳能、风能发电、太阳耀斑、太阳风、极光等太阳活动的照片，播放了《太阳活动爆发对宇宙飞行器的影响》的视频画面。

在探究活动阶段，学生在平板电脑左侧的讨论区自由讨论教师推送的任务"根

据自己的切身体会，举例说明太阳辐射对地球的影响"，然后在线上传自己所写的答案。教师对学生上传的解答内容逐一分析讲评，指出太阳辐射导致温度差异，温度差异产生气体的流动，从而带来大气的运动，教师对学生的共性和个性回答进行实时点评。在学生进行总结之后，教师加以理论上的归纳和提升：太阳辐射对地球的影响体现在两个方面，即地理环境和人类活动。

日核、日冕、太阳风、磁场、耀斑、色球层、光球层、黑子、日珥、极光……所有这些科学概念不再抽象，也不再遥不可及。这些天体系统的名词术语，是如此可亲可近，如在目前，可以触摸。"宇宙空间和太阳辐射对地球的影响"这些知识生动地展现在学生面前，地理课原来这么生动有趣。

学生仿佛进入浩渺的苍穹，在宇宙空间驰骋双翼，自由自在地翱翔，"精骛八极，心游万仞"，空间想象力被空前激活，探索宇宙空间奥秘的愿望被充分调动起来，平板电脑成为学生求知、探索的强大工具。

6.8 大数据完善高中思想政治教学

教育大数据为个性化学习提供数据和技术支持，使个性化学习由经验驱动转为数据驱动，从而推动精准个性化学习发展。在大数据学习环境下，研究者整合翻转课堂、大数据与学习分析、自适应学习技术、教育信息处理等新型教育理念和分析技术，设计指向个性化学习、促进学生掌握概念和自我发展的精准教学模式。

在高中思想政治教学中，微课在课前、课中、课后的使用有助于提高课堂教学效率，提高学生学习效率与参与度；有助于激发学生的学习兴趣，发挥学生学习时的主观能动性，活跃课堂气氛；有助于丰富教学形式，加深学生对思想政治的感知，提升学生的社会责任感。同时，内容多样的微课资源能给学生更多自主学习的空间，使学生针对自身需求选择合适的学习资源。数据驱动的翻转课堂是提升高中思想政治课教学效率的有效途径之一。

案例 1：微课在思想政治课中的运用

南通一中成洁老师结合《经济生活》教材，探索在课前、课堂、课后运用微课教学（见图 6-28），课堂呈现可喜的变化。

图 6-28　不同类型微课在课堂的运用

1. 课前预习运用微课，促进有效学习

过去的课前预习环节，成洁老师往往编制导学案分发给学生，导学案中以填空或简答的方式呈现本课的重难点，要求学生作答。但就实际执行情况来看，学生多以简单抄书、随意应付居多，所获取的重难点知识较为零碎。它与前后知识点的关系怎样、在整个教材中的地位如何等，学生很难就此获得清晰宏观的了解。因此，预习缺乏实效性。

实行微课教学后，成洁老师一是结合任务学习单实现导学功能，将需要预习的重难点和需要预先学习的内容录制成知识传授类微课；二是运用教材解读类微课，明确教材的逻辑架构、叙述框题的重难点、回顾先前知识、唤醒已有经验，然后，将上述微课发布在教师的微博中，由学生实现在线学习、自主学习和个性学习。以"信用卡、支票和外汇"一课为例，在该课中，"汇率的变化"是重点和难点，于是，成洁老师制作了相应的知识传授类微课。

课例 1：汇率的变化

导入：近五年美元对人民币汇率走势图（见图 6-29，注：根据中金网 2016 年12 月 16 日数据制作此图）及近期美元对人民币汇率走势图（见图 6-30）。

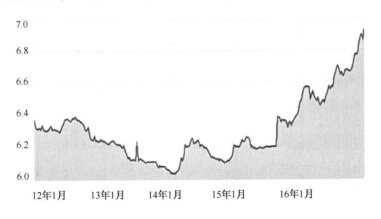

图 6-29　近五年美元对人民币汇率走势图

图 6-30　近期美元对人民币汇率走势图

设问：

（1）外汇、外币、汇率各自的含义是什么？

（2）图示外汇和外币的区别是什么？

（3）结合图，说明人民币汇率的变化及对我国进出口的影响。

总结：教师以简明扼要、清晰准确的语言解答归纳以上问题。

以上课例录制时长大约 5 分钟，成洁老师从身边的小情境切入，层层设问，在激发学生的思考之后，又给予明晰的讲解。不仅如此，成洁老师还设计了相应配套的微练习，让学生通过习题训练进一步内化知识。据课后调查，学生普遍反映能够掌握"汇率的变化"这一知识点，并能够运用知识解决配套习题。也有个别学生反映是通过多次观看视频，特别是反复观看教师的讲解部分才能了解"人民币汇率的变化及对我国进出口的影响"。但总的来说，在课前运用微课，学生的学习由"课堂"延伸到"课外"，由"线下"改为"线上"，由"被动"变为"自主"，崭新的方式使预习较以往更具吸引力和实效性，也为课堂教学节约了大量的时间。

2. 课堂运用微课，拓宽学生视野

在教学实践中，成洁老师深刻感受到：通过前置预习，学生已较好突破了教材知识的重难点，使得教师在课堂中获得较为充裕的时间，能够就预习中出现的问题和疑惑组织学生共同合作及探究交流，并能给予个性化的指导；教师甚至可以组织学生当场完成课后作业，并进行实时辅导。但同时，成洁老师又产生了新的困惑：如果在课前已组织学生学习了微课，那么在课堂上是否需要再次运用微课？如果

需要，是重复课前预习的微课，还是教师呈现新的微课？如果是新的微课，那它和课前预习的微课该有哪些不同？

为此，成洁老师在施教班级开展了问卷调查，85.9%的学生希望课堂运用新的微课，认为课前预习的微课对其缺乏新鲜感和吸引力，90.1%的学生希望新的微课中能够"联系社会热点"，79.3%的学生希望可以"引用教材没有提及的事例"。思想政治课应该具有鲜明的时效性的特点，但教材一经编制，不可避免地具有滞后性，其中的案例对学生缺乏吸引力。而中学生对纷繁复杂的时政现象普遍具有强烈的好奇心，但因为缺乏人生阅历和学科知识素养，所以对时政热点往往停留在"知晓""了解"的状态，难以用专业的知识、辩证的眼光解析社会政治现象。因此，成洁老师在课堂中尝试引入热点专题类微课，适度选择鲜活的时政材料，运用精当凝练的语言予以解读，从而激发学生学习兴趣，并增强学生对党和政府方针政策的认同。

课例 2：人民币纳入 SDR（特别提款权）货币篮子

导入：视频——人民币纳入 SDR（特别提款权）货币篮子。

设问：

（1）人民币何以入篮？

（2）人民币纳入 SDR（特别提款权）货币篮子的重要意义是什么？

总结：教师在介绍了人民币入篮的背景后，进一步指出人民币入篮的意义，即人民币跨境投资更加方便；人民币正式成为世界货币；可以降低人民币汇兑成本，并且避免货币风险……

该微课选用了最新的社会生活热点，富有鲜明的时代气息，极大地激发了学生的兴趣，使得"外汇""汇率""货币"等抽象的理论知识变得形象具体。同时，学生运用所学知识多角度、深层次分析和解决重点、疑点、热点、焦点问题的能力得以培养。这也启示教师在制作、运用微课时，应该结合教材的重难点，"尽可能选用贴近学生当下生活需要、富有时代气息的素材，尤其要关注当前学生生活、当今社会实际、现代化技术发展中出现的新情况和新问题"，如"供给侧结构性改革""TPP 协定""美联储加息"等，对其精心解读，以此提高学生观察世界的高度，使其提升政治觉悟和核心素养，开阔其视野，提升其格局。

3. 课后运用微课，巩固课堂新知

成洁老师将题型讲解类微课应用于课后，主要目的是结合本课内容常见的题目，就船下篙，讲述相应题型的解题方法。俗话说："授人以鱼不如授人以渔。"教师将政治学习中常见的题型归纳，系统条理地阐述解题方法，并将其制作成微课，

让学生在课后反复观看，能够起到非常好的效果。仍以"信用卡、支票和外汇"一课为例，前两个课例中涉及两个问题：一是"人民币汇率的变化对我国进出口的影响"（见课例1）；二是"人民币纳入SDR货币篮子的意义"（见课例2）。前者涉及"影响类"题型，后者则为"意义类"题型。于是，成洁老师分以下三步制作微课。

第一步：呈现上述两个问题，聚焦"影响类"题型和"意义类"题型。第二步：首先，指出两类题型之间的关系，即影响一般分成积极影响和消极影响，其中，"积极影响类"题目又可以划入"意义类"题型；其次，强调两类题型都要划分不同主体，分层作答。第三步：给出新的例题，再次巩固强化。通过这一微课的运用，学生大多能够较为娴熟地掌握该题型的解题方法。

课后运用答疑解惑类微课，对课前、课堂学生存在的问题进行总结归纳，帮助学生复习巩固重点、难点、疑点、易错易混点，扩展学习，促进迁移应用，引出后续学习内容。在课堂教学完成一段时间后，学生再次观看答疑解惑类微课，可以在较短的时间内唤醒对以往学习的记忆，明晰课堂教学重难点，弄清易混淆点，达到事半功倍的效果。

需要说明的是，如果课堂时间允许，成洁老师会直接进行题型讲解、释疑解惑，或将课后准备播放的微课前置到课堂学习。无论采取哪种做法，其目的均指向实现学生智慧、高效地学习。

6.9 大数据促进高中历史教学发展

在高中历史教学中，大数据的使用不是为了收集数据，也不是为了技术发展，而是为了教育。数据是学科教学过程中的"记录仪"，在高中历史教学中，大数据的呈现与反馈，最重要的作用之一是帮助教师及时发现学生全体和个体的问题，精准地诊断问题，清楚地明确问题解决策略，从而使其有效地调整问题，纠正高中历史教学中方向的偏移。当然，数据在高中历史教学中的意义主要体现在，通过数据让教育工作者"看得见、看得清、看得懂"之后采取行动，教师能够根据对师生行为数据的智能化分析进行评估与诊断，有根据地优化自己的教学措施，自主明确地改变教学行为。在高中历史学科的教学中，数据能够有效促进学生对自己的学习情况进行精准评价，激发深度思考，实现学习迁移，使得自己的学习能够真正有效，在吸收科学文化知识的同时，有效提升自己的历史学科核心素养。

案例 1：信息技术让宋明理学"活"起来

"宋明理学"教案

顾露露

1. 导入：温故知新，回顾从先秦到汉代儒学的发展历程

师：历史学家钱穆曾说过，"无文化便无历史，无历史便无民族……所谓民族争存，底里便是一种文化争存。"因此，学习和弘扬本民族的传统文化便显得尤为重要。今天我们便一起走进中国传统文化的主流儒家思想。首先，我们一起来回顾一下从先秦到汉代儒学的发展历程（从具体时代、代表人物、儒学的发展阶段阐述）。

生：（一起回答。）

师：自此复兴儒学便成了儒士们的重要使命，他们在宋明时期也积极地担负起了这一使命。他们上下求索推动儒学发展的理学阶段。课前大家已经预习，下面我请几位同学来展示一下预习成果（思维导图展示）。

【大数据运用】收集学生课前预习所绘思维导图，拍照上传，筛选出其中出现典型缺漏和具有特色的思维导图，在课堂展示，构建基础知识框架，开拓学生思维。

师：通过预习，我们基本掌握了宋明理学是什么，但为什么是这样的？我们需要进一步学习。

2. 讲授新知

1）使命

师：一定时期的思想文化是一定时期社会政治经济的反映，那么宋明儒士为什么要复兴儒学呢？结合材料一，思考宋明儒士为什么要复兴儒学。

材料一：前日五代之乱，可谓极矣。五十三年之间，易五姓十三君，而亡国被弑者八，长者不过十余岁，甚者三四岁而亡。　　　　　　——《宋史》

生：（现象）政权的频繁更迭，社会动荡，人命如草芥。（预设）

师：是的，士人们认为，这些现象的发生与社会的道德沦丧、伦理崩坏有关。据此，士人们开始有了重建国家与思想秩序的想法。

材料二：佛门传说，虎溪在庐山东林寺前，相传晋僧慧远居东林寺时，送客不过溪。一日陶潜（陶渊明）、道士陆修静来访，与语甚契，相送时不觉过溪，虎辄号鸣，三人大笑而别。　　　　　　——《虎溪三笑》

师：相传东晋高僧惠远在东林寺讲经，送客不过虎溪。一次他与道长陆修静、大儒陶潜三人在寺内畅叙义理、与语甚欢，相送时依依不舍，不觉忘了戒规，刚过

桥，山上护山神虎猛吼，三人大笑而别。

师：这个故事反映了什么现象？由此可知，宋代儒士是如何发展儒学的？

生：宋代儒士通过相互交流发展儒学（预设）。

师："虎溪三笑"的故事形成于唐宋时期，反映了唐宋时期儒释道三教相互融合的趋势。宋代儒学家在这样的趋势下吸收佛教、道教思想，为传统儒学找到了一个永恒的精神基础——理，从而构建了一个以理为核心的新儒学体系——宋明理学。

师：那么关于这个故事的描述有没有虚构的部分呢？

生：有（预设）。

师：故事中说"虎溪三笑"的故事发生在东晋时期，不符合当时儒释道三教彼此对立的史实。阅读、辨析史料是我们需要掌握的重要能力。

2）求索

师：宋明理学是当时中国有抱负、有思想的读书人对现实社会问题的积极求索，体现了他们勇于担当时代使命的社会责任感。那么，他们是如何构建理学体系的呢？首先，我们要知道什么是理。

（1）什么是理？

材料三：宇宙之间一理而已。天得之而为天，地得之而为地，凡生于天地之间者，又各得之以为性；其张之为三纲，其纪之为五常，盖皆此理之流行，无所适而不在。

——《朱子文集》

师：结合朱熹的主张，理解"理"的含义，并指出这样定义的目的是什么？

生：（现象）阐述"理"的含义（预设）。

师：理是宇宙万物的本原。具体来讲，理表现在自然界就是天地（天得之而为天，地得之而为地），表现在人身上就是人性（凡生于天地之间者，又各得之以为性），表现在人类社会就是以三纲五常为核心的儒家纲常伦理（其张之为三纲，其纪之为五常）。那么将天理说成三纲五常的目的是什么呢？

生：天理像三纲五常一样，适用于人类的生活。（预设）

师：因为天理适用于万事万物，所以三纲五常也适用于每个人，这样儒家纲常伦理获得了哲学层面的合理性。然而，光有理论的前提是不够的，要真正践行儒家的伦理道德，还需要解决一个现实问题，那就是当客观的天理和人内心的欲望产生冲突时该怎么办。

（2）天理和人欲的关系。

生：存天理、灭人欲。

师：非常好，那么，什么是人欲呢？

材料四：问："饮食之间，孰为天理，孰为人欲？"曰："饮食，天理也，山珍海味，人欲也。"

——朱熹《朱子语类》

生："人欲"就是人类违背天理的欲望（预设）。

师：人欲指超过延续生存条件、违背伦理道德原则的欲望。宋代儒士为践行儒家道德提出了一个伦理标准，即存天理、灭人欲。要做到这一点需要经历一个学习和修炼的过程，"格物致知"正是这一过程中必不可少的步骤。那么，什么是格物致知呢？

（3）如何获得理？

材料五：程颐认为："格犹穷也，物犹理也，犹曰穷其理而已也。"就是说，格就是深刻探究、穷尽，物就是万物的本原……

——人教版必修三《宋明理学》学思之窗

师：格物致知，探究万事万物（本原）以获得天理。这就明确了获得天理的途径。格物致知具有探究精神，那么，它与近代科学能不能画等号呢？

生：不能（预设）。

师：为什么？（假设你是宋代儒士，你格莲花的目的是什么？）

生：目的在明道德之善。

生：学习莲花的高尚品质（预设）。

师：经过宋代儒学家在本体论、伦理观和方法论三个方面的求索，儒学成为南宋以后统治者所推崇的官方哲学。那么，高考中对这些知识点又是如何考察的呢？我们一起走进高考，完成下列题目。

（4）试题小练 1。

a.（2019·新课标全国Ⅱ卷高考·26）程颢诗云："闲来无事不从容，睡觉东窗日已红。万物静观皆自得，四时佳兴与人同。道通天地有形外，思入风云变态中。富贵不淫贫贱乐，男儿到此是豪雄。"其体现的主旨是（　　）。

A．人类与自然和谐共处　　**B．人与万事万物皆同理**

C．张扬自我的人生态度　　D．无为而治的思想理念

b.（2014·广东文综·15）《红楼梦》中，贾宝玉的父亲让仆人转告贾府私塾老师说："什么《诗经》、古文，一概不用虚应故事，只是先把'四书'一气讲明背熟，是最要紧的。"据此推出符合史实的结论是（　　）。

A．理学居于统治地位，"四书"更受重视

B．孔子权威地位动摇，《诗经》遭到轻视

C．科举制度弊端暴露，富家子弟弃儒从商

D．《红楼梦》取材于现实，反映宋代生活

【大数据运用】学生通过答题器直接作答，大数据及时反馈答题情况，教师根据实时反馈当场掌握学生的学习状况，有针对性地进行讲解，提高教学的效率；同时，为课后个性化地推送作业做准备。

师：四书是科举考试的教科书。通过这道题目可知，随着时代的发展，程朱理学已逐渐被异化，成为读书人博取功名的手段，失去教化人心的功能。在这样的背景下，明代王阳明继续求索，在南宋陆九渊心学的基础上，提出了"心外无理""致良知""知行合一"的主张，强调匡正人心的重要性。那么，什么是心外无物、心外无理呢？我们来看一则小故事。

（5）什么是心外无物？

材料六：一次，王阳明与朋友同游南镇，友人指着岩中花树问道："天下无心外之物，如此花树在深山中自开自落，于我心亦何相关？"王阳明回答说："你未看此花时，此花与汝同归于寂；你来看此花时，此花颜色一时明白过来，便知此花不在你的心外。"

——王阳明《传习录》

师：没有发生联系时是同归于寂的，但当你看此花时，此花颜色一时明白过来，为什么能够明白过来？因为你的心中早已有了花的各种理、颜色、样式等。简单来说，你之所以看到花就知道它是花，是因为内心早已有了花的概念。因此说心外无物、心外无理。

师：既然心外无物、心外无理，那么我们探求天理就不必向外格物，只需要反省内心即可。在这一认识的基础上，王阳明又探求到一条获得理的途径，即致良知和知行合一。什么是良知呢？又如何致良知？我们来做下面的题目。

（6）试题小练2。

思想家王守仁说："夫良知者，即所谓是非之心，人皆有之，不待学而有，不待虑而得者也。""致吾心良知之天理于事事物物，则事事物物皆得其理矣。致吾心之良知者，致知也。"其主张（　　）。

①重建儒学信仰；②人人都有良知；③无私则无心；④加强道德修养、自我完善

A.①② 　　　B.③④ 　　　C.①③ 　　　D.②④

师：根据题目，请大家谈谈什么是良知，又如何致良知。

生：良知是每个人都有的，加强道德修养和自我完善可以提高良知。（预设）

师：良知指天理，是人内心所固有的善性。但这种善性常常受到私欲的遮蔽，因此要致良知，"致"首先是扩充，扩充良知，即要通过道德修养克服私欲，恢复良知的本性。另外，"致"又表示实实在在地践行，把人的良知努力地实现出来，变为具体的行动，又体现了知行合一，用良知支配自己的行为。

师：由此我们可知只要不断地致良知，人人都能明理。在这个意义上，王阳明

提出了"人皆可为圣贤"的主张。相对程朱理学"格物致知"的烦琐艰辛，王阳明的"致良知"简约易行，从而更适应下层民众的需要，推动了儒学的下移。那么具体来看，程朱理学和陆王心学又有哪些不同呢？

（7）比较程朱理学与陆王心学的不同，填入表 6-4。

表 6-4　程朱理学与陆王心学的不同

	本体论	
不同点	方法论	
	伦理观	

师：无论是程朱理学还是陆王心学，都是理学的重要组成部分，与传统儒学相比，有其自身特色。

（8）合作学习

活动一：小组合作探究，分析史料，结合所学知识，指出理学的特点（讨论，从材料里找依据归纳）。

材料七：理学，亦称新儒学。之所以称为理学，是因为两宋诸子所创建的思想体系以"理"为宇宙最高本体，以"理"为哲学思辨结构的最高范畴；之所以称为新儒学，是因为理学虽以儒家礼法、伦理思想为核心，但其张扬的孔孟传统已在融合佛、道思想精粹中被加以改造，具有一种焕然一新的面貌（摘编自冯天瑜等《中华文化史》）。

生：（现象）小组讨论，找出史料中的"理"（预设）。

师：融合佛、道思想，以伦理道德为思想核心，进一步思辨化。如何理解儒学的思辨化呢？我们从以下两个层面来看，首先，理本身就是哲学思辨结构的最高范畴；其次，理学从本体论、伦理观和方法论三个角度构建儒学体系，使得儒学本身更具逻辑性。

材料八：宋明理学……把社会秩序的礼等同于"天理"……与统治者所宣扬的"天命信仰""王权神授"相结合，上升为论证君主专制的合理性，（成为）从精神上对人们进行思想控制的官方意识形态。

师：南宋以后的统治者们正是看到这一点，他们将作为天理的"礼"与统治者所宣扬的"王权神授"相结合，论证君主专制的合理性，使宋明理学成为维护封建统治的工具。然而，这并不能掩盖宋明理学的光辉，宋明儒士上下求索、勇于担当的力量更是影响至今。

3. 力量

活动二：请大家以小组为单位，结合资料包，挑选其中一则或几则材料谈谈宋明理学的现实价值，并结合影响谈谈在祖国日新月异的今天，我们该如何承担时代赋予我们的使命。

资料一："物格而后知至，知至而后意诚，意诚而后心正，心正而后身修，身修而后家齐，家齐而后国治，国治而后天下平。"   ——《大学》

资料二：博学之，审问之，慎思之，明辨之，笃行之。——《礼记·中庸》

资料三：朱熹重视理学的普及化、通俗化。为了教育青少年树立三纲五常的道德规范意识，他编《小学集注》；《论语训蒙口义》《童蒙须知》中对儿童的衣着、语言、行为、读书、写字、饮食都做了道德规定。例如，穿衣——颈紧、腰紧、脚紧；说话——凡为人子弟必须低声下气、语言详缓；读书——端正身体面对书册，详缓看字；饮食——在长辈面前，必须轻嚼缓咽，不可闻饮食之声。

资料四：他（朱熹）的《家礼》……为"明世系""建祠堂""祭祖先"等……宗族活动制定了行为规范。他的《小学》……讲述"爱亲、敬长、隆师、亲友之道"。
                              ——余秉颐《儒家伦理观的思辨化与世俗化》

资料五：晚明个性解放的思想，滥觞于对王阳明独信自家良知的改造和发挥……王学的崛起事实上不同程度地形成了对构成儒学权威的"圣"、"贤"、或"六经"的冲击。   ——《中国大通史·明卷》

4. 课堂小结

宋明理学家在儒学式微的背景下，积极求索，勇敢地承担起复兴儒学的使命，体现了"士志于道"的强烈社会责任感和历史使命感，作为青年学生的我们，应该积极传承他们的精神，努力学习，认真探索，为中华民族的伟大复兴贡献自己的一份力量。

最后，我们以理学家张载的一段话来勉励自己：为天地立心，为生民立命，为往圣继绝学，为万世开太平！

5. 课后作业

基础训练+个性化作业推送。

【大数据运用】根据课堂答题的数据反馈，通过智学网推送 2～3 道同一知识点或相近知识点的选择题，以加深学生对此前未掌握知识点的理解，从而真正掌握这一知识点，达到真正的举一反三、融会贯通。

第 7 章
——CHAPTER7——

基于大数据的教学实践成效评估

南通一中基于大数据的教学实践已持续多年，这种基于大数据的精准教学模式实施效果到底如何？具体来说，该模式能否切实提升学生在学业领域的积极发展，并促使学生取得更好的学业表现？该模式对学校教师的专业发展是否有积极作用？如何科学评价学校运行该项目的方式与效果，从而发现优势与局限性，以促使南通一中进一步提升实施效果？为解决上述重要的教育问题，本书综合采用观察法、现场调研法、访谈法与横断研究设计问卷法等质性及量化研究方法，通过多指标、多角度的科学、严谨评估，对南通一中"基于大数据的教学创新"项目效果进行教育评价，具体评估方案及结果如下。

7.1 成效评估的整体方案

如何评估项目的效果才能一方面验证效果的有效性，另一方面为未来教育管理与其他地区、学校的基于大数据的精准教学实践提供建议与参考呢？

基于教育测量与评价相关研究，本章将从以下几个层面对项目成效进行全面、深度评估（见表 7-1）。

第一，基于教育评价的 CIPP 模式[1,2]，在学校评价层面，从宏观角度评价学校本项工作的整体质量，寻找改进途径，为学校未来对项目的深化开展提供教育决策依据。评估对象为学校管理者，评估方法为现场调研与访谈。

第二，从项目对学业表现的成效层面，考察学校开展项目对学生学业表现、学

[1] 江光荣, 任志洪. 基于 CIPP 模式的学校心理健康教育评价指标构建[J]. 教育研究与实验, 2011(4): 82-87.

[2] 肖远军. CIPP 教育评价模式探析[J]. 教育科学, 2003(3): 42-45.

生学业积极发展的提升及机制，以及对高考升学率的促进作用。评估方法包括访谈
与结构方程模型等。

第三，从项目对学校教学的成效层面，考察基于大数据的教学对教师教学的促
进效果。评估方法包括质性研究与实证研究分析。

表 7-1　成效评估整体框架

评估视角	目的	理论基础	对象	方法
学校教育评价	宏观角度评价学校本项工作的整体质量，寻找改进途径	教育评价的 CIPP 模式	学校管理者	访谈、现场调研
	对学生学业积极发展的促进作用	中国学生发展核心素养	学生	课堂观察、教师访谈、横断研究设计问卷法
	对学生学业积极发展的作用机制			横断研究设计问卷法
基于大数据的教学对教师教学的促进效果	评估使用情况与效果	课堂观察 LICC 范式	教师	课堂观察
	对教师教学综合能力的提升			访谈、问卷法

7.2　学校大数据驱动精准分层教学的整体评估

CIPP 模式是当代教育评价的重要理论框架，已在评估学校教育项目中得到广
泛应用[1,2]。CIPP 模式指出，教育评价最重要的目的在于帮助教育主管部门与学校
进行改进，而不是证实学校是否做好。该模式指出，应从四个方面构建一级评价指
标，开展教育评价，四项一级指标即背景评价（Context）、输入评价（Input）、过
程评价（Process）与结果评价（Product）。其中，背景评价用于界定学校开展项目
的政策背景与需求背景等，本书根据实际情况，从国家、地区与学校三个方面评估
政策背景，从南通一中发展需求角度评估需求背景；输入评价用于评估学校在项目
中投入的经费、硬件设施、人员等；过程评价用于评估学校具体开展基于大数据的
精准教学的方式，如课程、教学备课、课后教育测评与改进等情况；结果评价从宏
观水平上评估学校项目的成效。最后，整合以上四方面对项目进行整体评价。

---

[1] 江光荣, 任志洪. 基于 CIPP 模式的学校心理健康教育评价指标构建[J]. 教育研究与实验,
2011(4): 82-87.

[2] 肖远军. CIPP 教育评价模式探析[J]. 教育科学, 2003(3): 42-45.

7.2.1 研究目标

从宏观角度，评估学校基于大数据的教学创新的效果，为南通一中与其他学校未来进一步深化基于大数据的教学创新项目提供了科学依据。

具体来说，背景评价方面，通过评价政策与学校需求背景，指出当前政策支持与学校需求力度对项目发展的作用效果，从而为学校未来争取更多政策支持、明确自身发展需求提供必要参考。

输入评价方面，评估项目当前投入的经费、硬件设施、场地与人员等在多大程度上不能满足项目更好发展的需要，从而为未来学校发展提出建议。

过程评价方面，评估学校究竟如何基于大数据开展各环节的教学。

结果评价方面，评估项目自开展至今是否真的促进学生在学业表现与最终高考升学率方面的积极变化。如果是，具体探究为何有如此积极效果；如果不是，则需进一步探究是什么因素阻碍了项目实现预期效果，从而为未来教育改革提供依据。

7.2.2 研究对象

研究对象：南通一中副校长与中层领导干部。

7.2.3 研究方法

本书采用结构化访谈与现场调研相结合的方法开展研究。

本部分最重要的内容在于构建 CIPP 模式下的大数据教学创新学校评估工具。基于 CIPP 模式与教育评价理论，本书在四个一级指标下构建二级指标（见表7-2），并设计访谈提纲，采用系列问题收集信息（访谈提纲见附录 D），并结合现场调研等形成判断。

表 7-2　南通一中 CIPP 评价框架

一级指标	二级指标
背景评价	政策背景
	需求背景
输入评价	组织与制度
	经费投入
	场地
	硬件设施
	人员配备
过程评价	实施内容
	困难与挑战应对
结果评价	升学率
	教师专业发展

7.2.4　研究结果

根据CIPP模型,本书从以下四个方面评估南通一中"基于大数据的教学创新"项目的整体情况。

第一,背景评价。总体来说,本项目的开展得到了国家、江苏省、南通市与南通一中在政策层面的大力支持,具有良好的政策背景。国家层面,中共中央、国务院印发的《中国教育现代化 2035》与国务院办公厅印发的《促进大数据发展行动纲要》(国发〔2015〕50 号)文件中对实现教育现代化、发展大数据提出全面要求,鼓励建设教育文化大数据;完善教育管理公共服务平台。《教育部关于印发〈教育信息化"十三五"规划〉的通知》(教技〔2016〕2 号)明确提出:要"坚持深化应用",即进一步依托教育信息化"加快构建以学习者为中心的教学和学习方式";要"坚持完善机制",通过深化改革,理顺组织机构与部门、学校间协调问题。教育大数据相关的系列政策文件,为项目开展提供了政策引领与支持。《江苏教育现代化2035》(苏发〔2019〕15 号)指出,要"建成更加开放畅通的教育通道。各级各类教育纵向衔接、横向沟通,形成促进人的多向度发展和多通道成才的立交桥。社会成员根据不同禀赋、爱好、特长多维度选择教育途径和内容,形成全社会人人渴望成才、人人努力成才、人人皆可成才、人人尽展其才的生动局面。"同时,高中要"深化普通高中课程改革,全面实施学生发展指导、综合素质评价、选课走班和学分制等教学管理制度。"江苏省教育厅重视智慧教育改革工作,在《江苏省人民政府办公厅关于推进智慧教育的实施意见》（苏政办发〔2015〕24 号）中，对本省开展智慧教育的目标与重点任务做出了详细部署。南通市高度重视教育信息化的发展，出台了《中共南通市委　南通市人民政府关于深化教育领域综合改革推进教育现代化市级示范区建设的意见》（通委发〔2014〕15 号）、《中共南通市委　南通市人民政府关于深入推进教育现代化建设努力办好人民满意教育的实施意见》（通委发〔2017〕3 号）等系列文件，并通过文件《南通市人民政府关于印发深化教育领域综合改革推进教育现代化示范区建设 2017 年重点任务分解表的通知》（通政办发〔2017〕57 号）等推进全市加快深入发展教育信息化。江苏省教育厅与南通市的政策为南通一中开展基于大数据的教育现代化教学改革提供了更具体的努力方向与支持。

正是在国家与地方政府政策大力支持的背景下，南通一中才得以全力开展教育改革，切实响应党和国家的教育政策号召。

南通一中高度重视智慧教育背景下基于大数据的教学创新工作。学校发布《全面推进智慧教学改革的行动计划》《实施智慧教育，建设高品质示范高中》等文件，推进大数据驱动的教学创新工作。

在需求背景方面，南通一中是江苏省重点中学、国家级示范性普通高中。随着信息化变革的深入，南通一中面临着新形势、新阶段、新理念、新格局。如何深化育人方式改革，保持学校育人质量高质量、特色发展，是学校面临的发展挑战。南通一中准确、客观认识到自身面临的挑战，为其开展项目提供了基础。

第二，输入评价。在组织与制度方面，南通一中将"基于大数据的教学创新"项目作为"一把手"工程来做，建立了以校长为领导，分管副校长、中层领导具体负责，顶层与中层领导与具体学科组密切协作的组织方式。通过学校制定的系列政策文件可以发现，南通一中用心、用力、有效形成了组织领导有力合理、上下团结协作、分工高效的组织架构。这是学校有效推行项目，并使项目能够持续改进、持久长效的保障。在经费投入方面，南通一中在全国智慧教育投入方面保持中上水平，在江苏省普通高中行列保持中等投入，近年来，最高一年投入 200 万元用于基于大数据的教学创新。基本充足的经费投入，是南通一中能够持续、高质量开展项目的基础保障。在场地和硬件设施方面，南通一中不仅开设了多间教室、实验室与设备机房，而且购置了包括高速扫描仪、平板电脑及微云服务器等在内的硬件设备，还在全校范围内覆盖了无线网络。这为开展基于大数据的教学创新，如平板电脑教学等提供了良好基础。人员配备是学校利用现有设备充分推动项目开展的重要因素。除了校长与分管副校长亲自统领、频繁了解项目进展，南通一中还构建了大数据教学团队，主要由科大讯飞的驻校服务人员 2 名、信息学科教师 6 名、专职电教设备服务人员 1 名及各学科骨干教师各 1 名组成。学校组成了校领导统筹组织的组织结构，建成了多学科背景的人才团队，为学校项目的开展提供了人才保障。

第三，过程评价。通过现场调研、听评课与查阅学校历史资料，南通一中在全学科、多方式上实施了基于大数据的教学创新。在教学上，其总体采用"普遍采集—全面统计—精准结论—个性措施—菜单反馈"的实施流程，着重对教学进行知识点诊断、个性化分析和点对点纠错，有益于教师真正实现个性化教学，学生得到更个性化的学习反馈，教学管理者实现对项目与教学进度、质量、问题的及时、高效监测、管控。在实施该项目时，南通一中也面临一系列挑战，其中较为突出的是教师使用、利用大数据相关教学信息化工具开展教学的问题。如何让大数据相关工具在教师手中得心应手，成为教师教学的利器呢？南通一中在校领导带领下，组织安排了多次教师培训与相关会议，促进了全校教师数据与信息化教学素养的提升，从而让平板电脑、智学网等大数据信息化工具发挥了作用，解决了这一问题。

第四，结果评价。自 2018 年南通一中全面推行"基于大数据的教学创新"项目以来，其升学率与学生学习状况有了明显改进。在高考升学率方面，其 2019 年高考一本升学率比 2018 年提升了 30%。这说明了本项目对教学质量、学生学习效果的良好促进作用。校长、教师通过教育观察，普遍反映本项目促进了学生的学习兴趣、自主学习与学习迁移能力等的提升。另外，本项目也促使本校教师实现了自身专业的发展，帮助其实现终身学习，提高教师数据素养。

7.2.5　讨论

通过上述分析可以发现：南通一中采用基于大数据的教学创新，具有良好的政策背景，符合时代、地区与学校的发展需要；采用灵活有效的方式进行项目组织，建立了分工明确且有效的人员团队；为该项目投入了较为充足的经费、设施、场地与人员，采用多种方式有效开展基于大数据的教学，并在短时间内取得了突出的成效。这初步说明了"基于大数据的教学创新"项目的有效性。未来，南通一中应继续加大在相关方面的投入，进一步通过深化与高校、科研院所合作来实现教学改革的持续创新，通过组织机构研究实现学校效能提升，通过系列教师培训进一步提升教师的信息素养，通过结合教学、学生发展指导与心理健康教育，进一步深入贯彻立德树人的根本宗旨，让基于大数据的教学创新进一步为学生升学与生涯发展、全面健康发展服务。

7.3 学校大数据驱动精准分层教学对学业发展的提升作用

7.3.1 研究目标

首先，本书通过学生自评的方式，对学生对大数据驱动精准分层教学的满意度和接受度、学习投入和学习策略、学生的 ICT 胜任力和 ICT 自我效能感及学生自评接受精准教学后在学业积极发展上的变化进行了描述。其次，本书以学生学习投入作为自变量，考查学生学习投入对学业表现（以学生学习成绩为指标）的预测作用。最后，本书考查了学生学习投入对学生学习策略（指控制策略）的预测作用，因为控制策略是高阶思维内容，高考和核心素养培养现在更重视高阶思维的培养而不是死记硬背的初阶学习策略。

7.3.2 研究对象

本书选取南通一中的学生为研究对象，采用问卷调查的方式收集数据。问卷通过网络形式发放，共回收 1323 份问卷，有效问卷 1309 份，有效率为 98.94%。学生基本信息统计如表 7-3 所示，参与问卷调查的男生和女生占比各为 50.00%。参与调查的高一年级学生占比 50.10%，高二年级学生占比 49.80%，只有 1 名高三年级学生参与了调查。参与调查的学生中住宿生占比 5.90%，非住宿生占比 94.10%。样本涵盖了不同性别的学生，但参与调查的学生主要为高一和高二年级的非住宿生。

表 7-3 学生基本信息统计

调查项	选择项	人数	百分比
性别	男	655	50.00%
	女	654	50.00%
年级	高一	656	50.10%
	高二	652	49.80%
	高三	1	0.10%
是否住宿	是	77	5.90%
	否	1232	94.10%

7.3.3　研究方法

1. 研究工具

本节通过参考相关文献，针对本次评估的实际需要编制了《基于大数据的教学实践效果调查（学生版）》问卷，见附录 G。

问卷包含学生语数外三科成绩（学业表现即三科成绩的平均分）、接受度（用数字 1～5 表示，数字越大表示接受度越高），以及采用 Likert-5 计分（1=非常不同意，5=非常同意）的满意度和 ICT 自我效能感分量表，采用 1（非常不同意）～4（非常同意）计分的学习投入、学习策略（指控制策略）和 ICT 胜任力分量表，采用 0（完全没有进步）～4（进步非常大）计分的学业积极发展变化分量表，6 个分量表的信度及基本情况如表 7-4 所示，各分量表的信度均大于 0.80，说明本问卷信度良好，适合进一步的数据分析。

其中，为评估学生的学业积极发展变化，本书根据文献分析法，初步构建了测量学业积极发展变化的 20 个项目，在咨询相关领域专家、对项目间词义和构念进行分析后，保留了 10 个项目进行初步分析。10 个项目的内在一致性系数为 0.95，信度很高。采用探索性因子分析发现，学业积极发展变化只有一个维度，该维度的 10 个项目的载荷均在 0.71 以上，故全部予以保留。采用验证性因子分析显示，该问卷模型拟合良好，$\chi^2(30)=402.45$，$p<0.001$，TLI=0.95，CFI=0.97。

表 7-4　6 个分量表的信度及基本情况

分量表	例题	信度
满意度	总体来看，我对学校目前实施的智慧教学非常满意	0.94
学习投入	你是否经常按时完成作业与错题练习	0.84
控制策略	当我学习时，会先弄清我到底需要学习哪些东西	0.93
ICT 胜任力	我有信心在家使用数码产品	0.92
ICT 自我效能感	我相信我的信息技术成绩会在班里名列前茅	0.97
学业积极发展变化	学习遇到问题时我会去找老师、同学或网络资料去解决	0.95

2. 数据分析

本书使用 SPSS 22.0 统计软件对调查数据进行处理分析，主要包括描述性统计、相关性分析、一元线性回归分析和单因素 ANOVA 方差分析等。

7.3.4　研究结果

1. 描述性统计与相关分析

本书主要通过评价学生学业表现、对大数据驱动精准分层教学的满意度及接受度、学习投入、学习策略、ICT 胜任力、ICT 自我效能感及学业积极发展变化，体现学校实施大数据驱动精准分层教学对学生学业发展水平的积极作用。根据表7-5 的描述性统计结果，学生平均学业表现为 94.51，对大数据驱动精准分层教学的满意度、接受度的平均得分为 3.72 和 3.79，学习投入、学习策略、ICT 胜任力及 ICT 自我效能感的平均得分分别为 3.28、3.40、3.12 及 3.38，学业积极发展变化的平均得分为 3.98。由此表明，学校实施大数据驱动精准分层教学的整体效果较好，学生的学业发展得到积极的提升。

其中，除学生平均学业表现外，学业积极发展变化得分最高（3.98），其次是对该教学模式的接受度（3.79）及满意度（3.72），这三个层面的得分均高于 3.5 分，表明通过大数据驱动的精准分层教学，学生的学业发展得到很高程度的积极提升，学生可以接受大数据驱动的精准分层教学，且对该模式的整体满意度较高。学习投入平均得分为 3.28，说明在学校实施大数据驱动精准分层教学的过程中，学生进行学习时，对学习的投入较多；学习策略（指控制策略）平均得分为 3.40，说明控制策略是本校学生在学习中经常使用的学习策略；ICT 胜任力平均得分为 3.12，说明学生对使用 ICT 相关的产品很有信心，且能够解决在使用 ICT 相关产品时遇到的问题；ICT 自我效能感平均得分为 3.38，低于 3.5，说明学生对自己能够学好信息技术课程的信心不足。

根据表 7-5 的相关分析结果，学生学业表现与对精准分层教学的满意度（$r=0.08$，$p<0.01$）和接受度（$r=0.06$，$p<0.05$）、学习投入（$r=0.16$，$p<0.01$）、学习策略（$r=0.17$，$p<0.01$）及学业积极发展变化（$r=0.16$，$p<0.01$）之间均存在显著正相关；

学生对精准分层教学的满意度与对精准分层教学的接受度（$r=0.89$，$p<0.01$）、学习投入（$r=0.54$，$p<0.01$）、学习策略（$r=0.26$，$p<0.01$）、ICT 胜任力（$r=0.27$，$p<0.01$）、ICT 自我效能感（$r=0.23$，$p<0.01$）及学业积极发展变化（$r=0.33$，$p<0.01$）之间均存在显著正相关；

学生对精准分层教学的接受度与学习投入（$r=0.50$，$p<0.01$）、学习策略（$r=0.24$，$p<0.01$）、ICT 胜任力（$r=0.27$，$p<0.01$）、ICT 自我效能感（$r=0.21$，$p<0.01$）及学业积极发展变化（$r=0.31$，$p<0.01$）之间均存在显著正相关；

学生学习投入与学习策略（$r=0.58$，$p<0.01$）、ICT 胜任力（$r=0.34$，$p<0.01$）、

ICT 自我效能感（r=0.33，p＜0.01）及学业积极发展变化（r=0.55，p＜0.01）之间均存在显著正相关；

学生学习策略与 ICT 胜任力（r=0.30，p＜0.01）、ICT 自我效能感（r=0.27，p＜0.01）及学业积极发展变化（r=0.63，p＜0.01）之间均存在显著正相关；

学生 ICT 胜任力与 ICT 自我效能感（r=0.35，p＜0.01）及学业积极发展变化（r=0.38，p＜0.01）之间均存在显著正相关；

学生 ICT 自我效能感与学业积极发展变化（r=0.42，p＜0.01）之间存在显著正相关。

表 7-5　描述性统计与相关分析

N=1309	M	SD	1	2	3	4	5	6	7	8
1. 学生学业表现	94.51	9.63	1							
2. 满意度	3.72	0.80	0.08**	1						
3. 接受度	3.79	0.84	0.06*	0.89**	1					
4. 学习投入	3.28	0.43	0.16**	0.54**	0.50**	1				
5. 学习策略	3.40	0.60	0.17**	0.26**	0.24**	0.58**	1			
6. ICT 胜任力	3.12	0.73	0.02	0.27**	0.27**	0.34**	0.30**	1		
7. ICT 自我效能感	3.38	1.07	−0.04	0.23**	0.21**	0.33**	0.27**	0.35**	1	
8. 学业积极发展变化	3.98	0.79	0.16**	0.33**	0.31**	0.55**	0.63**	0.38**	0.42**	1

注：*p＜0.05，**p＜0.01。

接下来从学生学业积极发展变化的乐学善学、自主学习、勤于反思及信息意识四个方面，具体分析实施大数据驱动精准分层教学的过程中，学生学业积极发展变化的效果。

分析结果显示（见图 7-1），学生在乐学善学、自主学习、勤于反思和信息意识四个方面的平均得分分别为 3.88、4.04、3.98 和 4.02，均大于 3.5，表明在学校实施大数据驱动精准分层教学的过程中，学生的学业发展得到了积极提升。

其中，第一是自主学习，得分最高（4.04），说明在实施大数据驱动精准分层教学的过程中，学生能够更加主动地学习，遇到学习问题时能够主动找他人帮助解决；

第二是信息意识（4.02），说明在实施大数据驱动精准分层教学的过程中，学生提升了信息意识，普遍能够利用信息设备获取所需的学习信息，也知道如何在网上保护自己的隐私，学生的信息意识比较强；

第三是勤于反思（3.98），说明在实施大数据驱动精准分层教学的过程中，学生能够更为及时地反思自己的学习状态，总结自己在学习中遇到的问题和经验；

第四是乐学善学（3.88），说明在实施大数据驱动精准分层教学的过程中，学生更加重视学习，学习兴趣也比较浓，学习习惯良好。

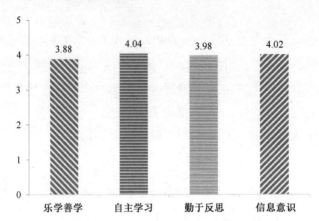

图 7-1　学生学业积极发展变化评估值

2. 学生学习投入对学业表现的影响分析

首先，为了考查学生学习投入对其学业表现的影响，本书以学生学习投入为自变量、学业表现为因变量，进行线性回归分析。

分析结果如表 7-6 所示。回归模型拟合度决定系数 R^2=0.02，表明学生学习投入对学业表现的解释程度为 2.40%；方差分析结果显示 F=32.13（p＜0.001），表明回归模型显著，学生学习投入对学业表现具有显著正向预测作用，β=0.16，p＜0.001。

表 7-6　回归模型 1 系数

回归模型 1	未标准化系数		标准化系数	t	p
	B	标准误差	β		
常量	83.11	2.03		40.98	0.00
学习投入	3.48	0.61	0.16	5.67	0.00

另外，基于上述学生学习投入可以显著正向预测学业表现的结果，本书进一步将学生学业表现按 27%、46%、27% 的比例分为低、中、高三类，然后进行单因素 ANOVA 方差分析，考察三类学业表现的学生在学习投入上是否存在显著差异。

如表 7-7 所示，总的来说，低、中、高三类学业表现的学生在学习投入上存在显著差异（F=14.61，p＜0.001）。具体而言，高分组（M=3.35，SD=0.41）和中分组（M=3.30，SD=0.42）学业表现的学生的学习投入显著高于低分组学业表现的学生的学习投入（M=3.18，SD=0.44），p 均小于 0.001；而中分组和高分组学业表现的学生在学习投入上不存在显著差异（p＞0.05）。

表 7-7　不同水平学业表现的学生在精准教学学习投入上的差异分析

学业表现	N	M	SD	F	p
低	353	3.18	0.44		
中	603	3.30	0.42	14.61	0.00
高	353	3.35	0.41		

3. 学生学习投入对学习策略的影响分析

为了考查学生学习投入对其学习策略的影响，本书以学生学习投入为自变量、学习策略（控制策略）为因变量，进行线性回归分析。

分析结果如表 7-8 所示。回归模型拟合度决定系数 $R^2=0.33$，表明学生学习投入对控制策略的解释程度为 33.00%；方差分析结果显示 $F=644.18$（$p<0.001$），表明回归模型显著，学生学习投入可以显著正向预测其控制策略，$\beta=0.58$，$p<0.001$。

表 7-8　回归模型 2 系数

回归模型 2	未标准化系数		标准化系数	t	p
	B	标准误差	β		
常量	0.78	0.10		7.45	0.00
精准教学学习投入	0.80	0.03	0.58	25.38	0.00

7.3.5　讨论

首先，定量研究发现，学生对学校实施的精准分层教学表现出高满意度和高接受度，学生在清楚学校开展智慧教学目的的情况下，能够在学习过程中感受到快乐，而且后续也愿意继续接受这种精准分层教学。

其次，学生学习投入也比较多，在对学生学习投入和学业表现关系的研究中发现，学生学习投入可以显著正向预测其学业表现，即学生学习投入越多，其学业表现越好。对于不同学业表现水平的学生，其学习投入上存在显著差异，学业表现水平高的学生自评学习投入也多。

根据已有研究，学生的学习投入包括行为投入、情感投入及认知投入三部分[1]。本书中学生学习行为投入包括预先准备学习用具、按时完成作业、参与课堂小讨论和经

---

[1] Fredricks J A, Blumenfeld P C, Paris A H. School Engagement: Potential of the Concept, State of the Evidence[J]. Review of Educational Research, 2004, 74(1): 59-109.

常使用平板电脑等；学生学习情感投入包括感受自己与学校的联结、关心学校、对能够上学感到开心、觉得平板电脑教学可以让自己激动，以及喜欢上平板电脑教学课等；学生学习认知投入包括学生想利用平板电脑等科技手段学到尽可能多的知识、认为成绩很重要、认为可以用平板电脑学到有用的内容、想在学校表现得好一点，以及认为在学校上学对未来发展很重要等。本书从实证研究的角度证明了学生学习行为、情感和认知投入程度对其学业表现的影响，即学习投入越多，学业表现越好。

最后，学生学习投入显著正向预测其学习策略，即学生学习投入越多，其在学习中越多地使用学习策略。本书考察的学生学习策略主要是控制策略，学生自评控制策略的使用比较多，使用控制策略在学习上表现为对学习"较真"，比如会在学习时先搞清楚自己需要学习哪些内容、对学习过的内容进行反复理解、对不理解的概念反复思考、着重学习重点内容，以及会努力找其他材料来帮助自己理解知识。学生对精准分层教学高水平的学习投入意味着其在学习上会更较真，其使用学习策略也更多。

7.4 学校大数据驱动精准分层教学影响学生学业发展的作用机制

7.4.1 研究目标

本书选取学业表现作为因变量，以衡量学校开展大数据驱动精准分层教学后，学生投入这种精准分层教学的程度是否及如何影响其学业表现。本书假设：学生的学习投入会提升其学业积极发展变化水平，进而提升其学业表现。

7.4.2 研究对象

同 7.3.2 节。

7.4.3　研究方法

研究工具与 7.3.3 节相同。采用 SPSS 22.0 与 AMOS 23.0 软件进行数据收集及分析。采用显变量结构方程模型进行分析，通过构建中介效应模型，验证假设。

7.4.4　研究结果

首先，采用 AMOS 23.0 软件作为统计分析工具，对构建的中介效应模型进行验证性因子分析。其中，自变量"学习投入""学业积极发展变化"为潜变量，学业表现为显变量。结果显示，$\chi^2(37)=278.81$，$p<0.001$，TLI=0.96，CFI=0.98。模型拟合良好。可以进行进一步分析。

其次，构建中介效应模型，并采用 5000 次 Bootstrap 法验证中介作用的显著性。本书有放回地重复抽样 5000 次。如果 95% 置信区间不包含 0，则说明中介效应显著。结果发现，模型的直接效应显著（95% CI [0.00,0.04]，$p<0.001$）：学习投入能够显著正向预测学生的学业表现，即学生在学校精准分层教学模式下的学习投入越多，其学习成绩越好。进一步分析中介效应发现（见图 7-2），学生学业积极发展变化能够在学习投入对学业表现的预测作用中发挥部分中介作用（95% CI [0.02,0.09]，$p<0.001$）。结果说明，中介作用假设成立。学生的学习投入是通过促进中介变量——学业积极发展变化的增长来提高学生学业表现的。

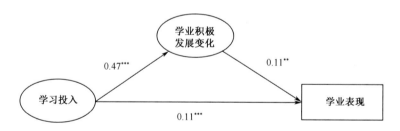

图 7-2　中介效应图（注：图中为标准化路径系数。***表示 $p<0.001$，**表示 $p<0.005$）

7.4.5　讨论

研究结果表明，南通一中学生的学习投入能够通过提升其学业积极发展变化水平，从而进一步提升其学业表现（学业考试成绩），即学业积极发展变化在学习投入对学业表现的预测作用中起部分中介作用。

学习投入是学业研究领域的重要指标。考察其对南通一中学生学业表现的作用及机制，不仅能够有效评估"基于大数据的教学创新"项目的效果，而且能够深入揭示该项目是如何起作用的，从而能够为其他地区的基于大数据的教学创新提供科学依据与改革灵感。

学习投入不仅与学校的学习氛围、教学质量有密切关系，而且是减缓学生学习倦怠的重要因素。更重要的是，学习投入能够显著预测学生学业表现与辍学率[1-4]。[2][3][4]

在前文中，我们已经发现学习投入越多，南通一中学生的学业表现越好。那么，南通一中学生在基于智学网、平板电脑等开展的精准分层教学中所产生的对学习的持续、充满积极情绪的状态，究竟是如何促进其学业表现提升的呢？本书研究发现，学生的学习投入提升了其学业积极发展变化水平，从而实现了对学业表现的促进作用。精准分层教学促使学生在学习中的活力、专注力等水平更高。对于这种较高水平的学习投入，第一，它能够促进学生形成对学习价值的理解，让学生能够用更积极的态度与更浓的兴趣开展学习；第二，它能够促进学生自主学习，使学生可以自行根据智学网等智慧教育工具的反馈，精准练习习题，自主选择、安排学习时间，从而提升学生的自主学习能力；第三，由于教师会在平板电脑教学过程中通过提问、反馈等方式帮助学生高效地进行自我反思与监控，学生会更好地养成对自己的学习状态、水平进行元认知监控的意识和习惯；最后，智学网、平板电脑教学等信息化工具极大地提升了学生学习的信息化水平，从而让学生在高频率利用信息化技术的过程中，更好地学会自主、有效获得、评价与利用数字化信息，并利用互联网开展自主学习。正是由于学生在上述四个方面所产生的学业积极发展变化，他们能够取得更好的学业表现。本书考察的学生学业积极发展变化，实际上也能反映

[1] 高斌, 朱穗京, 吴晶玲. 大学生手机成瘾与学习投入的关系: 自我控制的中介作用和核心自我评价的调节作用[J]. 心理发展与教育, 2021, 37(3): 400-406.

[2] 魏军, 刘儒德, 何伊丽, 等. 小学生学习坚持性和学习投入在效能感、内在价值与学业成就关系中的中介作用[J]. 心理与行为研究, 2014, 12(3): 326-332.

[3] 文超, 张卫, 李董平, 等. 初中生感恩与学业成就的关系: 学习投入的中介作用[J]. 心理发展与教育, 2010, 26(6): 598-605.

[4] Fredricks J, McColskey W, Meli J, et al. Measuring Student Engagement in Upper Elementary through High School: A Description of 21 Instruments[J]. Regional Educational Laboratory Southeast, 2011: 88.

学生核心素养在学业方面的发展水平变化。2014 年，教育部印发《关于全面深化课程改革落实立德树人根本任务的意见》，提出"教育部将组织研究提出各学段学生发展核心素养体系，明确学生应具备的适应终身发展和社会发展需要的必备品格和关键能力"。2016 年 9 月 13 日，中国学生发展核心素养研究成果发布会在北京师范大学举行，这标志着我国学生发展核心素养框架与内容的正式提出。中国学生发展核心素养分为文化基础、自主发展、社会参与三个方面，综合表现为人文底蕴、科学精神、学会学习、健康生活、责任担当、实践创新六大素养、18 个基本要点。其中，学会学习这一核心素养包括乐学善学、自主学习、勤于反思和信息意识[1]。本书研究结果说明，在南通一中"基于大数据的教学创新"项目中，学生在精准分层教学上的学习投入影响其学业表现。未来研究与学校教学实践应致力于促进学生在精准分层教学上的学习投入，这样才能促进学生学业积极发展变化水平的提升，最终真正提升学生的学业表现。

7.5 学校大数据驱动精准分层教学对教师教学与专业发展的作用

7.5.1 研究目标

本书以教师为研究对象开展评估工作，从而发现、优化、解决教师在教学改革过程中遇到的潜在问题。本书采用课堂观察法、访谈法、问卷调查法三种研究方法，旨在评估教师采用精准分层教学的效果及精准分层教学对教师自身发展的作用和局限性。

7.5.2 研究对象

本书对南通一中的 52 名教师进行了问卷调查，并且在教师中有目的地抽取了6 名教师进行访谈，还对 2 名教师的课堂教学进行了观察。

---

[1] 林崇德. 学生发展核心素养:面向未来应该培养怎样的人?[J]. 中国教育学刊, 2016(6): 1-2.

7.5.3 研究方法

本书采用课堂观察法、问卷调查法和访谈法考察南通一中大数据驱动精准分层教学对教师教学与专业发展的作用，在实施大数据驱动精准分层教学的班级中随机选择两个班级进行课堂观察并记录。问卷调查主要采用线上施测的方式进行。开放式问卷是在被试者知情并自愿的情况下进行调查的，量表的初测版和正式版均使用问卷星进行编制与发放，被试者在知情并明确指导语后进行作答。问卷被统一回收后，通过 SPSS 22.0 进行数据处理。本书在填写问卷的教师中随机抽取 6 名进行线下小组访谈。

课堂观察 LICC 范式规定了课堂观察的程序，提供了观察点确定、观察与记录工具的开发、数据处理与推论、课例编制等技术，体现了教师研究的专业性[1]，克服了传统听评课方式存在的随意、零散、肤浅等缺点。本书以 LICC 范式作为理论基础，编制了精准分层教学课堂观察表（详见附录 F），并以精准分层教学课堂观察表为依据对南通一中的精准分层教学进行了课堂观察，专家在课堂观察后从学科素养、技术使用情况、师生互动等角度进行了点评。

教师问卷包括基本信息、教师满意度分析、教师接受度分析、教师获得感分析、教师信息技术应用能力分析、教师数据素养及学生学业水平发展七部分（见表 7-9），共 74 题，见附录 H。大部分题目采用李克特五点量表形式呈现，选项中的"非常不同意、不同意、一般、同意、非常同意"分别代表"1 分、2 分、3 分、4 分、5 分"。该问卷由南通一中参与学校大数据驱动精准分层教学的教师填写，并在规定时间内反馈该份问卷。

表 7-9　教师版调查问卷结构

维度	考察内容	题量
基本信息	性别、年龄、教龄、任教年级、教授科目、学历、职称	共 7 题
教师满意度分析	总体满意度、个体教育期望（对教师工作的期望）、政府保障感知、学校支持感知	共 5 题
教师接受度分析	绩效期望、努力期望、社群影响、促成条件、接受程度	共 10 题
教师获得感分析	精神获得感	共 4 题
教师信息技术应用能力分析	技术素养、计划与准备、组织与管理、评估与诊断、学习与发展	共 17 题
教师数据素养	意识态度、基础知识、核心技能、思维方法、培训需求	共 20 题
学生学业水平发展	学习策略、学生成绩变化	共 11 题

---

[1] 崔允漷. 论课堂观察 LICC 范式：一种专业的听评课[J]. 教育研究, 2012(5): 79-83.

问卷通过网络形式发放，共回收 52 份，其中，有效问卷 49 份，有效率为 94.23%。借助 SPSS 22.0 数据分析工具，对问卷信效度进行分析。在信度方面，问卷中潜在变量的克隆巴赫系数 $\alpha=0.94$，大于 0.7，说明教师问卷具有高信度，适合进一步的数据分析；KMO=0.85，大于 0.8，适合进一步的因子分析。

为了深入了解南通一中开展的大数据驱动精准分层教学的实施效果，本书采用目的性抽样的方法选择参与研究的教师，即抽取那些能为本研究提供最大信息量的样本。本书依据研究问题和 TAM 理论设计了精准分层教学参与人员访谈提纲，通过预访谈对访谈提纲的部分内容进行了完善（最终的访谈提纲见附录 E），并选择了 6 位教师进行深度访谈。受访者基本信息如表 7-10 所示。

表 7-10　受访者基本信息

教师	性别	任教学科	教龄/年	是否担任班主任
T1	男	语文	33	否
T2	男	历史	13	是
T3	男	政治	4	是
T4	女	地理	19	否
T5	男	数学	36	否
T6	女	信息技术	22	否

为深入了解南通一中大数据驱动精准分层教学的开展情况，本书随机选取了一节数学课及一节语文课进行课堂观察。以课堂观察 LICC 范式为依据，本书从学生学习、课程性质和课堂文化三个维度中选择了互动、自主、内容、评价、资源及创新 6 个视角、10 个观察点进行深入观察。

访谈采取线下小组访谈的形式，在正式访谈之前，研究者向受访者进行说明，在得到受访者同意的情况下，对整个访谈过程进行录音。在访谈完成之后，研究者对访谈录音进行转录，并将转录的内容发给受访者进行确认，以确保没有错误地转录受访者的意思，从而进一步确保访谈数据的可信度。访谈最终得到 6 人的访谈录音数据。对于 6 人的访谈录音数据，通过在线语音转文本处理软件"讯飞听见"对其进行文字转写，通过多次对录音数据的校对，最终形成较为完善的文字性稿本。经统计，访谈录音总时长为 38 分钟，转录文本字数为 7527 字。

7.5.4　研究结果

本书通过评价教师对大数据驱动精准分层教学的满意度、接受度、获得感，以及教师信息技术应用能力、教师数据素养与学生学业水平发展，体现南通一中教师参与学校开展的大数据驱动精准分层教学的效果。教师对大数据驱动精准分层教学的满意度、接受度及获得感的平均得分为3.95、3.73、3.75，教师信息技术应用能力、教师数据素养和学生学业水平发展平均得分分别为3.74、3.49、3.03，总平均得分为3.62，如图7-3所示。结果显示，教师对南通一中开展的大数据驱动精准分层教学的满意度、接受度、获得感均较高，并且教师数据素养较高，教师信息技术应用能力较强，表明大数据驱动精准分层教学总体效果较好。

其中，教师满意度（3.95）得分最高，其次是教师获得感（3.75）、教师信息技术应用能力（3.74）和教师接受度（3.73），这四个层面的得分均高于3.5分；教师数据素养（3.49）及学生学业水平发展得分较低（3.03），但仍然大于3分，说明教师认为南通一中所开展的大数据驱动精准分层教学在一定程度上可以促进学生学业水平发展。总的来说，教师对大数据驱动精准分层教学较为满意，并且愿意接受该教学模式。

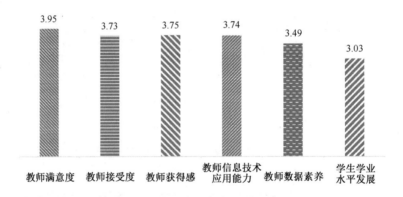

图 7-3　教师对大数据驱动精准分层教学的总体效果评价

接下来对教师满意度、教师接受度、教师获得感、教师信息技术应用能力、教师数据素养及学生学业水平发展进行分析。

1. 教师满意度

教师满意度问卷由总体满意度、个体教育期望、政府保障感知和学校支持感知四个维度构成，共5题。数据显示，教师对南通一中开展的大数据驱动精准分层教学总体满意度较高（4.12），如图7-4所示。总体满意度、个体教育期望、政府保障感知和学校支持感知四个维度的得分分别为4.12、3.98、3.94、3.77，均大于3.5。

其中，总体满意度维度的得分最高（4.12），说明教师对南通一中开展的大数据驱动精准分层教学整体比较满意；个体教育期望（3.98）次之，说明学校基于智学网开展的精准分层教学较能满足教师的教育期望；然后是政府保障感知（3.94），说明学校的办学条件及所提供的教学资源能够满足教师的教学需求；最后是学校支持感知（3.77），说明教师对学校所采取的各种管理制度，如职称评审、绩效奖励等较为满意。学校营造了基于大数据开展教学实践的氛围，大数据驱动的精准分层教学理念被学校的教师广为接受。

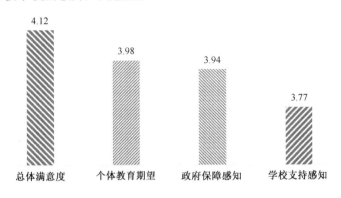

图 7-4　教师满意度评估值

2. 教师接受度

教师接受度问卷由绩效期望、努力期望、社群影响、促成条件和接受程度五个维度组成，共 10 题。数据显示，教师对南通一中开展的大数据驱动精准分层教学接受度较高。如图 7-5 所示，绩效期望、努力期望、社群影响、促成条件和接受程度五个维度的得分分别为 3.53、3.48、3.81、3.90、3.94，除努力期望维度得分小于3.5 之外，其余维度得分均大于 3.5。总体来看，教师对大数据驱动精准分层教学的接受度较高。

其中，第一是接受程度，得分最高（3.94），表明教师比较愿意接受大数据驱动的精准分层教学这一教学模式，愿意在今后的课堂中继续开展大数据驱动的精准分层教学实践，愿意推荐其他教师在教学过程中开展大数据驱动的精准分层教学实践。

第二是促成条件（3.90），学校为教师提供了各种支持，如开展培训活动、配备硬件设备等。此外，教师清楚地了解如何使用智学网等教学平台产生的数据开展精准分层教学或精准教研，这也是促成条件之一。

第三是社群影响（3.81），教师都尝试在课堂中使用智学网产生的数据开展精准教学，加之学校对在课堂中实施精准分层教学提供了必需的教育资源和大力支持，在这样的环境下，教师更愿意接受大数据驱动的精准分层教学。

第四和第五分别是绩效期望（3.53）和努力期望（3.48），教师不太认为开展大数据驱动的精准分层教学可以增加晋升机会、提升专业技能。学校管理层可以改善相关管理措施，提高教师接受度。此外，教师在获取学生数据、分析数据、解读数据及实施精准分层教学的过程中会感受到一些压力，虽然数据显示其压力并不严重，但这也提醒平台可以通过优化相关功能来减轻教师的使用压力，从而提高教师的接受度。

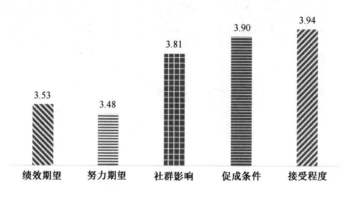

图 7-5　教师接受度评估值

3. 教师获得感

对教师获得感层面的分析主要为精神获得感维度，共 4 题。教师获得感得分为 3.75，说明在开展大数据驱动的精准分层教学后，教师更加坚定了作为一名教师的使命、责任与担当，获得了更多的教学成就，有了更多的教学热情，更加愿意应用信息技术变革教学。

4. 教师信息技术应用能力

教师信息技术应用能力问卷由技术素养、计划与准备、组织与管理、评估与诊断和学习与发展五个维度组成，共 17 题。如图 7-6 所示，技术素养维度得分最高，为 3.82；计划与准备、组织与管理、评估与诊断、学习与发展四个维度的得分分别为 3.76、3.73、3.79、3.60，所有维度得分均大于 3.5，表明教师信息技术应用能力较强。

其中，第一是技术素养维度，得分最高（3.82），说明南通一中的教师技术素养水平高，了解多媒体教学环境的类型与功能，能熟练操作智学网等教学平台。

第二是评估与诊断维度（3.79），说明教师在很大程度上不仅能依据学习目标科学采集学生的学习行为数据，进行客观评价、评估，还能利用技术工具收集学生学习过程信息，进行整理与分析，基于数据发现教学问题，提出有针对性的改进措施。此外，教师还能够利用技术工具开展测验、练习等工作，以提高评价工作的效率，尝试建立学生学习电子档案，为学生综合素质评价提供支持。

第三是计划与准备维度（3.76），说明教师在很大程度上能够精准把握学情并选择相应的教学方法与教学模式进行教学，能够精准定位教学目标并达到预期效果，能够根据教学需要合理选择与使用技术资源，并且能够确保学生利用平板电脑便捷、安全地访问网络和利用资源。

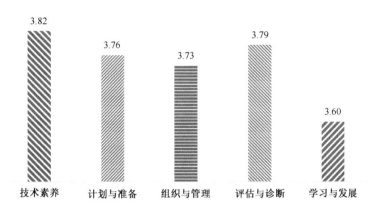

图 7-6　教师信息技术应用能力评估值

第四是组织与管理维度（3.73），说明教师在很大程度上能够利用智学网等教学工具改进教学方式，有效实施课堂精准分层教学，并且能够让每个学生平等地接触技术资源，激发学生学习兴趣，保持学生学习注意力，还能够在精准分层教学过程中有效利用技术工具收集学生的反馈数据，对学习活动进行及时指导和适当干预，利用多维数据及时调整教学计划，以最大化实现教学目标。

第五是学习与发展维度（3.60），说明教师对大数据能够促进教师专业发展的理解还有待加强；教师主动运用大数据促进自我反思与发展的意识还有待提升；教师利用数据进行精准教研以使教研更具针对性的能力还有待强化。

5. 教师数据素养

本书调查的教师数据素养包括意识态度、基础知识、核心技能、思维方法及培训需求五个维度。首先对意识态度、基础知识、核心技能、思维方法四个维度进行分析，如图 7-7 所示，意识态度维度的得分最高（3.93），接下来依次是思维方法（3.76）、核心技能（3.66），最后是基础知识（3.57）。四个维度得分均大于 3.5，说明教师数据素养较高。接下来逐一对这几个维度进行分析。

第一是意识态度，得分最高（3.93），说明教师能够意识到大数据在教育教学过程中的重要地位与价值，同时能够规范地、合乎伦理地使用教育教学数据，以保证学生的数据隐私。

第二是思维方法（3.76），说明教师有一定的数据思维，能够审核数据的准确性，保证数据分析结果的科学合理。

第三是核心技能（3.66），说明教师基本能够熟练使用 Excel 或 SPSS 等数据分析软件对数据进行处理与分析，能够恰当选择呈现数据的基本方法并对数据分析结果进行正确的分析与解读，从而支撑教学决策、改善教学研究。

第四是基础知识（3.57），本维度得分相对较低。说明教师对大数据的内涵与特征的理解还不够深入，需要加强这一部分的学习。此外，教师还需要进一步了解收集、分析教育教学数据的方法，熟悉多种不同的数据应用平台和数据管理工具，学习教学数据处理与分析的基本流程及常用的数据分析工具。

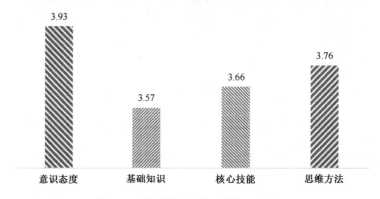

图 7-7　教师数据素养评估值（部分）

接下来从教师参加过多少次培训、参加培训的原因、参加培训的形式、今后希望参加什么形式的培训，以及希望学习哪方面的知识进行具体分析。首先，如图 7-8 所示，在本次调查中，全部教师均参加过学校组织的培训，其中 44.90% 的教师参加过 5 次以上的培训，32.70% 的教师参加过 3～4 次的培训，22.40% 的教师参加过 1～2 次的培训，说明南通一中十分重视教师培训。其次，如图 7-9 所示，教师参加培训的原因主要有两个：一是工作需要，自愿参加；二是学校组织，强制参加。最后，教师参加的培训主要包括四种形式：校内的实践操作、校内的理论指导、外聘专家学术报告和网络在线学习，如图 7-10 所示。

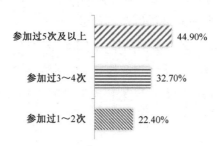

图 7-8　教师参加培训的次数分析

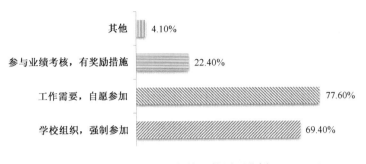

图 7-9　教师参加培训的原因分析

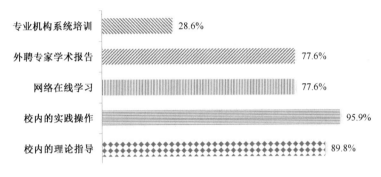

图 7-10　参加培训的形式分析

如图 7-11 所示，在线下理论指导、线下实践操作、网络在线学习、专家学术报告和专业系统培训这五种培训形式中，教师最希望开展的培训形式是线下实践操作，其次是网络在线学习和专业系统培训。因此，南通一中可以参考上述数据，结合自身实际情况，开展相应形式的培训，以满足教师的培训需求。

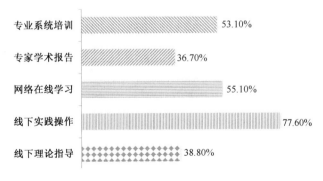

图 7-11　教师希望开展的培训形式分析

对教师希望开展哪些内容的培训进行分析，结果如图 7-12 所示。教师对教育大数据的基本理论知识、数据处理与分析的基本方法、数据分析报告的解读与应用及教育大数据的实践应用模式这四部分都有一定的需求。因此，南通一中在开展教师培训时，可以从以上四方面对教师进行培训，优先进行数据分析报告的解读与应用及教育大数据的实践应用模式两方面的培训。

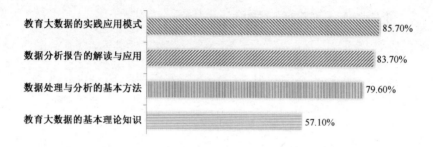

图 7-12 教师希望开展的培训内容分析

根据以上分析可知，南通一中在今后的培训活动中，可以多多开展线下实践操作、网络在线学习形式的培训，也可以将两种形式相结合；在培训内容方面，可主要就数据分析报告的解读与应用及教育大数据的实践应用模式两方面进行培训，如果条件允许，还应对教育大数据的基本理论知识、数据处理与分析的基本方法这两部分进行培训。

6. 学生学业水平发展

对学生学业水平发展的分析包括学生成绩变化和学习策略两个维度。首先对学生成绩变化进行分析。被试者被要求从 1～100 中选择一个数字来表示学生成绩变化水平，数字越大表示学生成绩进步越大，0 表示没有进步。如图 7-13 所示，占比最大的区间为 41～60，占比为 38.80%，也就是说，38.80%的教师认为大数据驱动的精准分层教学比较能促进学生成绩变化；其次为 1～20，占比为 22.30%，说明有 22.30%的教师认为大数据驱动的精准分层教学作用不大；再次为区间 61～80 和 81～100，占比分别为 16.50%、14.20%，共 30.70%，说明有 30.70%的教师认为大数据驱动的精准分层教学非常能促进学生成绩的提升。总的来说，教师普遍认为大数据驱动的精准分层教学可以提升学生的学习成绩。

学习策略维度的均分为 3.53，说明教师认为大数据驱动的精准分层教学在一定程度上可以使学生的学习策略得到改善，具体体现为学生对学习的兴趣、重视程度、主动性学习习惯都得到了提升与改善。

为进一步探究教师满意度、教师接受度、教师获得感、教师信息技术应用能力、教师数据素养及学生学业水平发展之间的关系，接下来对各变量进行相关性分析。结果如表 7-11 所示，教师满意度（$r=0.81$，$p<0.01$）、教师接受度（$r=0.79$，$p<0.01$）、

教师获得感（r=0.83，p<0.01）均与教师信息技术应用能力呈显著正相关。

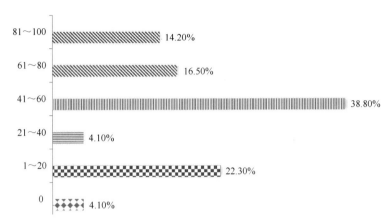

图 7-13　学生成绩变化分析

结果显示，教师满意度（r=0.78，p<0.01）、教师接受度（r=0.81，p<0.01）、教师获得感（r=0.83，p<0.01）、教师信息技术应用能力（r=0.96，p<0.01）均与教师数据素养呈显著正相关。

教师信息技术应用能力（r=0.61，p<0.01）、教师数据素养（r=0.58，p<0.01）均与学生学业水平发展呈显著正相关。

表 7-11　相关性分析

N=49	1	2	3	4	5	6
1. 教师满意度	1					
2. 教师接受度	0.79**	1				
3. 教师获得感	0.80**	0.76**	1			
4. 教师信息技术应用能力	0.81**	0.79**	0.83**	1		
5. 教师数据素养	0.78**	0.81**	0.83**	0.96**	1	
6. 学生学业水平发展	0.53**	0.42**	0.55**	0.61**	0.58**	1
注：**p<0.01。						

根据以上分析可知，教师对大数据驱动的精准分层教学总体的满意度、接受度、获得感都较高，教师信息技术应用能力也较高，但教师数据素养还有一定的进步空间。此外，教师认为大数据驱动的精准分层教学在一定程度上可以促进学生学业水平发展，但作用不是特别明显。结合访谈内容我们了解到，教师认为大数据驱动的精准分层教学主要对教师发展起到了积极的作用，在促进教师教学方式转变的基础上改善了学生的学习方式。例如，H 老师说："在我看来，更多的是老师的

受益更加显著一点，因为老师受益，所以也不能说学生没有受益。"

在对精准分层教学课堂观察的研究中发现，教师可以比较熟练地运用平板电脑等设备、智学网等平台辅助自己的教学工作。例如，在作业点评环节，教师通过智学网平台可以了解学生整体的正答率及每个学生的答题情况，从而可以有针对性地进行讲解、点评。另外，学生通过平板电脑上传作业，学习的过程数据得以保留。

我们通过对教师进行访谈了解到，南通一中教师运用智学网、平板电脑开展的精准分层教学多体现在错题订正、试卷分析方面，智学网、平板电脑等工具将教师从大量重复烦琐的工作中解放出来，提高了教学效率。例如，Y 教师表示："智学网的第一个好处是能非常及时地反馈信息。每天课上的时间是很紧张的，这时候我们只要'扫一下'就知道班级的正答率。除了正答率 80% 以上的内容，其他的需要重点评讲，我们不是都讲，会有选择性地进行讲解。"也有教师认为，精准分层教学可以促进自身专业发展。例如，L 教师表示："我不仅可以看到本班的数据，也可以看到其他平行班级的数据，那么我就可以明确在教学过程中我所欠缺的是什么，做得比较好的地方是什么。接下来我就会做一些调整。"访谈结果显示，南通一中开展的大数据驱动的精准分层教学主要聚焦于促进学生学业水平发展，对于学生其他方面的发展，如德育、心理等方面并没有涉及。最后，受访的教师均表示，如果可以自由选择，愿意继续使用智学网、平板电脑进行精准分层教学。这说明教师对南通一中开展的大数据驱动的精准分层教学是非常认可的。

此外，问卷调查的数据显示，教师或多或少地都接受过学校组织的培训，但教师对培训仍然有需求。根据以上分析可以知道，教师比较倾向于网络在线学习、线下实践操作的形式，需要学习的内容主要为数据分析报告的解读与应用、教育大数据的实践应用模式两方面。南通一中在今后的培训中可以参考以上情况。

7.5.5 讨论

为了明确学校大数据驱动的精准分层教学对教师教学与专业发展的作用，本书采用定量与定性相结合的研究方法进行研究，以定量研究为主，定性研究为辅。定量研究采用横断研究设计问卷法，定性研究采用访谈法、课堂观察法。通过对问卷调查数据、访谈结果、课堂观察结果的分析，可以得到以下几点结论。

第一，教师对南通一中开展的大数据驱动的精准分层教学的满意度、接受度、获得感高。这说明南通一中开展的大数据驱动的精准分层教学令教师感到满意，能够满足教师的教学需求及教育期望。教师乐于接受大数据驱动的精准分层教学模式，并且愿意继续使用该模式。学校为了顺利推进大数据驱动的精准分层教学，为教师的教育教学工作提供了大力支持，如配备硬件设备、开展教育培训等。在学校的号召下，南通一中的教师纷纷投入大数据驱动的精准分层教学实践中，由此营造了基于大数据开展教学实践的氛围。在这种氛围下，教师也更容易接受大数据驱动的精准分层教学。数据还显示，在学校开展大数据驱动的精准分层教学之后，教师的教学热情更高，使命感与责任感更加坚定，更加能够接受技术变革教育的理念。同时，教师还获得了更多的教学成果。

第二，教师信息技术应用能力及数据素养较强。南通一中的教师能够熟练操作智学网等教学平台，并且能够根据教学需要合理选择、使用技术资源；能够基于教学目标对学生的行为数据进行分析，从而改进教学，促进自身专业发展。教师除信息技术应用能力较强之外，数据素养也较强。体现最为明显的是教师的意识态度与核心技能两部分，教师能够清楚地意识到大数据在教育领域的地位与价值，并且注重对学生数据隐私的保护。教师能够熟练地使用 Excel 等数据分析软件对采集到的数据进行处理、分析、解读，最终达到改善教学的目的。但是，教师对数据素养基础知识的掌握还有待加强，学校可以针对此方面对教师进行培训。数据显示，教师最喜欢的培训方式是线下实践操作及网络在线学习，教师期待的培训内容是数据分析报告的解读与应用及教育大数据的实践应用模式，这为南通一中未来对教师的培训工作指明了方向。

第三，教师认为大数据驱动的精准分层教学能促进学生学业水平发展。教师普遍认为大数据驱动的精准分层教学能够促进学生学业水平发展，并且在一定程度上能够改善学生的学习策略。在教师眼中，大数据驱动的精准分层教学提高了学生的学习兴趣、对学习的重视程度、对学习的主动性。

南通一中的实践表明，大数据驱动的精准分层教学对教师专业发展与学生学业水平发展方面都有积极的促进作用。在未来的工作中，学校可以有针对性地对教师继续培训，从而促进教师专业发展，并促进教育教学质量进一步提升。

7.6　校际示范与辐射作用

南通一中智慧校园建设成效显著，助力教师素养提升及学生学业发展，得到了本校教师及学生的一致好评。在智慧校园建设过程中，南通一中不仅向其他学校学习好的做法，还积极探索形成了自己智慧校园建设的宝贵经验，并与其他学校分享交流经验，被评选为示范全国的教育信息化典型案例。

7.6.1 校际交流，辐射周边

2017 年 12 月，南通一中举办了"创建智慧课堂 培养关键能力"公开教研活动暨江苏省智慧教育观摩研讨会，通过研讨交流活动让自己的智慧校园建设经验传播出去，惠及更多学校（见图 7-14）。

图 7-14 南通一中举办智慧教育公开教研活动

除此之外，其他学校也派考察团来学校交流、分享、学习智慧校园建设成果及经验。据统计，2018 年度，学校接待来自全国各地来校考察的教育代表团共 1000 余人次，并毫无保留地向代表团分享智慧校园建设的成果及经验（见图 7-15）。

例如，2017 年 11 月 1 日，如皋市教育系统领导来校访问考察智慧校园建设成果；2017 年 11 月 8 日，江阴初级中学领导来访考察；2018 年 4 月 19 日，三门峡市教育代表团和无锡市教育科学研究院教育代表团来学校访问考察；2018 年 10 月 16 日，扬州市邗江区教育局领导来校访问考察；2018 年 12 月 14 日，黄山市教育局领导来访考察。可见南通一中智慧校园建设经验传播范围广，辐射到了周边各级各类学校及教育局。

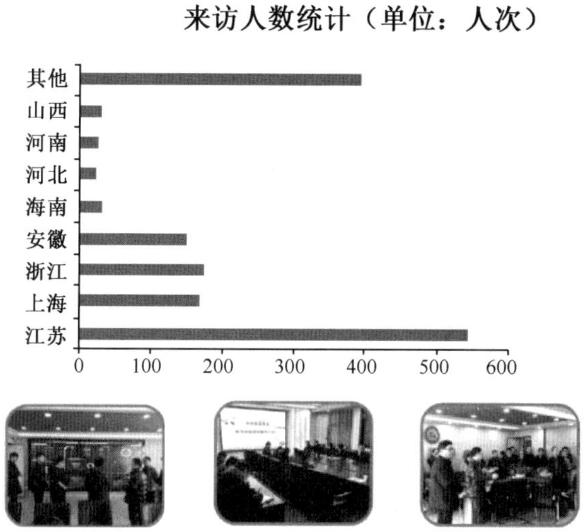

来访人数统计（单位：人次）

图 7-15　来访统计

案例 1：南通一中教师应邀参加科大讯飞"倾听你，成就你"活动

2018 年 10 月 12 日，"倾听你，成就你——讯飞听你说（第三季）"活动在科大讯飞（合肥本部）圆满举行。江苏省南通第一中学教师黄瑛俊作为江苏省唯一的代表，应邀参加了"智慧教育，合肥论坛"交流、分享活动，并做了"在人工智能时代，语文教师如何给课堂'赋能'"的专题学术报告。

来自安徽、河南、山西、江苏、四川等地 11 所学校的 12 位一线教师齐聚一堂，就讯飞教育产品的应用提出了自己的使用感受和优化建议。

爱之深，"责"之切，在"讯飞听你说"前两季的活动中，来自全国约 40 位一线老师为产品研发应用建言献策；这一次，12 位一线教师"全副武装、有备而来"——总结提炼的发言稿、精美呈现的 PPT，教师们作为资深应用者，将使用体验娓娓道来，覆盖智学网、智慧课堂、资源建设等方向的 130 余条建议点燃了会场。此外，在新高考智慧校园、智批改、智空课等方面，各位教师都提出了很多建设性的意见。如切如磋，如琢如磨，在接近 3 个小时的座谈中，相比于"责备"，不如说教师们更多的是表现出了对讯飞教育的期待！有问题才有成果，有倒逼才有进步！这些"吐槽"将是讯飞教育不断成长的动力！

在本届"合肥论坛"的最后，科大讯飞向 12 位教师颁发了"讯飞天使团"的聘书和奖杯。11 所学校、12 位老师、130 条建议，无数心血承载了无限期望！讯飞听你说，用倾听成就成长，用奋斗成就未来！

案例 2：南通一中平板电脑数学课堂"火"了，省内外 100 位专家、同行齐聚观摩

2018 年 10 月 16 日是南通一中"智慧教学开放日"。上午第三节课，南通一中胡冬梅老师开设的数学平板电脑教学公开课"空间几何体"吸引了来自浙江、上海、河北等省市和江苏省内的泰州、无锡、宿迁、沭阳、邗江、苏州、太仓、盐城、扬州、高邮等市（区）的 20 所学校的校长、部门主任，科大讯飞的教育行业总监、工程师及南通一中教师共 100 多人的关注，他们在多媒体教室里聆听了胡老师这节别致的数学公开课。

抽象且难懂的"空间几何体"何以吸引观摩老师的眼光？这源于"平板电脑"工具及科大讯飞"畅言智慧课堂"平台所彰显的现代教育技术和智慧教育实践与探索。在传统的数学课堂，数学教师总是离不开直尺和圆规、课本和黑板。而今，在人工智能时代，学生和听课者面前是平板电脑和电子白板，呈现的是电子课本和课件，胡老师讲授的棱柱、棱锥、棱台，步步递进、循序渐进，并渐入佳境，使听课者的数学思维从"必然王国"走向"自由王国"。

各地来校观摩学习的领导、专家深深折服于本节课演绎教学的"智慧"亮点——"立体几何"的开场形象且动感，图片"航空测控的'流星'"和"绿叶上的雨滴"一下子抓住学生的注意力，教师由此进入点、线、面三者关系的教学程序；教师在平板电脑上"随机抓取"一个几何图形，轻轻点击左侧的图标，就可对侧面、侧棱、棱柱等若干种图形，以及四个不同形状的多面体信手"拈"来。教师手中的直尺和粉笔不见了，学生感觉很神奇，数学教师的传统形象瞬间被颠覆。

平板电脑上，"畅言智慧课堂"平台的功能被充分激活，学生的思维也迸发出数学智慧的火花。聚焦、放大、分享、屏幕广播、抢答、学生答、试题发布、拍照上传、答题正误显示的柱状图和数据呈现报告与师生分析，课本与课件、电子白板与平板电脑的灵活、适时"切换"，让数学教师同行大呼："太新潮、太先锋了，想不到在人工智能时代，数学课可以如此现代化、信息化、科学化、精准化、高效化！"

机械的数学图形变得灵动且富有色彩。棱柱、棱锥、棱台三种类型的图形，以及点、线、面分别用不同的颜色标识，比如，在七幅图形中，面用紫色标识，线用绿色标识，箭头用红色标识；用一个与底面平行的平面去截取一个棱锥，得到一个棱台。抽象的原理借助动画效果的演示，变得直观、形象，使学生对多面几何体知识的认知、理解、掌握、记忆更加牢固、更加深刻。

在观摩数学课堂教学的教师中，不仅有数学、物理、化学、生物学科的教师，也有语文、英语、政治、信息技术等学科的"跨界"教师来学习取经，汲取平板电

脑教学智慧。学科渗透、文理兼容是现代教师的内涵提升所需。

案例 3：黄瑛俊老师参加宁夏回族自治区教育信息化课堂应用推进观摩研讨会暨银川二中智慧教学公开教研活动

2018 年 5 月 26 日，以"实施精准教学，培育关键能力"为主题的宁夏回族自治区教育信息化课堂应用推进观摩研讨会暨银川二中智慧教学公开教研活动在银川二中隆重开展，来自自治区内外 700 余位教育界同人济济一堂，共同研究时代课题，交流教育智慧。南通一中的黄瑛俊老师应邀参加宁夏回族自治区教育信息化课堂应用推进观摩研讨会暨银川二中智慧教学公开教研活动。活动由宁夏回族自治区教育厅教研室主办，银川二中承办，科大讯飞协办。

在上午的活动中，银川二中的马艳老师与南通一中的黄瑛俊老师为参会嘉宾共同演绎了语文智慧课堂同课异构观摩课，他们选择的课题是高一语文课本中的《水龙吟•登建康赏心亭》。这首词风格沉雄豪迈又不乏细腻柔媚，抒发了辛弃疾报国无门、壮志难酬的悲愤之情。当古典诗词遇到人工智能，会碰撞出怎样的精彩呢？马艳老师在本节课中设计了默写比赛环节，让学生现场在平板电脑上默写《水龙吟》，并将全班所有学生的作品进行公开展示。黄瑛俊老师的课堂令人印象深刻的是：他在讲述描写景色的词句时，用与之一致的图片相衬托，借助楚天、秋水、落日、断鸿等景物，渲染气氛，使整个课堂具有生动的立体感。

随后，与会专家对两节同课异构的语文课进行了高水平点评。自治区教育厅教研室的安奇老师指出，人工智能为教育带来前所未有的挑战与机遇，大家应该积极求变、迎变。对语文教学而言，人工智能将把教师从纯记忆性知识的检查批改中解放出来，今后，教学的主要任务将变为激发学生兴趣、培养学生创新思维、熏陶学生文学情怀等内容。

黄瑛俊老师说："智慧教学将技术引入课堂，把传统的课堂引向信息化，引向交互式，学生的兴趣被激发，思维被点燃，教师的热情也因学生而沸腾，课堂变得鲜活起来。人工智能将教学变成以学生为中心的个性化学习，为每个学生提供了个性化、定制化的学习内容、方法，真正实现了立体化交互与个性化教学的全新课堂生态。"

智慧课堂观摩课将大数据、人工智能技术引入课堂，把传统课堂引向信息化，引向交互式，更引向学生的兴趣点和个性需要。课堂不再是点对点的简单师生对话，而是问题展示、小组讨论、平台交流、个性问题解决相结合的立体式互动模式。

教师能真正地做到因材施教，用技术点燃智慧的火花，使课堂变得鲜活起来，使学生的思维变得活跃起来，从而真正建构起立体化交互与个性化教学的全新课堂生态。大数据精准个性化教学融合智学网个性化学习与智慧课堂等信息化应用工具，为教师提供了一套个性化习题讲练课教学方案。

下午举行的是教育信息化创新应用专家研讨论坛，黄瑛俊老师作为特邀嘉宾与银川二中副校长田敏、银川二中5位教育专家、科大讯飞宁夏区域行销负责人郑科一起，向台下的700多教师分享了他们在智慧教育方面的经验和困惑。他们从教师备课上课、学生学习评价反馈、师生关系变化等方面进行了深入且热烈的讨论。

人工智能已真正来临，教育当未雨绸缪。本次公开教研活动成功举办，体现了银川二中在智慧课堂建设方面所取得的丰硕成果，也为自治区内外教育同人提供了沟通与交流的平台。活动虽已结束，但留给我们的思考和启示是持久的。更新教育理念，掌握最新科技，推进课堂变革，实现立德树人的目标，成为每位教师的神圣使命。

7.6.2　典型案例，示范全国

南通一中的智慧校园建设不仅向周边的各级各类学校建设智慧校园提供了经验，相关成果还被推选为2017—2018年度全国基础教育信息化应用典型案例（见图7-16），被写进了由中央电化教育馆和教育部基础教育司共同编著的《全国基础教育信息化应用典型案例集（上）》，在全国推广其智慧校园建设经验，并受到《江海晚报》（见图7-17）和《南通日报》（见图7-18）的大篇幅报道。

图 7-16　南通一中相关成果被推选为全国基础教育信息化应用典型案例

另外，2019 年，南通一中成功入选中央电化教育馆中小学人工智能教育实验校（中学阶段）名单，是江苏省唯一入选的高中学校。这体现了南通一中在智慧校园与教育大数据应用方面的领军和品牌地位（见图 7-19）。

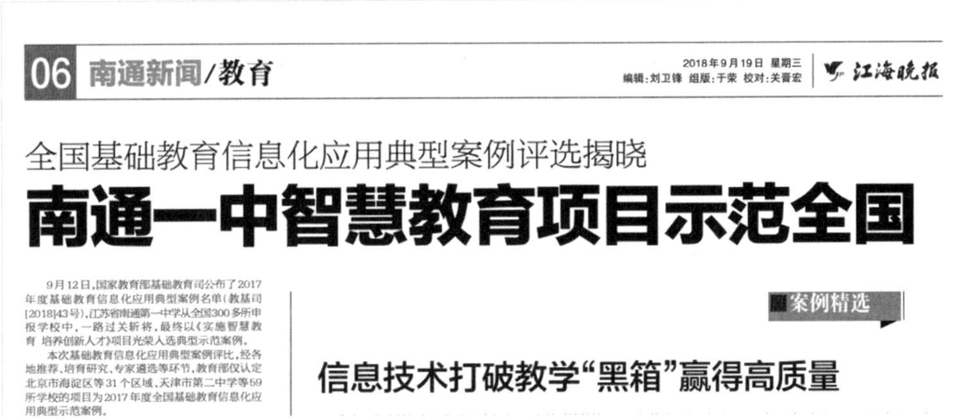

06 南通新闻/教育　2018年9月19日 星期三　编辑:刘卫锋 组版:于荣 校对:关晋宏　江海晚报

全国基础教育信息化应用典型案例评选揭晓

南通一中智慧教育项目示范全国

9月12日，国家教育部基础教育司公布了2017年度基础教育信息化应用典型案例名单（教基司[2018]43号），江苏省南通第一中学从全国300多所申报学校中，一路过关斩将，最终以《实施智慧教育 培养创新人才》项目光荣入选典型示范案例。

本次基础教育信息化应用典型案例评比，经各地推荐、培育研究、专家遴选等环节，教育部仅认定北京市海淀区等31个区域、天津市第二中学等59所学校的项目为2017年度全国基础教育信息化应用典型示范案例。

案例精选

信息技术打破教学“黑箱”赢得高质量

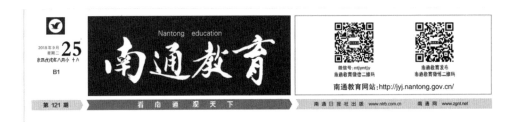

图 7-17　《江海晚报》报道南通一中智慧教育项目示范全国

2018年9月 25 星期二　B1　第 121 期

Nantong education

南通教育

看南通观天下

微信号:ntjyntjy 南通教育微信二维码　南通教育发布 南通教育微博二维码

南通教育网站:http://jyj.nantong.gov.cn/

南通日报社出版 www.ntrb.com.cn　南通网 www.zgnt.net

全国基础教育信息化应用典型案例评选揭晓

南通一中智慧教育项目示范全国

9月12日，国家教育部基础教育司公布了2017年度基础教育信息化应用典型案例名单（教基司[2018]43号），江苏省南通一中从全国300多所申报学校中，一路过关斩将，最终以《实施智慧教育 培养创新人才》项目光荣入选典型示范案例。

本次基础教育信息化应用典型案例评比，经各地推荐、培育研究、专家遴选等环节，教育部仅认定北京市海淀区等31个区域、天津市第二中学等59所学校的项目为2017年度全国基础教育信息化应用典型示范案例。

根据评选要求，学校典型案例应反映信息技术

案例精选

信息技术打破教学“黑箱”赢得高质量

图 7-18　《南通日报》报道南通一中智慧教育项目示范全国

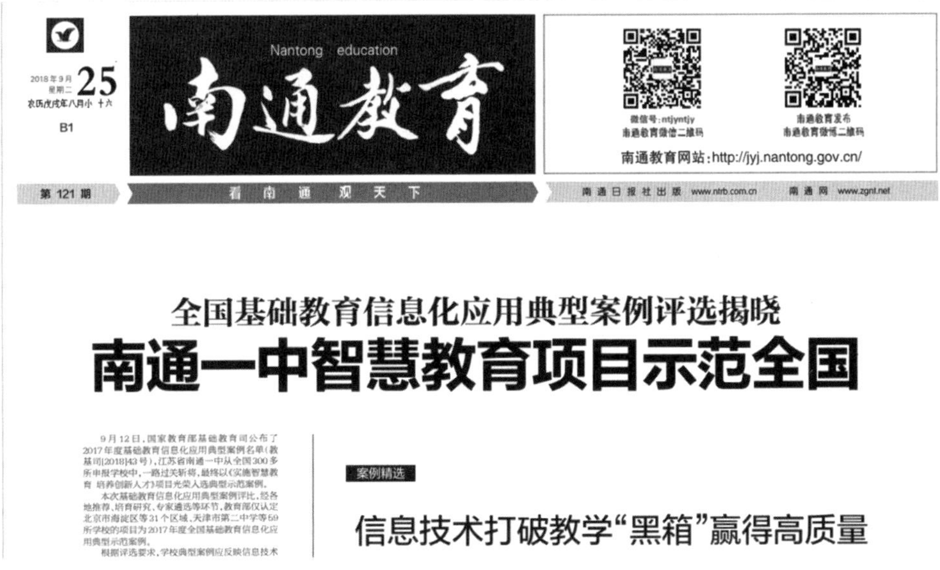

最后，借用《全国基础教育信息化应用典型案例集（上）》中的专家点评来表达南通一中智慧校园建设经验可传播的重要性：“南通一中通过智慧课堂和大数据系统，促进了学生的个性化学习，节省了时间，提高了效益，把减负增效落在了实处；同时，也促进了教师的专业发展，培养了一批有新理念、新技术、新方法的优秀教师。南通一中的‘智慧教育’，是基于实践切实可行的‘适合的教育’，是卓有

成效师生共同发展的'创新教育'，是不畏艰难、勇于探索的'未来教育'，其经验值得借鉴和推广[1]。"

<table>
<tr><td colspan="2">

中央电化教育馆函件

教电馆 [2019] 106 号

中央电化教育馆关于公布中小学人工智能教育实验校（中学阶段）名单的通知

各有关省级电教部门、有关学校：

《中央电化教育馆关于组织申报人工智能教育实验校（中学阶段）的通知》印发以来，得到各地积极响应。经各校自愿申报、省级电教部门推荐和我馆审核研究，确定北京市第二中学等 22 所学校为"中央电化教育馆中小学人工智能教育实验校（中学阶段）"，现将实验校名单予以公布（见附件）。

请各实验校结合本校实际，在我馆和省级电教部门指导下，按要求试用我馆组织研制的人工智能相关课程（初中版或高中版），并配合我馆开展进一步完善这些课程的有关工作，我馆将适时组织相关培训、专家指导、总结交流等活动，后续安排另行通知。

联系人：中央电教馆基础教育教学资源部 宋佳、冯吉兵
电　话：010-66490928

附件：中央电化教育馆中小学人工智能教育实验校（中学阶段）名单

2019年9月
</td></tr>
</table>

附件：

中央电化教育馆中小学人工智能教育实验校（中学阶段）名单

（排名不分先后）

省份	实验校名称	试用版本
北京市	北京市第二中学	高中版
	北京市昌平区第一中学	高中版
天津市	天津市第七中学	高中版
河北省	石家庄鹿泉区北外附属凤凰外国语学校	初中版
	邢台市第二中学	高中版
山西省	太原市第十二中学校	初中版、高中版
吉林省	长春汽车经济技术开发区第四中学	初中版
上海市	上海市南洋初级中学	初中版
	上海理工大学附属中学	高中版
江苏省	江苏省南通第一中学	高中版
	常州市武进区湖塘实验中学	初中版
浙江省	杭州市余杭区临平第一中学	初中版
安徽省	合肥市第八中学	高中版
福建省	厦门外国语学校	高中版
河南省	郑州市第四十七中学	初中版、高中版
湖北省	武汉市七一中学	初中版
	武汉市第二十中学	初中版
广东省	东莞市松山湖实验中学	初中版
四川省	成都七中嘉祥外国语学校	高中版
云南省	云南省昆明市第十四中学	高中版
陕西省	西安高新第一中学初中校区	初中版
宁夏回族自治区	银川北塔中学	初中版

图 7-19　南通一中成功入选中央电化教育馆中小学人工智能教育实验校（中学阶段）名单

---

[1] 教育部基础教育司，中央电化教育馆. 全国基础教育信息化应用典型案例集[M]. 北京：人民教育出版社，2019: 316.

第 **8** 章

——CHAPTER8——

总结与展望

南通一中自推进智慧校园建设以来，始终坚持"顶层设计、统一规划、应用驱动、分步实施、以点带面"的建设原则，在全校师生的共同努力下，取得了很多可喜的成果，如高考升学率得到显著提升、学生学习状态有了明显改善，但也存在一些需要提升的方面，包括探索五育融合教育、提升学生的信息素养和教师的数据素养。南通一中在后续的探索发展中，会进一步深化智慧教育改革，力争成为江苏省基于大数据开展教学创新的智慧教育品牌学校。

8.1 取得的主要成果

大数据时代，南通一中在自身发展面临挑战的过程中，勇于探索大数据与教育教学的融合，实施精准分层教学，取得了以下一系列成果。

1. 建立以"普遍采集—全面统计—精准结论—个性措施—菜单反馈"为特色的南通一中大数据教学创新模式，影响辐射全国

南通一中于 2015 年引进大数据系统，并于 2016 年在全校推广使用，全面实施大数据驱动的精准分层教学和个性化学习，成为江苏省实施大数据教学创新的先行者。南通一中基于多年实践，总结概括了以"普遍采集—全面统计—精准结论—个性措施—菜单反馈"为核心特质的大数据教学创新实施流程，在学校教育决策、年级与班级教学管理、教师教学与学生学习方面，基于一流的智慧校园硬件设置，实现了大数据的全学科、全校园、全教学流程覆盖，切实利用大数据推动了教育改革创新，构建了独树一帜的教育模式。南通一中的大数据教学创新，得到了教育主管部门与基础教育同人的高度认可。例如，南通一中 2017 年成为江苏省 STEM 教育项目试点学校；2019 年成功入选中央电化教育馆中小学人工智能实验校（中学阶段）名单，是江苏省唯一入选的高中学校。全国多个省市的优质兄弟院校竞相到南通一中考察、学习及交流大数据教学经验。

2. 深度实现基于大数据教学的"四覆三化两变革"大数据应用，助推教学质量跨越式提升

南通一中在大数据教学方面的创新突出体现在以下几个方面。

（1）四覆盖。引进学业大数据系统，做到"三个全覆盖"：教师全覆盖，所有教师都使用学业大数据系统分析学情，使教学定位更精准、针对性更强；学生全覆盖，采集所有学生的学习、作业和考试数据，做到一生一策，智能化推送个性化学习报告、个性化指导、错题巩固及微课学习等资源，使学习更高效、更轻松；家长全覆盖，所有家长都能用手机 App 及时掌握孩子的学习情况，能更好地配合学校管理，实施家庭教育。校园教学设施、管理设施全面数字化覆盖，此为第四个覆盖，主要体现在：所有教学场所都安装了交互式电子黑板，课堂教学发生了根本性转变；校园无线网络全覆盖，学习方式发生了根本性转变；校园安全无死角，学生活动轨迹有迹可循；数字化馆室助力人工智能教育，近几年五十多名学生在全国机器人比赛、人工智能比赛及创客比赛等赛事中斩获了一等奖；建立了学生发展指导系统，为学生的健康成长保驾护航。

（2）三化。第一，教学管理精准化，利用教育大数据分析应用平台，全方位统计教学活动中产生的数据；第二，学生管理智能化，主要通过学校电子班牌智能终端实现学生管理的智能化；第三，行政管理数据化，行政管理数据涵盖六大类近四十项应用，可以实现行政管理的智能化。

（3）两变革。两变革即教学的层级管理模式变革与学科教学变革。首先是以班级或教师为单位的课堂教学管理，大体上遵循"普遍采集—全面统计—精准结论—个性措施—菜单反馈"的实施流程，着重对教学进行知识点诊断、个性化分析和点对点纠错；其次是以学科与年级为单位的学科教学管理，学科组或备课组及时对收集的数据进行分析，或者根据系统自动生成的参考分析，尽快形成行为矫正策略和措施，并及时推送给教师、学生和家长；最后是以校级与部门为终端的全校教学管理，建立在学科、年级等数据分析和模型建构的基础上，主要由教学管理部门着手实施，为校长室形成决策调整提供参考数据。

基于大数据，南通一中在语文、数学、英语、生物、化学、物理、地理等学科进行了大量实践，优化了教师的教学策略，赋予了教师新的教学洞察力，给学生提供了个性化辅导和反馈，促进了学生综合素质的发展。

3. 基于大数据驱动的精准分层教学，实现学生学习的显著性提升，同时反推教师职业发展

一方面，南通一中自 2018 年全面推行"基于大数据的教学创新"项目以来，升学率与学生学习状况有了明显改进。在高考升学率上，2019 年，其高考一本升学率比 2018 年提升了 30%。另外，学生学习投入对学习成绩具有显著正向预测作用，即学生在学习中对平板电脑学习等投入越多，其学业积极发展、核心素养提升越快，最终成绩越好。同时，通过参与"基于大数据的教学创新"项目，学生的高阶思维能力、信息技术胜任力都有了较好的发展。这综合证明了本项目对学生学习的有效提升作用。另一方面，教师对学校开展的大数据驱动的精准分层教学的满意度、接受度、获得感均较高，并且教师数据素养较高，信息技术应用能力较强，表明大数据驱动的精准分层教学的总体效果较好。"基于大数据的教学创新"项目对教师数据素养具有积极的促进作用。这有助于进一步构建南通一中的信息化、现代化教师队伍，助力学校响应《中国教育现代化 2035》计划，建设高质量教师队伍，促进学生进一步积极发展。

8.2 下一步探索方向

南通一中开展大数据驱动的精准分层教学已经 5 年，取得了许多进展和成果，但也存在需要进一步提升的方面。

8.2.1 大数据与四育有较大的结合空间，探索五育融合教育

1912 年，蔡元培首次提出了"五育并举"的主张："军国民教育、实利主义教育、公民道德教育、世界观教育、美感教育皆近日之教育所不可偏废。"进入新时代，习近平总书记指出要培养德智体美劳全面发展的社会主义建设者和接班人。提法虽不同，我们依然可以窥见五育的重要性及时代性。然而，长期以来，我国的基础教育一直存在过于重视智育、忽视其他四育的现象。要实现人的全面发展，德智体美劳缺一不可，即五育中的任何一育都很重要。

随着大数据技术的快速发展，许多学校都开始将大数据应用于教学实践探索

中，助力教学模式创新、教学策略优化、教学质量提升和教学评价改进。借助大数据技术，可以为学生设计个性化的学习环境，使学生学习全过程的学习行为数据得到全面记录；通过合适的分析方法，可以精准找到学生学习存在的问题，使个性化学习成为现实。2015 年，南通一中引入了学业大数据系统，开始了基于大数据的精准分层教学实践。评估结果显示，大数据驱动的精准分层教学对学生学业发展水平有积极的提升作用，对教师教学与专业发展有积极的促进作用。但是，如何基于大数据开展德育、体育、美育与劳育四个方面的培养创新，如何科学评估学生四育的发展水平与学校的育人效果，以及如何按教育部与江苏省教育厅的意见开展学生发展指导，这一系列问题是南通一中与我国普通高中未来要切实解决的重要育人议题。南通一中未来应与高等院校与科研院所开展紧密合作，通过教育学、教育技术学、人工智能与心理学等多学科融合的视角，以学校现有大数据硬件为基础，开展基于大数据的五育并举教研，从而促进南通一中学生更好地发展，并为其他学校提供有益参考。具体来说：首先是细化五育目标；其次是确定五育具体指标与评价标准，如行为规范、思想品德等；最后是基于互联网和大数据，对学生"德智体美劳"各方面的素质及整体素质进行观测、分析、评估与预测，以更好地帮助学生发展自身优势、培养个性，促进学生长远、全面发展，并由此提高教学质量，实现"五育融合""立德树人"的教育目标[1]。

8.2.2　以提升学生信息素养为途径，为学生学业发展赋能

无论是我国的核心素养框架，还是美国的 21 世纪核心素养等，均把学生具备理解、使用信息技术的意识与综合能力作为 21 世纪教育培养的重要目标。学生的信息技术（ICT）效能感与胜任力对其学业表现具有重要的促进作用。本书相关研究发现，南通一中学生的 ICT 效能感与胜任力，与其高级学习策略的应用、学业积极发展变化等均存在中等程度的显著正相关，这也证实了学生 ICT 素养对学生学业发展的重要影响。而与南通一中学生的学习策略、精准教学学习投入水平相比，南通一中学生在 ICT 效能感与胜任力方面的平均发展水平略显不足，这提示学校未来应高度重视对学生 ICT 素养的有效、科学培养，并基于大数据形成的学生学习画像，采用学科渗透、多学科任务式学习等方式，探索个性化、学科式的 ICT

---

[1] 曾丽红, 黄海燕. 基于核心素养的学习评价体系构建与思考[J]. 中小学管理, 2021(3): 34-36.

素养提升模式，从而为南通一中培养更能应对未来信息社会挑战的人才做出必要的准备。

■ 8.2.3 加速提升教师数据素养，全学科推进精准分层教学

在大数据时代，社会环境对教师的数据素养发展水平提出了新的要求。教师数据素养是指教师收集、处理、分析与应用教育教学中产生的数据，以提升自身专业技能和学生学习成绩的能力[1]。2016 年 5 月，Mandinach 等人出版了关于教师数据素养教育的图书 *Data Literacy for Educators：Making it Count in Teacher Preparation and Practice*，书中着重指出，数据素养技能已经成为教师的一项重要技能，能使教师在职业生涯中更加注重数据对实证分析的作用；教师不论处于哪个职业阶段，都需要学习如何有效使用数据、如何将数据负责任地用于教学实践，并进一步将数据驱动理念融入教学过程[2]。2019 年，教育部发布的《教育部教师工作司 2019 年工作要点》指出，要"举办全国教师大数据高级研修班"[3]，助力培养广大教师的数据素养，促进数据驱动教学的发展。

南通一中为提高教师的信息技术能力、更好地实施大数据驱动的精准分层教学，采取集中的通识培训、分学科部门的专题培训、骨干人员的个别培训、微课自学等多种形式，采取多时段安排、教师自由参训等模式，推进教师多批次、多渠道参加培训。本书采用问卷的形式评估南通一中教师的数据素养，结果显示，教师的数据素养总体较高，体现了南通一中对教师信息素养的培训提升工作初见成效，但还有一定的进步空间，主要表现为教师数据相关的基础知识储备薄弱，对如何应用大数据进行教学、育人与教育研究的信心、知识、技能与练习不够充分。未来南通一中应向"精深"方向发展教师信息素养，通过设立系统培训课程进行培训，以赛促学、以教（研）促学，以教师所学促进学校大数据教学向更深层次推进。在培训组织形式上，可以采用线下理论与实践指导结合网络在线学习的形式。

---

[1] 李新, 杨现民, 等. 美国教师数据素养发展现状及其对我国的启示[J]. 现代教育技术, 2019 (4): 5-11.

[2] 杨文建. 大数据环境下的教师数据素养研究[J]. 图书馆理论与实践, 2017(11): 102-107.

[3] 中华人民共和国教育部. 关于印发《教育部教师工作司 2019 年工作要点》的通知[EB/OL]. (2019-02-25)[2021-11-10]. http://www.moe.gov.cn/s78/A10/tongzhi/201902/t20190228_371706.html.

学生智能终端使用保管协议

甲方：高_____班学生_____及学生家长_____

乙方：江苏省南通第一中学

我校为江苏省基础教育前瞻性教学改革实验学校。为推进智慧校园建设和教学改革，学校拟使用平板电脑开展基于大数据的智慧教学实验。平板电脑由学校委托知名品牌厂商统一定制功能（只能用于学习，无其他功能），免费借给学生使用。为了能够切实有效地做好智慧教学实验，双方约定如下。

1. 平板电脑是智能学习工具，产权属于学校，由学校免费借 1 台给学生使用，学生只有使用权。

2. 学生有义务爱护、保管好平板电脑，若遗失或非正常损坏，家长照价赔偿或承担维修费用。

3. 平板电脑进行过功能定制，只能用于学习。如果发现学生有破坏平板电脑系统的行为，如重装系统、破坏学习软件、挖掘系统漏洞等，学校将严肃处理并收回平板电脑。

4. 学生因学年更迭、分班调整、毕业等原因不再使用平板电脑时，学校有权根据实际情况统一收回平板电脑，学生及家长必须无条件退还，退还时必须保证平板电脑完好无损、附件完整。

5. 每位学生需交纳押金 1500 元，退还平板电脑时押金无息退还。

6. 平板电脑配置信息如下：

联想 TAB3 X70F，MediaTek® MT8161/4 核/Android 6.0/10.1 英寸/2GB/32GB/WIFI 版/黑色/标配皮套。

7. 本协议一式两份，双方各执一份，签字或盖章后生效。

甲方：高_____班，学生（签字）：_____，家长（签字）：_____

乙方：江苏省南通第一中学（后勤处代章）

_____年_____月_____日

江苏省南通第一中学智慧教学管理措施

随着智慧课堂建设的不断推进，教师日常教学使用智学网（智课网）已逐渐成为常态，为进一步促进传统教学与现代技术的融合，提高教育教学质量，提高教学管理的实效性，特制定我校的智慧教学管理措施。

一、教师备课管理

各备课组在集体备课和个人二次备课时，要将平板电脑在课堂中的使用作为备课的重要内容，充分进行比较思维，重点研究平板电脑使用的教学重点、难点，以及平板电脑使用的最佳切合点。教师要认真遴选、积极开发平板电脑教学的课程资源，合理选择、编制课堂训练作业和课后推送的个性化作业。

二、课堂教学管理

课堂教学讲究高效，教学时要面向全体学生合理地利用平板电脑、电子黑板、数影仪、智慧课堂教学助手等现代教学设备，做到师生、生生互动充分；要利用好平板电脑的统计和管理功能，加强课堂教学管理，根据课堂教学的及时反馈，重点讲解、举一反三、突出方法。

三、作业考试管理

各科作业和考试一律使用智学网。

1. 制卡。制卡时，要把每道题的知识点属性、答案及解析都附加在题目后面，构成完整的题库资源。

2. 作业和考试。学生在教师制作的答题卡上完成作业或考试。

3. 批阅和扫描。所有作业做到全批全改，批改后及时扫描，全面记录学生作业和考试数据。

4. 讲评。作业或考试讲评时要根据数据报告，重点讲评高错误率的题目并进行举一反三，对于错误率不高的题目，在课后进行个别指导。

四、辅导纠偏管理

教师要依托智学网（智课网），针对平时课堂、作业和考试暴露的问题对学生进行辅导和纠偏。

1. 要利用好平板电脑。针对学生课堂学习和作业中存在的问题，积极录制微课，及时解决学生学习中的问题

2. 重视共性错题和高频错题重练。数学、外语、物理、化学学科每周都要通过智学网导出本备课组共性错题进行变式重练，其他学科至少每两周进行一次。

3. 重视个性化作业推送。教师依据学生个人的大数据分析，及时推送个性化作业；学生及时下载并完成各科的个性化作业，各科教师通过平板电脑或收缴纸质作业检查学生的完成情况。

江苏省南通第一中学智学网
使用规范

智慧教学是智慧校园建设的重要组成部分，学业大数据系统是实现精准教学、个性化教学的重要手段。为更好地使用智学网，实现精准教学，特制定如下使用规范。

一、制卡规范

1. 制卡方式。制作答题卡有两种方式：一是直接导入现成试卷或试题的 Word 文档；二是从云题库或校本题库中选题组卷。无论用哪种方式生成学生作业，都必须精选试题，控制总量，保证作业的高效性。

2. 编辑知识点、答案及解析。在制卡的过程中，要求把每道题的知识点属性、答案及解析都附加在题目后面，构成完整的题库资源。

3. 确定答题卡模式。答题卡有网阅模式和手阅模式两种：网阅模式适合于大型考试，先扫描学生试卷再进行网上阅卷打分，可用于阶段考试、期中考试、期末考试等；手阅模式适合于平时作业，批改后再扫描采集作业信息。两种方式下均可以采用 2B 铅笔填涂或条形码的形式来标识学生信息。

4. 确定答题卡布局。根据题量选择答题卡布局，可选择一栏、两栏或三栏。如果题量一张 A4 纸的一面或正反两面够印，就选择一栏；如果题量较大，需要一张 A3 或 8K 纸印一面的左右两页或正反面的四页，甚至四页以上的页面，则选择两栏或三栏，根据近年来江苏考卷的情况，选择两栏较为合适。

特别注意，当出现第 1 张、第 2 张提示的时候，一定要预览效果、调整版面，保证不破页。

5. 保存、预览、下载试卷。答题卡制作完成后，要求预览效果，确认无误后保存答题卡，然后下载答题卡，生成 pdf 文档并打印、复印。

二、阅卷

有网阅和手阅两种阅卷方式。网阅大部分教师已经很熟悉，在这里不再详述。手阅批改作业要特别注意以下几点：①必须用红笔批改打分；②在得分框上划斜线时要上下出头；③修正打分错误时，只要在正确得分上划两条斜线即可。

三、试卷扫描

通过试卷高速扫描来采集学生的作答结果。对于网阅，要把学生的答题卷逐题扫描成图像并统一编号上传平台；对于手阅，不仅要采集每题的作答图像，而且要识别得分。每次网阅一般统一扫描。手阅扫描特别要注意以下几点。

1. 试扫纠错。扫描系统会自动试扫一张，并把匹配情况完整地展示出来。如果有匹配错位，必须要进行校正，否则后续扫描就会出现异常。

2. 扫完纠错。所有试卷扫描完成后，系统会以不同的颜色标示异常试卷，必须逐一校正，否则会影响数据统计的精准性。

3. 上传扫描结果。所有异常都处理完成后，还必须上传扫描结果到平台，平台会自动进行大量的运算，生成各种数据报表。至此，整个扫描流程才算完全结束。

四、数据应用

优质的数据是未来社会的"口粮"，学业数据也是提升教学质量的重要保证，必须重视教学数据的挖掘和应用。对于学业数据的挖掘应用要求如下。

1. 根据作业数据报告，先讲评高错误率的题目，对于个别学生做错的题目，在课后进行个别指导。

2. 重视学生薄弱知识点的统计数据，有针对性地弥补薄弱项，具体实现路径有：一是直接导出高频错题重练；二是利用智学网错题训练或薄弱项训练功能组卷；三是教师自己组卷重练。

3. 重视错题重练，要求语数外理化学科每周都要导出错题组卷重练，其他学科至少每月进行一次错题重练。

4. 重视个性化作业推送，依据学生个人的大数据分析，推送个性化作业，努力实现作业的针对性更强、效率更高。

精准分层教学学校管理者访谈提纲

1. 请介绍一下学校开展精准分层教学的初衷。

2. 您能否简单用关键词或一两句话来说下学校这些年开展精准分层教学的目标是什么？

3. 学校是如何有力推进精准分层教学改革的（如制度方面：制定政策文件、实施办法、相关制度等；校内成立专业团队、校外聘请专家等）？以什么样的组织方式管理这项工作（比如谁负责什么、以什么机制推动工作）？

4. 学校是否设置了专门推进精准分层教学实践的相关部门？由谁分管领导？

5. 学校信息技术教师有无编制？其他负责实施精准分层教学工作的教师的编制情况是怎样的？

6. 每年学校在大数据驱动的精准分层教学方面的经费投入如何（购买教育资源、培训服务等）？据您了解，这种投入力度，在本地区、江苏省来说算是什么水平？

7. 学校是否有开展一些培训来提升教师的数据素养，帮助其快速适应精准分层教学模式？您觉得效果如何？

8. 学校目前是否有采集一些专项数据（学生自我认知数据、选科数据、教师教学数据、学生测评数据、院校数据、综合素质数据）来服务新高考改革，支持高考核心业务的改进？如在智能排课、合理选科、志愿填报、生涯规划教育等方面，举例说明。

9. 学校领导层面，有没有依据教育数据来进行精准决策或精准管理？您还有没有可以分享的自己印象深刻的例子？

10. 在推进精准分层教学改革的过程中遇到了哪些困难和挑战，如何解决？

11. 学校下一步的工作重点是什么？

12. 您觉得从学校管理角度，开展精准分层教学对学校管理方面的帮助有哪些？从学生发展来说，据您观察，南通一中的教师、学生分别有了哪些好的变化？

13. 您觉得与其他也在开展智慧教育、精准分层教学等的学校相比，南通一中开展精准分层教学工作最大的亮点或特色是什么？

精准分层教学教师访谈提纲

自我介绍：各位老师好！我是江苏师范大学智慧教育学院杨现民教授团队的研究人员。现在想和大家聊聊关于南通一中这些年开展大数据驱动的精准分层教学的事，为学校未来工作提供参考。我会对咱们聊的内容保密，资料不会外传，更不会把大家说的话转给你们的同事、领导或学生，请大家放心。

我们想讨论的大数据驱动的精准分层教学，指的是这些年南通一中用智学网、平板电脑等工具收集数据，并进行备课、授课、批改作业、评估学生、个性化辅导学生、改进教学等教学活动。咱们就统称为精准教学了。

1. 请各位教师依次填一下表格里的信息，我们做一个小小的调查。

2. 您是怎么理解精准教学的？您会怎么向其他学校的同行介绍呢？

3. 在开展精准教学实践之初，您是如何快速掌握智学网、平板电脑等的操作和数据解读、应用的技能的？学校有提供哪些方面的支持？您还希望获得哪些方面的支持？

4. 和传统教学方式相比，基于智学网、平板电脑等开展精准教学有没有增加您的课时工作量和心理压力？请问是什么原因增加了您的心理压力呢？

5. 您觉得基于智学网、平板电脑等开展精准教学，对学生的学习方式、学习成绩、学习能力等方面产生了什么影响？具体体现在哪些方面？您可以举个例子来说明。

6. 您觉得，精准教学对学生的发展产生了哪些负面影响？

7. 如果可以自主选择，您是否还会继续使用智学网、平板电脑等智能平台开展精准教学？请说明理由。

8. 在基于大数据开展精准教学的这几年，您的职业规划有发生什么变化吗？有没有依托学校改革申请课题或发表相关论文？

9. 您觉得学校教师们在德育方面目前最常遇到的问题是什么？

附录 F

——AppendixF——

精准分层教学课堂观察表

授课教师：

科目：

课程名称：

年级、班级：

时间：

观察者姓名：

观察维度与观察点：

一、学生学习

（一）互动

1. 有哪些互动行为？学生的互动能为目标达成提供帮助吗？

2. 精准分层教学相关工具（如平板电脑）有助于学生互动吗？

（二）自主

1. 学生可以自主学习的时间有多少？有多少人参与？参与情况怎样？

2. 这堂课生成了什么目标？效果如何？课程有利于提升学生利用信息、科技手段学习的能力吗？

3. 多媒体怎样呈现的？平板电脑怎样使用的？是否适当？是否有效？

4. 怎样指导学生合作学习（讨论/活动/作业）？是否有效？

自编：

二、课程性质

（一）内容

本课容量是否适合该班学生？如何满足不同学生的需求？使用了精准分层教学来满足不同学生的需求吗？

（二）评价

教师如何利用所获得的评价信息（解释/反馈/改进建议）？

（三）资源

生成了哪些资源（错误/回答/作业/作品）？这些资源利用了精准分层教学工具

吗？与学习目标达成的关系怎样？

■■三、课堂文化创新

教学设计、情境创设与资源（尤其是基于精准分层教学的平板电脑、基于智学网之前准备的学情诊断等数据）利用有何新意？

观察总结：

基于大数据的教学实践
效果调查（学生版）

亲爱的同学们：

你们好！学校想通过这次调查了解学校的教学效果，以帮助大家学习。请你根据自己的真实感受填写问卷，答案没有对错、好坏之分，请尽快回答。请不要选择完全相同的选项。我们会对你的回答保密。研究结束后，我们会删除你的数据，保护你的隐私。谢谢！

基于大数据的教学实践：教师基于智学网产生的作业数据，有针对性地在课堂上进行教学。

智慧教学：学校用智学网、平板电脑等科技手段帮大家学习，现在我们把这些都叫作智慧教学。

一、基本信息

1. 你的姓名 [填空题]

_____

2. 你的性别是 [单选题]

○A. 男

○B. 女

3. 你目前就读的年级是 [单选题]

○A. 高一

○B. 高二

○C. 高三

4. 你的班级是（只填写阿拉伯数字）[填空题]

_____

5. 你家现在都有谁（可以多选）[多选题]

□A. 父亲

□B. 母亲

□C. 爷爷

□D. 奶奶

□E. 外公

□F. 外婆

□G. 其他

6. 你在本学期的期中考试中，语文成绩是（只填写阿拉伯数字）：[填空题]

_____

7. 你在本学期的期中考试中，数学成绩是（只填写阿拉伯数字）：[填空题]

_____

8. 你在本学期的期中考试中，英语成绩是（只填写阿拉伯数字）：[填空题]

_____

9. 你是住宿生吗？ [单选题]

○A. 是

○B. 不是

二、实施效果分析

10. 我非常清楚学校开展智慧教学（如使用智学网、平板电脑上课、学习）的目的。 [单选题]

○A. 非常不同意　　　　　　　　○B. 不同意

○C. 一般　　　　　　　　　　　○D. 同意

○E. 非常同意

11. 实施智慧教学后，我能更好地掌握新授课、复习课、习题课、试卷讲评课教学中所教授的知识点。 [单选题]

○A. 非常不同意　　　　　　　　○B. 不同意

○C. 一般　　　　　　　　　　　○D. 同意

○E. 非常同意

12. 实施智慧教学后，我对学习产生了更浓厚的兴趣。 [单选题]

○A. 非常不同意　　　　　　　　○B. 不同意

○C. 一般　　　　　　　　　　　　○D. 同意

○E. 非常同意

13. 实施智慧教学后，我在学习过程中能感到快乐，并愿意将这种快乐分享给别人。 [单选题]

○A. 非常不同意　　　　　　　　　○B. 不同意

○C. 一般　　　　　　　　　　　　○D. 同意

○E. 非常同意

14. 总体来看，我对学校目前实施的智慧教学非常满意。 [单选题]

○A. 非常不同意　　　　　　　　　○B. 不同意

○C. 一般　　　　　　　　　　　　○D. 同意

○E. 非常同意

15. 我乐于接受基于智慧教学的这种教学模式，并希望能继续开展下去。 [单选题]

○A. 非常不同意　　　　　　　　　○B. 不同意

○C. 一般　　　　　　　　　　　　○D. 同意

○E. 非常同意

16. 下列是有关你在学校一些情况的描述，请根据实际情况分别进行评价。请从 1、2、3、4 这四个数字里选一个，1 表示非常不同意，4 表示非常同意。数字越大，表示你越同意某句话对你的形容；数字越小，表示你越不同意某句话对你的形容。[矩阵量表题]

题目	1 非常不同意	2	3	4 非常同意
你是否经常未经准备便来上课（未完成作业，忘记带笔记本或其他材料等）？	○	○	○	○
你是否经常按时完成作业与错题练习？	○	○	○	○
你是否经常没得到同意便逃课？	○	○	○	○
你是否经常积极参与课堂小组	○	○	○	○

讨论？				
你是否经常在学校用平板电脑、智学网学习？	○		○	○	○

17. 下列是有关你在学校一些情况的描述，请根据实际情况分别进行评价。请从 1、2、3、4 这四个数字里选一个，1 表示非常不同意，4 表示非常同意。数字越大，表示你越同意某句话对你的形容；数字越小，表示你越不同意某句话对你的形容。[矩阵量表题]

描述	1 非常不同意	2	3	4 非常同意
我感觉自己是学校的一分子。	○	○	○	○
我关心着我的学校。	○	○	○	○
我很高兴在现在的学校上学。	○	○	○	○
我并没有发现平板教学、智学网有趣或让我激动。	○	○	○	○
我喜欢我上的平板教学课。	○	○	○	○
我想在学校用平板电脑、智学网等科技手段学到尽可能多的东西。	○	○	○	○
我觉得取得好成绩很重要。	○	○	○	○
我认为在学校利用平板电脑、智学网学到的内容很有用。	○	○	○	○
对于如何能在学校表现好，我想了很多。	○	○	○	○
学校对于以后的成功非常重要。	○	○	○	○

18. 你在学习时，多久会做一次下面这些事情？请如实回答。请从 1～4 里任选数字，1 表示从不这样，4 表示总是这样。数字越大，表示你越常做这件事；数字越小，表示你越少做这件事。请如实回答。[矩阵量表题]

描述	1 从不这样	2	3	4 总是这样
当我学习时，会先弄清我到底需要学习哪些东西。	○	○	○	○
当我学习时，我会停下来检查自己是不是理解已经学过的内容。	○	○	○	○

当我学习时，我试着去弄清那些自己还不真正理解的概念。	○	○ ○	○
当我学习时，我会确保自己记得教材里的重点是什么。	○	○ ○	○
当我学习时，如果我遇到不懂的内容，我会去找其他材料来弄懂它。	○	○ ○	○

19. 学校使用了智学网、平板电脑等帮助你学习。过去，你觉得自己花费了多少精力使用这些工具？ 请从 1～7 这七个数字里任选一个，1 表示几乎没有耗费精力，7 表示耗费了非常大的精力。数字越大，表示你花了越多精力使用这些工具。[单选题]

  ○1   ○2   ○3   ○4   ○5   ○6   ○7

20. 下面有些形容你的句子。请你看看你同意它们对你的形容吗？请从 1、2、3、4 这四个数字里分别选一个。1 代表强烈不同意，4 代表强烈同意。数字越大，表示你越同意某句话对你的形容；数字越小，表示你越不同意某句话对你的形容。所有答案没有对错，也不分好坏，你只需要按心里想的回答就好。[矩阵量表题]

描述	1 强烈不同意	2	3	4 强烈同意
当我使用自己不熟悉的数码产品（如平板电脑）时，我也感觉有信心。	○	○	○	○
如果我的朋友或家人想买新的数码产品，或想下载新的软件，我可以给他们建议。	○	○	○	○
我有信心在家使用数码产品。	○	○	○	○
当我在使用数码产品遇到问题时（如找不到某按钮、不会操作），我觉得我能解决它们。	○	○	○	○
如果我的朋友或家人在使用数码产品时遇到麻烦，我能帮他们。	○	○	○	○

21. 你有多同意下面这些形容你的句子？1 代表非常不同意，5 代表非常同意。你越同意，就从 1～5 这五个数字里选越大的数字；你越不同意，就从 1～5 这五个数字里选越小的数字。请快速回答。[矩阵量表题]

描述	1 非常不同意	2	3	4	5 非常同意
我相信我的信息技术成绩会在班里名列前茅。	○		○	○	○
我相信我能够理解信息技术课教的基本概念。	○		○	○	○
我相信我能理解信息技术课上最复杂的知识。	○		○	○	○
我相信我能在信息技术的作业与考试方面做得很好。	○		○	○	○
我相信我能掌握信息技术课上教的技术。	○		○	○	○
在考虑信息技术课、老师上课的难度，以及我的水平后，我想我能在信息技术课上做得很好。	○		○	○	○

22. 你觉得，自己入学以来，通过采用平板电脑与智学网等科技学习手段，在下面这些方面的进步有多大？请如实回答，答案没有好坏、对错之分。请从 0～4 这五个数字里选一个来回答。0 代表完全没有进步，4 代表进步非常大，如果你觉得自己在某方面的进步更大，就选择更大的数字，反之就选择更小的数字。[矩阵量表题]

描述	0 完全没有进步	1	2	3	4 进步非常大
我对高中学科有很浓的学习兴趣。	○	○	○	○	○
我对学习很重视。	○	○	○	○	○
我有良好的学习习惯。比如，坚持预习、复习、积极利用平板电脑等学习。	○	○	○	○	○
我能认识到学习对自己人生的重要性。	○	○	○	○	○
学习遇到问题时我会找老师、同学或网络资料去解决。	○	○	○	○	○
我会主动学习。	○	○	○	○	○

我会总结自己学习中遇到的问题和经验。	○	○	○	○ ○
我会及时反思自己学习状态的好坏，并做出改变。	○	○	○	○ ○
我会主动用手机、电脑等获取需要的学习信息。	○	○	○	○ ○
我知道在上网时保护自己隐私的方法。	○	○	○	○ ○

附录 H

——Appendix H——

基于大数据的教学实践效果调查（教师版）

尊敬的老师：

您好！此次调查旨在了解基于大数据的教学实践效果，从而为学校改进提供优化建议。问卷采取不记名方式填写且不包含任何涉及个人隐私的问题，请您依据个人精准分层教学（简称精准教学）实践体验真实地进行填写。感谢您的支持！

一、基本信息

1. 您的性别是：[单选题]

　○男

　○女

2. 您的年龄是：[单选题]

　○20～30 岁

　○31～40 岁

　○41～50 岁

　○51 岁及以上

3. 您的教龄是：[单选题]

　○1～10 年

　○11～20 年

　○21～30 年

　○31 年及以上

4. 您目前任教的年级：[单选题]

　○高一

　○高二

　○高三

5. 您教授的科目：[单选题]

　○语文

　○数学

○英语

○物理

○化学

○政治

○历史

○地理

○生物

○美术

○音乐

○体育

○科学

○信息技术

○心理健康（行政，不授课）

6. 您的学历：[单选题]

○A.博士研究生

○B.硕士研究生

○C.大学本科

○D.大专

7. 您的职称： [单选题]

○A.正高级教师

○B.高级教师

○C.一级教师

○D.二级教师

○E.三级教师

二、教师满意度分析

8. 我对学校开展的精准教学实践非常满意且对学校的发展充满信心。[单选题]

　　○A. 非常不同意

　　○B. 不同意

　　○C. 一般

　　○D. 同意

　　○E. 非常同意

9. 学校基于智学网开展的精准教学实践非常适合我。 [单选题]

　　○A. 非常不同意

　　○B. 不同意

　　○C. 一般

　　○D. 同意

　　○E. 非常同意

10. 学校目前的办学条件和教育资源能有效满足我开展精准教学实践的需求。[单选题]

　　○A. 非常不同意

　　○B. 不同意

　　○C. 一般

　　○D. 同意

　　○E. 非常同意

11. 学校营造了基于大数据开展教学实践的氛围，大数据驱动的精准教学理念已经深入我校每位教师心中。 [单选题]

　　○A. 非常不同意

○B. 不同意

○C. 一般

○D. 同意

○E. 非常同意

12. 学校采取了一系列管理制度（职称评审、绩效奖励等）鼓励教师开展大数据驱动的精准教学实践。 [单选题]

○A. 非常不同意

○B. 不同意

○C. 一般

○D. 同意

○E. 非常同意

三、教师接受度分析

13. 开展精准教学能够增加我晋升的机会。 [单选题]

○A. 非常不同意

○B. 不同意

○C. 一般

○D. 同意

○E. 非常同意

14. 开展精准教学能够提升我的专业技能。 [单选题]

○A. 非常不同意

○B. 不同意

○C. 一般

　　○D. 同意

　　○E. 非常同意

15. 我发现使用智学网进行精准教学容易使课堂变得不受控制。　[单选题]

　　○A. 非常不同意

　　○B. 不同意

　　○C. 一般

　　○D. 同意

　　○E. 非常同意

16. 我在获取学生数据、分析数据、解读数据及实施精准教学的过程中感觉压力很大。　[单选题]

　　○A. 非常不同意

　　○B. 不同意

　　○C. 一般

　　○D. 同意

　　○E. 非常同意

17. 我身边的同事都尝试在课堂中使用智学网产生的数据开展精准教学。[单选题]

　　○A. 非常不同意

　　○B. 不同意

　　○C. 一般

　　○D. 同意

　　○E. 非常同意

18. 学校对于我在课堂中实施精准教学提供了必需的教育资源和大力支持。[单选题]

　　○A. 非常不同意

○B. 不同意

○C. 一般

○D. 同意

○E. 非常同意

19. 我清楚地了解如何使用智学网等教学平台产生的数据开展精准教学或精准教研。 [单选题]

○A. 非常不同意

○B. 不同意

○C. 一般

○D. 同意

○E. 非常同意

20. 学校提供的相关培训有助于我更好地开展精准教学。 [单选题]

○A. 非常不同意

○B. 不同意

○C. 一般

○D. 同意

○E. 非常同意

21. 我会在今后的课堂中继续开展大数据驱动的精准教学实践。 [单选题]

○A. 非常不同意

○B. 不同意

○C. 一般

○D. 同意

○E. 非常同意

22. 我会推荐其他教师同行在教学过程中也开展大数据驱动的精准教学实践。 [单选题]

　　○A. 非常不同意

　　○B. 不同意

　　○C. 一般

　　○D. 同意

　　○E. 非常同意

四、教师获得感分析

　　23. 使用精准教学后，我更加坚定了作为一名教师的使命、责任与担当。 [单选题]

　　　　○A. 非常不同意

　　　　○B. 不同意

　　　　○C. 一般

　　　　○D. 同意

　　　　○E. 非常同意

　　24. 使用精准教学后，我看到学生学习成绩提高会比以往更加满足。 [单选题]

　　　　○A. 非常不同意

　　　　○B. 不同意

　　　　○C. 一般

　　　　○D. 同意

　　　　○E. 非常同意

　　25. 使用精准教学后，我比以往获得了更多的教学成就。 [单选题]

　　　　○A. 非常不同意

　　　　○B. 不同意

○C. 一般

○D. 同意

○E. 非常同意

26. 使用精准教学后，我对教学有了更多的热情，更加愿意应用信息技术变革教学。 [单选题]

○A. 非常不同意

○B. 不同意

○C. 一般

○D. 同意

○E. 非常同意

■ 五、教师信息技术应用能力分析

27. 我了解多媒体教学环境的类型与功能，能熟练操作智学网等教学平台。 [单选题]

○A. 非常不同意

○B. 不同意

○C. 一般

○D. 同意

○E. 非常同意

28. 我能精准把握学情并选择相应教学方法与教学模式进行教学。 [单选题]

○A. 非常不同意

○B. 不同意

○C. 一般

○D. 同意

○E. 非常同意

29. 我能精准定位教学目标并达到预期效果。 [单选题]

○A. 非常不同意

○B. 不同意

○C. 一般

○D. 同意

○E. 非常同意

30. 我能根据教学需要，合理选择与使用技术资源。 [单选题]

○A. 非常不同意

○B. 不同意

○C. 一般

○D. 同意

○E. 非常同意

31. 我确保学生利用平板电脑便捷、安全地访问网络和利用资源。 [单选题]

○A. 非常不同意

○B. 不同意

○C. 一般

○D. 同意

○E. 非常同意

32. 我能利用智学网等教学工具改进教学方式，有效实施课堂精准教学。 [单选题]

○A. 非常不同意

○B. 不同意

○C. 一般

○D. 同意

○E. 非常同意

33. 我能让每个学生平等地接触技术资源，激发学生学习兴趣，保持学生学习注意力。 [单选题]

○A. 非常不同意

○B. 不同意

○C. 一般

○D. 同意

○E. 非常同意

34. 在精准教学过程中，我有效利用技术工具收集学生反馈数据，对学习活动进行及时指导和适当干预。 [单选题]

○A. 非常不同意

○B. 不同意

○C. 一般

○D. 同意

○E. 非常同意

35. 我能利用多维数据及时调整教学计划以最大化实现教学目标。 [单选题]

○A. 非常不同意

○B. 不同意

○C. 一般

○D. 同意

○E. 非常同意

36. 我能依据学习目标科学采集学生学习行为数据并进行客观评价、评估。 [单选题]

○A. 非常不同意

○B. 不同意

○C. 一般

○D. 同意

○E. 非常同意

37. 我能尝试利用技术工具收集学生学习过程信息，并能整理与分析，基于数据发现教学问题，提出有针对性的改进措施。 [单选题]

　○A. 非常不同意

　○B. 不同意

　○C. 一般

　○D. 同意

　○E. 非常同意

38. 我能利用技术工具开展测验、练习等工作，提高评价工作效率。 [单选题]

　○A. 非常不同意

　○B. 不同意

　○C. 一般

　○D. 同意

　○E. 非常同意

39. 我能尝试建立学生学习电子档案，为学生综合素质评价提供支持。 [单选题]

　○A. 非常不同意

　○B. 不同意

　○C. 一般

　○D. 同意

　○E. 非常同意

40. 我能理解大数据对教师专业发展的作用，并且具备主动运用大数据促进自我反思与发展的意识。 [单选题]

　○A. 非常不同意

○B. 不同意

○C. 一般

○D. 同意

○E. 非常同意

41. 我能利用数据进行精准教研，使教研更具针对性。 [单选题]

○A. 非常不同意

○B. 不同意

○C. 一般

○D. 同意

○E. 非常同意

42. 我能在日常教学实践中选择有关教育大数据的研究课题。 [单选题]

○A. 非常不同意

○B. 不同意

○C. 一般

○D. 同意

○E. 非常同意

43. 在开展精准教学实践过程中，我取得了一些教科研成果（发表论文、出版著作、学术论文获奖、获得市级课题）。 [单选题]

○A. 非常不同意

○B. 不同意

○C. 一般

○D. 同意

○E. 非常同意

六、教师数据素养

44. 我能够意识到大数据在教育教学过程中的地位和价值。 [单选题]

　　○A. 非常不同意

　　○B. 不同意

　　○C. 一般

　　○D. 同意

　　○E. 非常同意

45. 我能够规范地、合乎伦理地使用教育教学数据，以保证学生的数据隐私。
[单选题]

　　○A. 非常不同意

　　○B. 不同意

　　○C. 一般

　　○D. 同意

　　○E. 非常同意

46. 我很了解教育大数据的基本内涵与特征。 [单选题]

　　○A. 非常不同意

　　○B. 不同意

　　○C. 一般

　　○D. 同意

　　○E. 非常同意

47. 我很了解收集教育教学数据的方法（如问卷调查、查阅资料、教育试验等）。
[单选题]

　　○A. 非常不同意

○B. 不同意

○C. 一般

○D. 同意

○E. 非常同意

48. 我很了解分析教育教学数据的常用方法（如相关性分析、回归分析、方差分析、聚类分析等）。 [单选题]

○A. 非常不同意

○B. 不同意

○C. 一般

○D. 同意

○E. 非常同意

49. 我很熟悉多种不同的数据应用平台和数据管理工具。 [单选题]

○A. 非常不同意

○B. 不同意

○C. 一般

○D. 同意

○E. 非常同意

50. 我很熟悉教学数据处理与分析的基本流程及常用的数据分析工具。[单选题]

○A. 非常不同意

○B. 不同意

○C. 一般

○D. 同意

○E. 非常同意

51. 我能够熟练使用 Excel 或 SPSS 等数据分析软件对数据进行处理与分析。 [单选题]

○A. 非常不同意

○B. 不同意

○C. 一般

○D. 同意

○E. 非常同意

52. 我能够恰当选择呈现数据的基本方法（如柱状图、散点图、雷达图等）并揭示教育教学中的变化、趋势等。 [单选题]

○A. 非常不同意

○B. 不同意

○C. 一般

○D. 同意

○E. 非常同意

53. 我能够结合教学实际对数据分析结果进行正确的分析与解读。 [单选题]

○A. 非常不同意

○B. 不同意

○C. 一般

○D. 同意

○E. 非常同意

54. 我能够利用收集的教学数据支撑教学决策，改善教学研究。 [单选题]

○A. 非常不同意

○B. 不同意

○C. 一般

○D. 同意

○E. 非常同意

55. 我能够将收集的教育教学数据用于多种用途（如学生管理、教学设计、教

学研究等)，以实现数据价值的最大化。 [单选题]

    ○A. 非常不同意

    ○B. 不同意

    ○C. 一般

    ○D. 同意

    ○E. 非常同意

56. 我拥有较好的数据思维（基于数据解决问题、设计教学的思维）。 [单选题]

    ○A. 非常不同意

    ○B. 不同意

    ○C. 一般

    ○D. 同意

    ○E. 非常同意

57. 我能够审核数据的准确性，保证数据分析结果的科学合理。 [单选题]

    ○A. 非常不同意

    ○B. 不同意

    ○C. 一般

    ○D. 同意

    ○E. 非常同意

58. 您参加过教师数据素养培训吗？ [单选题]

    ○参加过 5 次及以上

    ○参加过 3 至 4 次

    ○参加过 1 至 2 次

    ○从未参加过（请跳至第 61 题）

59. 您参加教师数据素养培训的主要原因是什么？ [多选题]

    □学校组织，强制参加

□工作需要，自愿参加

□参与业绩考核，有奖励措施

□其他 _____

60. 您参加过哪些形式的教师数据素养培训？ [多选题]

□校内的理论指导

□校内的实践操作

□网络在线学习

□外聘专家学术报告

□专业机构系统培训

□其他 _____

61. 您愿意参加学校或专业机构组织的教师数据素养培训吗？ [单选题]

○非常愿意

○基本愿意

○无所谓

○基本不愿意

○非常不愿意

62. 如果学校组织教师数据素养培训，您希望采取何种形式？ [多选题]

□线下理论指导

□线下实践操作

□网络在线学习

□专家学术报告

□专业系统培训

□其他 _____

63. 如果参加教师数据素养培训，您希望获得哪些方面的知识？ [多选题]

□教育大数据的基本理论知识

□数据处理与分析的基本方法

□数据分析报告的解读与应用

□教育大数据的实践应用模式

七、学生学业水平发展

64. 在实施大数据驱动的精准教学后，您觉得您的学生的学习成绩与之前相比有进步吗？请从 0～100 任选一个数字。数字越大，表示进步幅度越大；0 表示没有任何进步。 [填空题]

_____

65. 我的学生对高中学科有很浓的学习兴趣。 [单选题]

○A. 强烈不同意

○B. 有点不同意

○C. 有点同意

○D. 非常同意

66. 我的学生对学习很重视。[单选题]

○A. 强烈不同意

○B. 有点不同意

○C. 有点同意

○D. 非常同意

67. 我的学生有良好的学习习惯。比如，坚持预习、复习、积极利用平板电脑等学习。 [单选题]

○A. 强烈不同意

○B. 有点不同意

○C. 有点同意

○D. 非常同意

68. 我的学生能认识到学习对自己人生的重要性。 [单选题]

○A. 强烈不同意

○B. 有点不同意

○C. 有点同意

○D. 非常同意

69. 学习遇到问题时，我的学生会找老师、同学或网络资料去解决。 [单选题]

○A. 强烈不同意

○B. 有点不同意

○C. 有点同意

○D. 非常同意

70. 我的学生会主动学习。 [单选题]

○A. 强烈不同意

○B. 有点不同意

○C. 有点同意

○D. 非常同意

71. 我的学生会总结自己学习中遇到的问题和经验。 [单选题]

○A. 强烈不同意

○B. 有点不同意

○C. 有点同意

○D. 非常同意

72. 我的学生会及时反思自己的学习状态好坏，并做出改变。 [单选题]

○A. 强烈不同意

○B. 有点不同意

○C. 有点同意

○D. 非常同意

73. 我的学生会主动用手机、电脑等获取需要的学习信息。 [单选题]

○A. 强烈不同意

○B. 有点不同意

○C. 有点同意

○D. 非常同意

74. 我的学生知道在上网时保护自己隐私的方法。 [单选题]

○A. 强烈不同意

○B. 有点不同意

○C. 有点同意

○D. 非常同意